Gerenciamento Ágil de Projetos

de Projetos

Aplicação em produtos inovadores

CB020973

Gerenciamento Ágil de Projetos

de Projetos

Aplicação em produtos inovadores

Daniel Capaldo Amaral

Edivandro Carlos Conforto

João Luís Guilherme Benassi

Camila de Araujo

ISBN 978-85-02-12228-4

CIP-BRASIL. CATALOGAÇÃO NA FONTE
SINDICATO NACIONAL DOS EDITORES DE LIVROS, RJ.

Gerenciamento ágil de projetos: aplicação em produtos inovadores / Daniel Capaldo Amaral [et al.]. São Paulo: Saraiva, 2011. 240p.; 24cm

Apêndice: Checklist para obtenção dos pré-requisitos do produto
Inclui bibliografia
ISBN 978-85-02-12228-4

1. Administração de projetos. 2. Produtos novos - Administração. 3. Software - Desenvolvimento - Administração. I. Amaral, Daniel Capaldo.

11-0907.

CDD: 658.404
CDU: 005.8

Av. das Nações Unidas, 7221, 1º Andar, Setor B
Pinheiros – São Paulo – SP – CEP: 05425-902

SAC

0800-0117875
De 2ª a 6ª, das 8h às 18h
www.editorasaraiva.com.br/contato

Presidente	Eduardo Mufarej
Vice-presidente	Claudio Lensing
Diretora editorial	Flávia Alves Bravin
Planejamento editorial	Rita de Cássia S. Puoço
Aquisições	Fernando Alves Julia D'Allevo
Editores	Ana Laura Valerio Lígia Maria Marques Thiago Fraga
Produtoras editoriais	Alline Garcia Bullara Amanda M. Loyola Daniela Nogueira Secondo
Suporte editorial	Juliana Bojczuk Fermino

Arte e produção	ERJ Composição Editorial
Capa	Aero Comunicação
Atualização da 4ª tiragem	Daniela Nogueira Secondo
Impressão e acabamento	Bartira

ERP 302.583.001.004

1ª edição
1ª tiragem: 2011
2ª tiragem: 2012
3ª tiragem: 2015
4ª tiragem: 2017

EDITAR 2842   CL 650126   CAE 572917

Agradecimentos

A semente deste livro foi plantada em 2001. Trabalhávamos em um projeto de pesquisa internacional, cujo objetivo era propor uma ferramenta computacional para comercialização de serviços de engenharia. Entre as funcionalidades disponíveis, estavam as de gerenciamento de projetos (GP). O levantamento de requisitos veio de estudos de casos reais de projetos de produtos e serviços inovadores, em diversos países: Brasil, Itália, Bélgica e Inglaterra.

Chamou-nos a atenção a utilização inexpressiva, para não dizer inexistente, de ferramentas e métodos de gerenciamento de projetos. As empresas não elaboravam planos precisos nem realizavam acompanhamento. As decisões eram baseadas em práticas *ad hoc*, e o foco era a solução dos problemas conforme surgiam. O resultado final dependia totalmente das pessoas e de suas interações.

A pesquisa terminou com uma plataforma de software com recursos simplificados, um aplicativo de workflow e planejamento de tempo que permitia planos detalhados até "Entregas" e integrado a um ambiente com recursos de comunicação na web (chat etc.). A plataforma proposta era mais elaborada que as ferramentas até então utilizadas pelas empresas, mas eram claramente insuficientes. O resultado do trabalho mostrou-se melhor do que as aplicações utilizadas pelas empresas, no entanto, alguns pontos deveriam ser melhorados.

O foco das pesquisas do grupo era desenvolvimento de produtos e colaboração, e não trabalhávamos especificamente a questão de gerenciamento de projetos à época. A nossa percepção era de que as ferramentas tradicionais de GP funcionavam bem. Mas, na prática, estávamos vendo o contrário e aí estava uma lacuna importante de pesquisa. Agradecemos ao prof. Henrique Rozenfeld, que nos deu a oportunidade de participar do projeto, pelo *insight* inicial.

O problema estava registrado, mas ainda assim não colocamos em prática. Continuávamos conduzindo estudos em projetos inovadores, mas nas áreas de gestão do conhecimento, ferramentas de portais e workflow. Em 2003, porém, o trabalho de três pesquisadores iria mudar o rumo das pesquisas definitivamente para o tema gerenciamento de projetos: Karina Kühl de Lima, Antonio Jucá Junior e Juliana Agostinetto.

Os dados da Karina sobre gestão do conhecimento em uma rede de pesquisa com projetos de tecnologia aplicada mostravam claramente que a gestão de projetos era um problema para a inovação. Jucá conseguiu convencer-nos a estudar a maturidade em gerenciamento de projetos em empresas de software de um polo de alta tecnologia. Julgávamos que não haveria muita novidade. Mas, para a nossa surpresa, elas enfrentavam desafios enormes, a despeito de utilizarem softwares e métodos considerados melhores práticas na área. E a Juliana trouxe para o grupo a sua experiência profissional em Escritórios de Projetos.

A partir deste momento não havia mais como fugir do tema. Estava claro que, se quiséssemos auxiliar na gestão de projetos inovadores, precisávamos enfrentar esse desafio. Os relatos similares encontrados em pesquisas internacionais ajudaram a guiar a decisão.

Convictos, em 2005, montamos uma equipe de pesquisadores para atuar nesta nova linha: o gerenciamento de projetos de produtos inovadores. Fizeram parte da equipe vários pesquisadores, entre eles, os autores que assinam esta obra. Os demais foram: Fábio Fonseca Pereira de Paula, Fábio H. T. de Carvalho, Eduardo Albertin, Euclides Reame Júnior, Mariana Medina Cardoso, João Paulo Ferraz Borin e Guilherme Dellefrate Martins. Todos, sem exceção, deram o seu melhor e gostaríamos de agradecê-los de coração. Para o leitor é difícil imaginar, mas há detalhes em partes de métodos e proposições curtas, algumas vezes descritos em espaços de um parágrafo, que resultaram de um trabalho paciente e exaustivo de pesquisa, durante meses a fio, realizado por esses pesquisadores. A eles, nosso muito obrigado.

Tivemos também o apoio "externo" e fundamental da professora Solange Rezende, do Instituto de Ciências Matemáticas e Computação da USP, em São Carlos, e seu fiel "escudeiro" Ricardo M. Marcacini. Eles nos ajudaram sobremaneira na personalização de softwares que permitiram as aplicações práticas e são descritos no livro.

Formada a equipe inicial, era preciso começar de algum lugar. Já sabíamos que as práticas adotadas em empresas de ponta apresentavam problemas. Portanto, a alternativa de realizar levantamentos não parecia ideal. Optamos pela pesquisa-ação. A ideia seria escolher empresas inovadoras e intervir no ambiente real, aplicando os métodos e conceitos presentes na literatura, aprender com eles e aprimorá-los. O rótulo Gerenciamento Ágil de Projetos ganhava força frente aos demais e passamos a utilizá-lo.

A sorte nos ajudou. Paralelamente à formação da equipe, recebemos a visita do senhor Antônio Valério Netto, da empresa Cientistas Associados (CA). Era uma empresa altamente inovadora e manifestava a necessidade de aprimorar os métodos de gestão de projetos. Graças ao dinamismo da CA, em poucas semanas o estudo começou. O Valério e o professor Jonas Carvalho foram a ponte para o senhor

Marcos Brefe, do Instituto ParqTec Design que, ao saber do projeto, abriu as portas da sua organização para que ampliássemos o estudo. A atuação desses gestores diferenciados e comprometidos com a inovação foi fundamental, e a eles nosso agradecimento. Eles foram as nossas primeiras experiências, que se ampliariam para diversas outras empresas.

Uma coisa é fazer pesquisa e outra diferente é ser pesquisado. Há mais valor ainda quando é preciso disponibilizar tempo e recursos para participar de um projeto de pesquisa tão arrojado, do qual não há garantias de retorno imediato. A verdadeira inovação é feita de industriais desse naipe. Pessoas que vão além do discurso da inovação e se comprometem realmente (de corpo e alma) em ousar e aplicar novas ideias, sabendo dos riscos potenciais.

Esses líderes transformaram as suas empresas e nos ajudaram a atrair gestores comprometidos com a mesma ideia. Empresas como Faber-Castell, Nanox, Embrapa Instrumentação e outras que foram surgindo e que nos ajudaram a discutir o tema e a entender melhor as limitações e os problemas. A todos eles, o nosso agradecimento. Da nossa experiência sabemos quanto é difícil tocar uma empresa de inovação com o "custo Brasil" e gostaríamos de dizer que valorizamos muito o seu empenho e que, sem eles, esta obra não existiria.

A realização da pesquisa também necessitava de recursos, e tivemos uma grande quantidade de parceiros na área de fomento. Os primeiros foram o Ministério da Ciência e Tecnologia e o Conselho Nacional de Desenvolvimento Científico e Tecnológico (CNPq), que fomentaram os trabalhos iniciais como parte do projeto Instituto Fábrica do Milênio (IFM). Eles forneceram recursos de custeio e equipamentos. Agradecemos a essas instituições e ao professor João Fernando Gomes de Oliveira, coordenador do projeto, que acolheu a nossa proposta e nos permitiu fazer parte da rede IFM. Em seguida, vieram a Fundação de Amparo à Pesquisa do Estado de São Paulo (Fapesp) e a Coordenação de Aperfeiçoamento de Pessoal de Nível Superior (Capes), com a concessão de bolsas para os pesquisadores que atuaram no projeto.

Os apoios descritos só foram possíveis porque há uma base sólida, a Universidade de São Paulo, especificamente do Departamento de Engenharia de Produção da Escola de Engenharia de São Carlos. Eles forneceram a infraestrutura de pesquisa ímpar, que somente instituições de excelência em pesquisa podem oferecer. Nosso agradecimento especialmente aos funcionários que nos ajudaram a gerenciar esses recursos, como a Francis Ribeiro da Silva, apoio constante neste desafio.

Nas etapas finais do programa, tivemos ainda o apoio de organizações internacionais: o International Project Management Association (IPMA) e o Project

Management Institute (PMI) na figura do Project Management Institute Educational Foundation (PMIEF), o International Institute for Learning (IIL), na forma do prêmio Dr. Harold Kerzner Research Grant 2009. O apoio dessas instituições significou mais do que recursos. Além de viabilizar parte da pesquisa, ajudou-nos a divulgar este trabalho internacionalmente.

Os métodos apresentados no livro são o resultado de aplicações completas e parciais em várias empresas e ambientes de ensino. As principais foram citadas, mas há inúmeras outras contribuições, desde conversas e reuniões pontuais até aplicações e testes específicos. Gostaríamos de agradecer a todas as empresas, profissionais de empresa, professores e alunos que discutiram e/ou fizeram uso das propostas deste livro, compartilhando suas experiências conosco nesses últimos anos. É impossível citá-los todos, mas gostaríamos de destacar alguns que o fizeram com maior frequência, além dos já citados. Os profissionais Daniel Minosi, Moacir Pereira e José Dalton Cruz Pessoa. Os professores José Carlos de Toledo (UFSCar), Marly Monteiro de Carvalho (USP), Luis Menegon (UFSCar) e Sérgio Luis Silva (UFSCar), pelas contribuições essenciais em bancas e discussões sobre o projeto. Ao professor Jonas Carvalho (EESC-USP), pelo apoio na pesquisa de campo. Aos alunos Bruno Villari, Caroline Izumi Kawamoto, Jussara Caovila de Melo, Rafael Saia e Gustavo Benincasa Velludo.

Ao nosso lado, durante toda a empreitada, tivemos o apoio constante de todos os membros do Grupo de Engenharia Integrada. Eles nos deram a oportunidade de discutir as ideias e modelos propostos, criticando-os e fazendo-nos melhorar (reuniões, quarta integração e confraternizações). Esse ambiente de discussão e desafio ímpar foi fundamental para o desenvolvimento do trabalho. Agradecemos a todos os pesquisadores do Grupo de Engenharia Integrada e de Integração (Grupo EI2) e aos professores que dele fazem parte: Henrique, Sérgio e Aldo. Como descrito no livro, continuaremos a aprimorar os métodos e conceitos apresentados e contaremos sempre com o inestimável apoio de todos vocês.

Por fim, mas não menos importante, é o agradecimento às nossas famílias. Qualquer empreitada intelectual exige distanciamento e dedicação sem igual. Algo que só é possível quando estamos com a mente isenta de problemas e alerta. Nossas famílias, cônjuges, namoradas, pais e filhos são a fonte da segurança e tranquilidade que fundamentam o ambiente. A eles, nosso imenso carinho e gratidão. Esta obra só foi possível porque, antes de tudo, tivemos a oportunidade de compartilhar a vida com vocês.

Os autores

Sobre os autores

Daniel Capaldo Amaral é doutor em Engenharia Mecânica pela Escola de Engenharia de São Carlos da Universidade de São Paulo (EESC-USP) e mestre e engenheiro de produção pela Universidade Federal de São Carlos (UFSCar). Atualmente, é professor do Departamento de Engenharia de Produção da EESC-USP, responsável pela disciplina de Gerenciamento de projetos, além de ministrar a disciplina de Processo de desenvolvimento de produtos. Coautor do livro *Gestão de desenvolvimento de produto*, autor de 20 artigos publicados em periódicos científicos de renome e mais de 100 artigos publicados em congressos científicos com avaliação seletiva, nacionais e internacionais: ENEGEP (ABEPRO), PMI, IPMA, Design Society e CBGDP. É um dos coordenadores do Grupo de Engenharia Integrada, que desenvolve pesquisas sobre a aplicação de gerenciamento ágil de projetos em empresas de base tecnológica. Atua em gerenciamento de desenvolvimento de produtos desde 1995. Foi consultor para melhoria do PDP em empresas de classe mundial, desenvolveu protótipos de sistemas computacionais para engenharia colaborativa, estudos de implantações de sistemas de informação no PDP e propostas de métodos e ferramentas para o ensino de desenvolvimento de produto.

Edivandro Carlos Conforto é mestre em Engenharia de Produção pela Escola de Engenharia de São Carlos da Universidade de São Paulo (EESC-USP) e administrador de empresas pela Faculdade de Americana (FAM). Atualmente, é doutorando na EESC-USP. Desde 2007 atua como pesquisador, palestrante e consultor nas áreas de gerenciamento de projetos, desenvolvimento de produtos e gestão da inovação. É especialista em Gerenciamento Ágil de Projetos, sendo convidado para palestras e cursos em empresas de alta tecnologia, instituições de pesquisa e eventos em nível nacional. É o primeiro brasileiro a ser homenageado com premiações internacionais na área de gerenciamento de projetos, oferecidas por instituições como PMI, PMIEF, IPMA, IIL e POMS. É membro do grupo de pesquisa EI2 do NUMA (EESC-USP), onde atua como pesquisador no programa de pesquisa em gerenciamento ágil de projetos. Apresentou diversos trabalhos científicos nos principais congressos da área de gerenciamento de projetos e desenvolvimento de produtos em nível internacional e nacional.

João Luís Guilherme Benassi é engenheiro de produção, mestre em Engenharia de Produção pela Escola de Engenharia de São Carlos da Universidade de São Paulo (EESC-USP), doutorando em Engenharia de Produção pela EESC-USP e integrante do Grupo de Engenharia Integrada e Engenharia de Integração (EI2). Realiza pesquisas nas áreas de Desenvolvimento de Produtos e Gestão de Projetos. Seus trabalhos têm como foco o Gerenciamento Ágil de Projetos e novas abordagens e metodologias que consideram aspectos específicos, como visão do produto, envolvimento do cliente no desenvolvimento de produtos e gestão da configuração. Possui vários artigos publicados sobre o tema.

Camila de Araujo é bacharel em Sistemas de Informação pela Universidade Estadual Paulista (Unesp) de Bauru, mestre em Engenharia de Produção pela Escola de Engenharia de São Carlos da Universidade de São Paulo (EESC-USP) e doutoranda do Programa de pós-graduação em Engenharia de Produção da EESC-USP. É professora e coordenadora do curso de Design Digital do Centro Universitário de Araraquara (Uniara). Além disso, é consultora, palestrante e pesquisadora com enfoque em gerenciamento ágil de projetos e design de interação. Possui grande experiência como consultora na implantação de sistemas ERP, desenvolveu aplicativos diversos e conduziu importantes projetos na área de TI. Possui várias publicações na área de gerenciamento de projetos ágeis, nos principais congressos do Brasil e do exterior.

Sumário

Introdução

O gerenciamento de projetos (GP) surgiu por volta de 1950 e resultou em um conjunto significativo de técnicas, ferramentas e conceitos.[1] Os marcos principais são o desenvolvimento do gráfico de Gantt, do método do caminho crítico, da análise de rede (PERT/CPM) e a criação das primeiras associações profissionais entre as décadas de 1950 e 1970. Apoiadas por ferramentas computacionais, essas técnicas foram aplicadas inicialmente em grandes projetos de construção civil, defesa e aeroespacial,[2] e hoje são fundamentais em todas as áreas de negócio.

Após meio século de evolução, o número de publicações científicas cresceu exponencialmente[3] e, no final da década de 1990, surgiram os "corpos de conhecimento" (BOKs – Body of Knowledge). Um conjunto de boas práticas para o gerenciamento de projetos. O mais difundido é o "Guia PMBOK"[4] desenvolvido pelo PMI, uma coletânea de práticas, técnicas e ferramentas resumidas em textos normativos e que permitiu a padronização e organização do conhecimento e terminologia da área, facilitando sua difusão e aplicação.

A literatura fundamentada nos "corpos de conhecimento", incluindo livros-texto e artigos científicos, vem sendo rotulada como literatura tradicional ou abordagem tradicional de gerenciamento de projetos. Segundo esse referencial teórico, as práticas são descritas como úteis para aplicação em qualquer tipo de projeto (serviços, produtos, gerenciamento de mudança etc.), e para diferentes áreas de conhecimento (software, construção civil, desenvolvimento de produtos, saúde etc.).

O crescimento da importância dessas associações é a prova do valor das teorias. Apesar do sucesso, os últimos anos foram marcados por críticas de diversos praticantes. A ideia de um corpo unificado de práticas, aplicáveis para qualquer

[1] Detalhes históricos podem ser consultados em KERZNER, H. *Project management*: a system approach to planning. Scheduling and controlling. New York: Van Nostrand Reinhold Company, 1984.; e HIRSCHFELD, H. *Planejamento com PERT-CPM e análise do desempenho*: método manual e por computadores eletrônicos aplicados a todos os fins. 8. ed. São Paulo: Atlas, 1985.

[2] Uma discussão sobre os desafios destas técnicas pode ser visto em MAYLOR, H. Beyond the Gantt chart: project management moving on. *European Management Journal*, v. 19, n. 1, p. 92-100, 2001.

[3] Um exemplo rápido dessa evolução pode ser visto pelo crescimento das sociedades relacionadas ao tema, como o Project Management Institute (PMI) e o International Project Management Association (IPMA). Esta opinião também é ressaltada pelos seguintes autores: KIOPPENBORG, T.; OPFER, W. The current state of project management research: trends, interpretations and predictions. *Project Management Journal*, v. 33, n. 2, p. 5-18, 2002; KOLLTVEIT, B.; KARLSEN, J.; GRONHAUG, K. Perspectives on project management. *International Journal of Project Management*, v. 25, n. 1, p. 3-9, 2007; e SHENHAR, A.; DVIR, D. *Reinventing project management*: the diamond approach to successful growth and innovationt. Boston: Harvard Business School Press, 2007.

[4] PMBOK® é marca registrada do Project Management Institute.

tipo de projeto, é uma das questões principais. Sugere-se a adaptação dos métodos, conforme a característica do projeto.[5]

Uma das áreas em que se observa a maior incidência de críticas é justamente o caso de projetos que envolvem inovação, cujo produto possui conteúdo novo para a empresa e muitas vezes para o mercado e o mundo. Nesses casos, não há parâmetros comparativos, e a equipe necessariamente será formada por pessoas inexperientes com o produto. O problema a ser solucionado é pouco conhecido, dificultando a antecipação e o estabelecimento prévio de estratégias, recursos e atividades necessários para o empreendimento. Além disso, são projetos com níveis maiores de risco, em que correções e mudanças na estratégia de condução não são apenas comuns, mas necessárias para o sucesso. Soluções elaboradas previamente e que parecem simples à primeira vista, mas que se mostram impossíveis no decorrer do projeto, obrigam mudanças radicais na condução. Casos como esses são comuns na rotina de equipes que atuam em projetos inovadores.

A crítica é que nesses ambientes a filosofia de criar um plano detalhado e controlá-lo não seria adequada. A resposta tem sido o surgimento de novas teorias voltadas para projetos do tipo inovador. São teorias denominadas Gerenciamento ágil de projetos (do inglês, *Agile Project Management* – APM), Desenvolvimento flexível (*Flexible*), *Adaptive*, *Iterative*, Projetos extremos e Gerenciamento enxuto (*Lean*).[6]

Em comum, pregam a simplificação dos métodos atuais, o planejamento iterativo e o aumento da autonomia dos membros do projeto nas atividades de gerenciamento (conhecido como a autogestão). Pregam também princípios como simplicidade, flexibilidade e adaptabilidade das práticas ao contexto dinâmico de desenvolvimento de novos produtos. Seriam mais voltadas para projetos com equipes pequenas e de cunho inovador.

O título do livro é *Gerenciamento ágil de projetos*, em detrimento dos demais, por ser o mais difundido na literatura, graças a um manifesto lançado em 2001, por autores da área de software.[7] Antecipando a definição, cujos detalhes serão apresentados no próximo capítulo, trata-se de uma abordagem desenvolvida a

---

[5] A crítica não é nova; há trabalhos anteriores ao ano 2000, ano considerado o marco do surgimento da teoria de gerenciamento ágil de projetos.

[6] Há inúmeras referências para cada um dos termos. As principais são: "Agile Project Management – APM" (HIGHSMITH, J. *Agile project management*: creating innovative products. Boston: Addison-Wesley, 2004; CHIN, G. *Agile project management*: how to succeed in the face of changing project requirements. New York: Amacom, 2004), "Flexible" (THOMKE, S.; REINERTSEN, D. Agile product development: managing development flexibility in uncertain environments. *California Management Review*, v. 41, n. 1, p. 8-30, 1998; SMITH, P. G. *Flexible product* development – building agility for changing markets. San Francisco: Jossey-Bass, 2007), "Adaptive" (SHENHAR; DVIR, 2007), "Iterative", "Extreme" (DECARLO, D. *Extreme project management*. California: Jossey Bass, 2004; WYSOCKI, R.; MCGARY, R. *Effective project management*: traditional, adaptive, extreme. Wiley Publishing: Indiana, 2003); e "Lean" (LEACH, L. *Lean project management*: eight principles for success. Advanced Projects, Boise: Idaho, 2005).

[7] O manifesto para o desenvolvimento ágil de software pode ser consultado em: <http://manifestoagil.com.br>.

partir de um conjunto de princípios e valores cujo objetivo é tornar o processo de gerenciamento de projetos simples, flexível e iterativo. Busca adaptar as práticas de gerenciamento de projetos existentes para aplicação em ambientes dinâmicos de projetos com especificidades regidas pela inovação, elevados níveis de incertezas e complexidade.[8]

Essas abordagens não rompem totalmente com a teoria dita tradicional. A nossa experiência no assunto demonstra que essas propostas são, na verdade, um recurso adicional, um complemento. Defende-se a tese de que a questão não seria optar entre teorias tradicionais e as ditas ágeis, como proposto por alguns autores. Ao contrário, a meta deve ser o equilíbrio entre os diferentes tipos de prática, conforme as características específicas do projeto e da organização.[9] Esta publicação adota essa filosofia e difere, portanto, de outras publicações que tratam como algo totalmente novo, alternativo ao gerenciamento de projetos tradicional e desassociado dos métodos e práticas existentes. Nossa meta é apresentar uma discussão crítica e um modelo referencial que auxilie na adaptação dos métodos tradicionais para o caso de produtos inovadores, respeitando os métodos e ter-minologias consagrados.

A segunda característica importante deste livro é que ele tem como missão ser uma referência útil e prática. A maioria das publicações sobre gerenciamento ágil aborda dois pontos: expõe os problemas que envolvem projetos inovadores, descrevendo a dificuldade de planejar e de utilizar planos detalhados para tomar decisões úteis; e depois apresentam princípios e diretrizes para gerenciar tais tipos de projetos. Duas contribuições importantes, mas, sem dúvida, fracas para os profissionais interessados em aplicar essas teorias. Quando não são apresen-tados detalhes, casos de aplicação ou soluções e exemplos mais concretos, fica difícil adotar essa abordagem na prática. Este livro procura ir além e apresentar um modelo mais operacional e exemplos práticos.

A ausência de exemplos e práticas é natural. O assunto é relativamente novo e a teoria está se desenvolvendo agora, neste momento, enquanto você lê este livro. Por isso também não temos a pretensão de lhes mostrar uma teoria definitiva. Ao contrário, o que apresentamos é uma análise profunda e crítica das principais dife-renças do APM para a teoria tradicional. Em seguida indicamos um modelo prático para orientar a adaptação das práticas, existentes hoje na sua empresa, às diretrizes do APM proposta pelos teóricos da área, que pode ser lida no Capítulo 2. E não é só.

---

[8] CONFORTO, E. C. *Gerenciamento ágil de projetos*: proposta e avaliação de método para o gerenciamento de escopo e tempo. São Carlos, 2009. Dissertação (Mestrado). Escola de Engenharia de São Carlos, Universidade de São Paulo.

[9] Essa opção está ancorada em nossa experiência de pesquisa aprofundada no tema, realizada desde 2005, e é corroborada por autores como BOEHM, B.;TURNER, R. *Balancing agilility and discipline*. Boston: Pearson Education, 2004, CHIN, G., 2004, SHENHAR; DVIR, 2007.

Nos últimos anos pesquisamos intensamente o assunto e realizamos estudos de casos e pesquisa-ação em empresas que desenvolvem projetos inovadores. Os resultados são experiências e soluções práticas, que compartilhamos neste livro. Portanto, além da análise da teoria, o que fez surgir um modelo concreto, apresentamos exemplos de como melhorar as práticas existentes na sua empresa para o gerenciamento de projetos. Há práticas relacionadas com a definição do escopo do projeto, Capítulo 3, as de planejamento e controle, Capítulo 4, e como adaptar os sistemas de informação, Capítulo 5.

Ao final, no Capítulo 6, traça-se um breve panorama das pesquisas nessa área fascinante e que deverá evoluir sobremaneira nos próximos anos. Como o leitor deve ter percebido, este livro foi escrito principalmente para profissionais de empresa que dominam a teoria de gerenciamento tradicional. O profundo conhecimento da teoria tradicional (principalmente no caso dos PMPs[10]) e a experiência anterior facilitarão a compreensão do texto.

Acreditamos que o livro será útil também para professores e alunos de cursos de gerenciamento de projetos nos níveis de graduação e pós-graduação. Em cursos de graduação poderá ser útil como literatura complementar, em uma disciplina de gerenciamento de projetos. Após apresentar o conteúdo dos livros-texto clássicos,[11] baseados no PMBOK, o professor poderá utilizar partes e casos específicos para oferecer o conceito de gerenciamento ágil aos alunos. Na pós-graduação o livro poderá ser utilizado em sua plenitude, servindo, por exemplo, como referência para uma disciplina específica de gerenciamento ágil, que desafiasse os alunos a colocar em prática esses conceitos em suas organizações.

Vejamos, então, o que é gerenciamento ágil de projetos?

---

[10] PMP – Project Management Professional. PMP é a marca registrada do Project Management Institute.

[11] Algumas sugestões são os livros de CARVALHO, M. M.; RABECHINI JUNIOR, R. *Construindo competências para gerenciar projetos.* São Paulo: Atlas, 2005, ou XAVIER, Carlos Magno da Silva. *Gerenciamento de projetos:* como definir e controlar o escopo do projeto. 2. ed. São Paulo: Saraiva, 2009.

O Gerenciamento Ágil de Projetos

O termo Gerenciamento Ágil de Projetos está sendo amplamente utilizado na literatura e nos meios de comunicação em geral. Há várias definições, e, nos últimos seis anos, pudemos estudá-las e discuti-las. A melhor maneira que encontramos de apresentá-las é a divisão em duas etapas: o que os autores dizem e como adotaremos isso no decorrer do livro.

Inicia-se com uma breve descrição das origens. O leitor precisa ter em mente o contexto em que surge essa abordagem e as motivações dos teóricos que vêm se debruçando nesta empreitada. Isso facilitará a compreensão dos aspectos que a diferenciam e ajudará a compreender quem são os principais expoentes da área.

O segundo passo será apresentar um panorama geral sobre as definições existentes, suas similaridades e diferenças. Procura-se demonstrar que elas se diferenciam em pressupostos básicos importantes, que moldam diferentes maneiras de encarar essa abordagem. Isso será fundamental, pois, como também dito na introdução, este livro adota uma posição dessas, ou seja, a proposta de como aplicar o APM descrita foi feita segundo um destes pressupostos.

Após a seção sobre as definições, não se apresenta, como de costume, a definição adotada pelo livro. Antes disso, traça-se um panorama geral, uma síntese, dos princípios que norteiam o Gerenciamento Ágil de Projetos, considerando os principais autores da área.

Seguindo essa ordem, esperamos que o leitor tenha compreensão suficiente sobre as propostas atuais na área de Gerenciamento Ágil e esteja, portanto, em condições de compreender o porquê da definição empregada no livro. Por fim, sintetizamos as diferenças mais significativas, conforme a nossa experiência e pesquisa na área.

1.1 Desafios em projetos inovadores

A inovação é uma palavra em alta, uma das forças motrizes da nossa sociedade.[1] No início do século, essa preocupação estava restrita ao ambiente industrial, mais especificamente a uma parte dele: empresas de ponta ou conhecidas como de alta tecnologia. Inovação era sinônimo de produto com evolução técnica significativa, novo para o mundo. A introdução do videocassete, do transistor, de redes de energia elétrica etc.

Nas últimas décadas, a inovação deixou de ser sinônimo de avanços em produto. A criatividade e atitude inventiva podem estar em processos de fabricação, distribuição e modelos de negócio e serviço revolucionários.[2]

Muitas pessoas, por exemplo, acreditam que a empresa Eastman Kodak revolucionou o mundo com um produto: a câmera Brownie.[3] Ela foi projetada para que o cliente a enviasse para a empresa fabricante, após bater as fotos. Os operários descarregavam o filme, revelavam-no e enviavam a câmera carregada com novo filme e fotos de volta ao consumidor. Uma inovação que possui mais conteúdo inventivo de negócio e logística do que em produto propriamente dito e que tornou a fotografia acessível para um novo público. O slogan "Você pressiona o botão, nós fazemos o resto" foi empregado pela empresa para divulgar a novidade que impulsionou a fotografia para uma nova era.

Mais recentemente surgiu também o conceito de inovação gerencial[4] como um importante tipo de inovação. Significa a geração e implantação de práticas, processos, estruturas ou técnicas gerenciais novas, frente ao estado da arte, e visam a melhorar o desempenho.[5] O gerenciamento ágil de projetos é um tipo de inovação gerencial.

Os projetos que envolvem qualquer um destes tipos de inovação (produto, processo, modelo de negócio ou marketing, serviços associados ou gerenciamento) possuem em comum, como principal característica, a incerteza. Parte significativa do projeto nunca foi feita antes, e isso significa que faz parte do projeto a geração da solução. A equipe não pode prever com antecedência como ela será executada e haverá sempre uma grande margem de incerteza sobre recursos necessários, prazos, riscos e todas as demais dimensões do gerenciamento de projetos.

---

[1] Para mais informações, sugere-se a leitura de CARVALHO, M. *Inovação*: estratégias e comunidades de conhecimento. São Paulo: Atlas, 2009.

[2] OCDE. *Manual de Oslo*. Rio de Janeiro: FINEP, 2004.

[3] Informações obtidas no site da empresa: <http://www.kodak.com/global/en/corp/historyOfKodak/historyIntro.jhtml>. Acesso em 28 jul. 2010.

[4] O artigo de Birkinshaw, Hamel e Mol é uma ótima referência para esse tipo de inovação. Os autores apresentam as origens e uma definição mais sólida do que é uma inovação gerencial. BIRKINSHAW, J.; HAMEL, G.; MOL, M. J. Management innovation. *Academy of Management Review*, v. 33, n. 4, p. 825-845, 2008.

[5] BIRKINSHAW; HAMEL; MOL, 2008, p. 829.

Outra característica é a heterogeneidade da equipe. Como o "problema central do projeto" é incomum, há a necessidade de unir, pela primeira vez, diferentes especialistas. Essa característica dificulta o alinhamento quanto aos objetivos. Não raro, pessoas de diferentes empresas e com formações diversas, e nenhum deles com experiência prévia no tipo específico de projeto.

A inovação pode variar dependendo do observador.[6] Como ela envolve a recriação de algo, uma inovação, mesmo que conhecida para o mundo, poderá apresentar o mesmo grau de dificuldade. Por exemplo, poucos países dominam o processo de enriquecimento de urânio ou o processo de construir um míssil ou foguete de longo alcance. Quem sabe resguarda o conhecimento como segredo do negócio. Isso significa que, para desenvolver a tecnologia, é preciso dar os mesmos passos que os pioneiros. Ainda que conhecida para o mundo, exigirá esforço semelhante ao de uma nova criação, na medida em que os membros da equipe de projeto terão que recriar a solução.

Esses tipos de inovação possuem em comum uma visão do interior da empresa, e são vistas aqui como algo que acontece dentro da empresa, impulsionada pelo mercado ou por um conhecimento interno. Mas a necessidade de inovar rapidamente vem nos últimos anos se intensificando de tal maneira que até mesmo essa visão está sendo alterada. A disseminação da inovação em todos os setores da sociedade está fazendo com que ela passe a ser vista de forma ainda mais sistêmica.

É o que foi definido recentemente como a nova natureza da inovação.[7] Segundo essa visão, a inovação é algo que ocorre fora da empresa, ou seja, quem produz o produto é um dos atores do processo de inovação. As empresas seriam habilitadoras, provedoras e atuariam com fornecedoras, instituições de ensino, clientes e demais organizações da sociedade para, juntos, proverem a inovação.

No documento da OECD[8] para as Nações Unidas, que propôs esse conceito, descrevem-se quatro direcionadores, forças, que incentivam a mudança. São eles: o movimento de cocriação de valor com os consumidores; o surgimento das redes colaborativas e fontes globais de conhecimento; a percepção da existência de desafios globais, como o meio ambiente e que, portanto, vão além das empresas; e os desafios de inovar nos setores públicos para solucionar os problemas dos diferentes povos.

---

[6] CARVALHO, 2009, apresenta uma excelente discussão sobre o tema, no Capítulo 1.

[7] O termo nova natureza da inovação foi retirado do relatório da OECD, organismo das Nações Unidas. O relatório completo está em OECD. *New nature of innovation.* Cophenhagen: OECD, 2009. Disponível em: <http://www.newnatureofinnovation.org>. Acesso em: 20 jan. 2010.

[8] OECD, 2009, p. 9-10.

Segundo o documento, as empresas precisarão responder a isso, aplicando princípios como: a) criar produtos com os clientes; b) envolver usuários no processo de inovação; c) buscar e combinar conhecimentos de maneira global; d) integrar-se a redes colaborativas e realizar parcerias; e) inserir-se em contextos dinâmicos envolvendo grandes e pequenas empresas; f) gerar inovações que se preocupem com as questões ambientais e sociais; g) atender a necessidades em países em desenvolvimento; h) atender a necessidades do sistema de bem-estar social; e i) considerar a tecnologia como um dos elementos, um habilitador da inovação.

As características dos projetos de inovação e as forças e princípios apresentados revelam os desafios para os profissionais do gerenciamento de projetos envolvidos com projetos inovadores:

- Conduzir projetos com alto nível de incerteza em parte significativa do seu conteúdo;
- Obter a cooperação e coordenação dentro de equipes de especialistas com diferentes formações;
- Realizar o projeto em ambientes de redes de inovação. Atores de diferentes instituições e, em alguns casos, interagindo em um contexto no qual pode não existir uma empresa líder (com poder final de decisão);
- Envolver os clientes e usuários no desenvolvimento dos projetos; e
- Solucionar o problema complexo que vai além da solução tecnológica específica e envolve limitações de marketing, processos e gerenciais.

Qual o impacto desses desafios no gerenciamento de projetos? Essa pergunta será respondida a seguir.

1.2   Origens do Gerenciamento Ágil de Projetos

O termo Gerenciamento Ágil de Projetos (APM)[9] difundiu-se em 2001 devido a um movimento iniciado pela comunidade internacional de desenvolvimento de sistemas de informação.[10] Seus autores preconizaram que era preciso um novo enfoque de desenvolvimento de software, calcado na "agilidade", na "flexibilidade", nas habilidades de comunicação e na capacidade de oferecer novos produtos e serviços

---

[9]   Tradução do termo Agile Project Management.

[10]   Estamos abordando a difusão específica na área de Gerenciamento de Projetos. O termo agilidade já havia sido citado e tido como fonte de discussão na área de gestão de operações como um todo. Pode-se comprovar no artigo de BENASSI, J. L. G.; AMARAL, D. C. Avaliação de métodos de apoio à criação da visão do produto no enfoque ágil de gestão de projetos. In: *Enegep – Encontro Nacional de Engenharia de Produção*. Rio de Janeiro, 2008.

de valor ao mercado em curtos períodos. Por agilidade, entende-se "habilidade de criar e responder a mudanças, a fim de obter lucro em um ambiente de negócio turbulento".[11]

Os autores criaram uma rede denominada Agile Alliance,[12] com o intuito de discutir alternativas aos processos gerenciais tradicionais, aprimorar e divulgar os chamados Métodos Ágeis de Desenvolvimento de Software. A Agile Alliance, por sua vez, publicou o Manifesto para Desenvolvimento Ágil de Software cujo conteúdo contempla:[13]

> Nós estamos descobrindo melhores maneiras para desenvolver produtos, praticando e ajudando outras pessoas a fazê-lo. Por meio desse trabalho nós valorizamos:
>
> - os indivíduos e suas interações acima dos processos e ferramentas;
> - produtos funcionando acima de documentação detalhada (excessiva);
> - colaboração de clientes acima da negociação de contratos;
> - resposta a mudanças acima da execução de um plano.

Apesar de reconhecidos como os criadores da abordagem ágil em muitos livros-texto da área, deve-se reconhecer que o problema havia sido tratado anteriormente e de maneira paralela por outros autores. No campo do GP, um dos pioneiros foi o trabalho de Maylor, que apresentou uma crítica similar à do manifesto ágil, porém, de uma maneira mais profunda, apoiada por um conjunto de estudos de caso em grandes empresas usuárias das técnicas tradicionais de gerenciamento de projetos.[14]

Outro exemplo vem do Reino Unido. Em 2003, um grupo de pesquisadores, apoiado por uma instituição governamental, o Engineering and Physical Sciences Research Council (EPSRC), empreendeu um programa de pesquisas para determinar quais as direções para a evolução da teoria de gerenciamento de projetos. O projeto de pesquisa em rede, denominado Rethinking Project Management (tradução livre: Repensando o Gerenciamento de Projetos), foi realizado entre 2004 e 2006, e o resultado, conforme disposto no Quadro 1.1, indicou cinco direções que se alinham aos princípios propostos no manifesto do gerenciamento ágil de projetos.

[11] HIGHSMITH, J. *Agile project management*: creating innovative products. Boston: Addison-Wesley, 2004.

[12] Mais detalhes podem ser acessados em: <http://www.agilealliance.org>.

[13] BECK, K. et al. *Manifesto for agile software development*. Feb. 2001. Disponível em <http://www.agilemanifesto.org/>. Acesso em: 05 jun. 2007.

[14] MAYLOR, H. Beyond the gantt chart: project management moving on. *European Management Journal*, v. 19, n. 1, p. 92-100, 2001.

Quadro 1.1 Direções para futuras pesquisas em Gerenciamento de Projetos

Teoria sobre Prática

Direção 1	
Modelo de Ciclo de Vida de projetos e GP – modelos simples de ciclo de vida de projetos como modelos dominantes para projetos e GP	→ Teorias da complexidade de projetos e GP – desenvolvimento de novos conceitos e teorias que reconhecem e destacam a complexidade dos projetos e do GP em todos os níveis.

Teoria para Prática

Direção 2	
Projetos como Processo Instrumental – o ciclo de vida do GP é visto como uma sequência linear de tarefas com um objetivo, utilizando conhecimento codificado, procedimentos e técnicas, com a visão de projeto como um processo de produção temporário e não político.	→ Projetos como Processo Social – conceitos e visão com foco social e na interação social entre pessoas. Fluxo de eventos e ação humana, moldando o GP como uma profissão, como programa social, práticas, relações com interessados, política e poder.

Direção 3	
Criação do Produto como principal objetivo – conceitos e metodologias que focam na criação de produto, produção temporária, desenvolvimento ou melhoria de um produto físico, sistema ou facilidade, monitorado e controlado segundo especificações de custo, qualidade e tempo.	→ Criação de Valor como objetivo principal – conceitos e procedimento com foco em: criação de valor através de projetos, programas e portfólio de projetos, com diferentes significados ligados a diferentes propósitos, para a organização e os indivíduos.

Direção 4	
Conceitualização restrita dos projetos – conceitos e metodologias baseados em uma conceitualização restrita dos projetos que iniciam com um objetivo bem definido, sob moldes de apenas algumas disciplinas básicas das áreas de TI, construção civil, e recursos humanos.	→ Conceitualização ampla dos projetos – conceitos e abordagens que facilitam a conceitualização ampla e contínua de projetos como sendo multidisciplinares, com múltiplos propósitos, nem sempre bem definidos, porém adaptáveis, contestáveis e abertos à negociação.

Teoria na Prática

Direção 5	
Praticantes como técnicos treinados – treinamentos e desenvolvimento que geram praticantes capazes de seguir procedimentos detalhados e técnicas, prescritas por métodos e ferramentas de GP, que incorporam algumas ou todos os fatores dos tópicos anteriores.	→ Praticantes como praticantes reflexivos – aprendizado e desenvolvimento que permitem o desenvolvimento de praticantes reflexivos, que podem aprender, operar e se adaptar efetivamente em ambientes complexos de projetos, por meio da experiência, intuição e aplicação pragmática da teoria na prática.

Fonte: Resumido de WINTER et al., 2006.

Note que os resultados do Quadro 1.1 são coerentes com os princípios do APM. A Direção 2 é idêntica à preocupação com o foco no cliente. A Direção 3, na criação de valor. A Direção 4, nos princípios da visão e a Direção 5 traz um alinhamento com o princípio de autogestão.

Na área de software, diversos especialistas criaram métodos próprios para incorporar o conceito de agilidade, apoiados nos princípios enunciados como: Extremming Programing (XP), Scrum, Crystal Methods, Dynamic Systems Development Method (DSDM) e Feature-Driven Development (FDD). Todos esses métodos são conhecidos como ágeis e misturam conceitos de engenharia de software.

Na área de projetos relacionados à manufatura e ao desenvolvimento de produtos, um esforço semelhante vem sendo realizado pelos teóricos da área de *Lean Development*. São trabalhos que fazem um paralelo com as teorias do desperdício e maximização do fluxo de valor, propostos pela teoria da Manufatura Enxuta (Lean Manufacturing). Na essência buscam resultados similares aos objetivos do APM. Citam o foco em adicionar valor ao cliente, ser mais simples e utilizar controles visuais.[15]

Assim, não há uma definição única e bem estabelecida sobre gerenciamento ágil de projetos. Entende-se que há uma busca comum de práticas, ferramentas e métodos que permitam a simplificação e maior flexibilidade na condução de projetos. O tópico a seguir examina as principais definições estabelecidas por estes autores.

1.3   Definições sobre Gerenciamento Ágil de Projetos

O Manifesto Ágil não deixa de ser uma primeira definição de Gerenciamento Ágil de Projetos, na medida em que sugere a necessidade de uma nova abordagem com características diferenciadas. Portanto, o Gerenciamento Ágil é definido como uma nova maneira de se atuar em termos do gerenciamento de projetos, não é rigorosa e os seus autores logo publicariam versões mais bem definidas. As duas principais são os trabalhos de Chin e Highsmith.[16]

Chin[17] utiliza o termo "plataforma" e não detalha seu significado, mas a leitura indica que não é diferente na abordagem. O Gerenciamento Ágil seria então uma

---

[15] Aos interessados, sugere-se a leitura do livro de MORGAN, J. M.; LIKER, J. K. *The Toyota product development system*. New York: Productivity Press, 2006. Caso seja de difícil acesso, pode-se ler um resumo dessas teorias na dissertação de CORRÊA, F. C. *Proposta de melhoria para o PDP de uma empresa de máquinas agrícolas com base no modelo de PDP da Toyota*. São Carlos: UFSCar, 2008. Dissertação (Mestrado). Universidade Federal de São Carlos, 2007.

[16] CHIN, G. *Agile project management*: how to succeed in the face of changing project requirements. New York: Amacom, 2004.; HIGHSMITH, 2004.

[17] CHIN, 2004.

maneira de proceder baseada em um conjunto de elementos (princípios, técnicas etc.), em que essa atividade é conduzida por meio de equipes autogeridas e utilizando técnicas de gerenciamento simplificadas. O autor argumenta que o envolvimento de equipe e técnicas simplificadas e o desenvolvimento de uma autogestão melhor aderem a ambientes em que as incertezas e mudanças predominam.

Highsmith é mais específico.[18] Define o gerenciamento ágil de projetos como "um conjunto de princípios, valores e práticas que auxiliam a equipe de projetos a entregar produtos ou serviços de valor em um ambiente de projetos desafiador".

Existem quatro pilares que sustentam o APM, segundo Highsmith,[19] e três se destacam como fundamentais: 1) os valores e princípios que direcionam a aplicação do APM; 2) o modelo de processo (*framework*) proposto pelo autor; e 3) práticas específicas que caracterizam seus princípios com foco em resultados.

O APM, segundo os autores, é colocado como uma abordagem alternativa à tradicional de modo a permitir que as empresas sejam mais efetivas no gerenciamento de projetos em ambientes de incertezas, afirma Chin.[20]

O termo "agilidade", analisado dentro do contexto de desenvolvimento ágil e adaptável, traz a ideia de que a equipe de projeto deve ter a habilidade para criar e responder às mudanças ocorridas no projeto, para obter lucro e adicionar valor para o cliente em ambientes de negócio turbulento.[21] A abordagem do APM deve ser encarada como uma "habilidade para equilibrar flexibilidade e estabilidade".[22]

Outro autor, DeCarlo,[23] vai um pouco além das definições anteriores. A definição proposta, denominada pelo autor de "Extreme Project Management", mostra o seguinte:

> [] é a arte e ciência de facilitar e gerenciar o fluxo de pensamentos, emoções e interações para produzir resultados de valor em condições turbulentas e complexas que requerem velocidade, grandes mudanças, elevado nível de incertezas e estresse.

Portanto, não deixa de considerar o gerenciamento de projetos como uma abordagem alternativa, mas enfatiza o papel dos fatores humanos e da autogestão na definição.

---

[18] HIGHSMITH, 2004.
[19] HIGHSMITH, 2004.
[20] CHIN, 2004.
[21] HIGHSMITH, 2004; CHIN, 2004.
[22] HIGHSMITH, 2004.
[23] DECARLO, D. *Extreme project management.* California: Jossey Bass, 2004.

Essas três definições são exemplos das definições em geral. Há inúmeros outros autores que alteram alguns termos, mas mantêm a essência que pode ser resumida assim: nova abordagem (alternativa à tradicional) e novo foco (na autogestão, flexibilildade e cliente final). As diferenças de terminologia geralmente são de cunho histórico. Um exemplo é Smith,[24] que apresenta definição semelhante, mas emprega o termo flexibilidade. Nesse caso, o autor é da área de projetos de desenvolvimento de produtos. O termo "flexibilidade" em vez de "agilidade" já vinha sendo utilizado na área, o que explicaria a preferência. Segundo o autor, flexibilidade no desenvolvimento de produtos significa a habilidade de fazer mudanças no produto, ou no processo de desenvolvimento, mesmo em fases avançadas, sem afetar a qualidade e resultados do projeto.

Há dois aspectos passíveis de crítica nessas definições: a abordagem do gerenciamento ágil como maneira alternativa à tradicional específica para a situação de equipes pequenas e autogestão; o foco da descrição está em princípios que diferenciariam a natureza das atividades de gerenciamento de projetos e a responsabilidade pela sua execução.

Ao analisarmos a teoria tradicional, por exemplo, tendo-se como referência o Project Management Body of Knowledge,[25] vê-se que há o alerta de que os processos foram estabelecidos para serem aplicados de maneira global, em qualquer setor, sendo necessárias sua adaptação e adequação aos diversos contextos do gerenciamento de projetos. A adaptação das práticas é citada de maneira explícita em vários momentos do documento. O manual, inclusive, cita que se deve contar com o apoio de um profissional especializado que possa adaptá-las e que ele descreverá conjuntos de boas práticas e não um método. Assim, a necessidade de adaptação não é uma novidade do gerenciamento ágil, como já dito muitas vezes neste livro. Aliás, isso não é uma novidade para a teoria de gerenciamento de projetos. O que nos parece novidade, na proposta do gerenciamento ágil, está nos aspectos mais específicos como a visão, iteratividade e foco no cliente.

Assim, é difícil entender a abordagem do gerenciamento ágil como uma alternativa. Talvez a questão seja mais complexa. O problema seria equilibrar o nível correto de foco nas pessoas ou foco nas práticas ou procedimentos.

Nesse sentido, Augustine[26] e Boehm[27] apresentam definições com tal característica. Concordam e defendem a tese de existir um nível adequado de

[24] SMITH, P. G. *Flexible product* development – building agility for changing markets. San Francisco: Jossey-Bass, 2007.

[25] PROJECT MANAGEMENT INSTITUTE – PMI. *Guia PMBOK*: um guia do conjunto de conhecimentos do gerenciamento de projetos. 3. ed. Pennsylvania: Project Management Institute, 2004.

[26] AUGUSTINE, S. *Managing agile projects.* Virginia: Prentice Hall PTR, 2005.

[27] BOEHM, B. *Balancing agilility and discipline.* Boston: Pearson Education, 2003.

flexibilidade com estabilidade, caos com ordem, execução com planejamento, exploração com otimização.

O gerenciamento ágil de projetos, segundo a definição de Augustine[28] é:

[]... o trabalho de energizar, capacitar e habilitar a equipe de projeto para entregas rápidas e confiantes, de valor para o negócio, através da integração dos clientes num processo contínuo de aprendizado e adaptação das mudanças de acordo com suas necessidades e ambiente de negócios.

Retira, assim, a ideia de uma abordagem alternativa e mostra uma abordagem adicional à teoria existente.

A conclusão é que em vez de analisar o APM como uma abordagem distinta e alternativa, como o diferencial, pode-se pensá-lo como sendo aspectos específicos que apontam novas preocupações e novas técnicas, para aprimorar a teoria no caso de projetos com conteúdo inovador. Observando as definições, é fácil identificar aspectos comuns com essa propriedade: as características como flexibilidade e habilidade para absorver mudanças durante o ciclo de vida do projeto, o enfoque mais humanista de autogestão no desenvolvimento da equipe de projeto; no uso do aprendizado e da experiência dos indivíduos em detrimento da valorização excessiva de técnicas e processos; e a importância de uma visão única e integrada do resultado final do projeto.[29]

Por fim, há a crítica quanto ao foco em princípios. Analisando os autores em questão, é raro ver propostas e estudos mais profundos sobre o diferencial e resultado das práticas. O foco principal é demasiado sobre os princípios, isto é, diretrizes ou valores mais gerais. Eles não deixam de ser interessantes, mas é preciso ir além e identificarem práticas e ferramentas específicas. Afinal, os profissionais interessados em solucionar os problemas reais de gerenciamento precisam de soluções e não de princípios. Examinaremos, porém, os princípios do Gerenciamento Ágil de Projetos com mais detalhe antes de partirmos para as práticas.

1.4 Princípios do Gerenciamento Ágil de Projetos (APM)

A abordagem do gerenciamento ágil de projetos possui um grupo de princípios que regem sua aplicação. Inicialmente esses princípios foram definidos no

28 AUGUSTINE, 2005.
29 Cohn enfatiza que a integridade e visão única da equipe de projeto em relação aos objetivos do projeto são fatores cruciais para o sucesso de um projeto. COHN, M. *Agile estimating and planning*. New York: Prentice Hall PTR, 2005.

manifesto ágil para o gerenciamento de projetos em 2001, no qual esse movimento teve seu início propriamente dito. Dessa maneira, os princípios contidos no manifesto[30] são:

- Prioridade pela satisfação do consumidor por meio de entregas contínuas, de valor e o mais brevemente possível;
- Mudanças de requisitos são bem-vindas mesmo em estágios avançados do desenvolvimento. Processos ágeis aproveitam as mudanças em benefício da vantagem competitiva do cliente;
- Entregar o produto funcionando em curto período;
- Desenvolvedores e gestores devem trabalhar diariamente em conjunto;
- Criar projetos com as pessoas motivadas. Confie nelas e dê suporte e ambiente para que o trabalho seja feito;
- O método mais eficiente e eficaz de transmitir informações em um projeto é pela conversa "cara a cara";
- Produto funcionando é a principal medida de progresso;
- Processos ágeis promovem o desenvolvimento sustentável. Os patrocinadores, desenvolvedores e usuários devem ser capazes de manter um ritmo constante indefinidamente;
- Atenção contínua à excelência técnica e ao design melhoram a agilidade;
- Simplicidade. A arte de deixar de fazer trabalhos desnecessários é essencial;
- Os melhores requisitos, arquiteturas e design surgem de equipes que praticam a autogestão;
- Em intervalos regulares a equipe deve refletir sobre como se tornar mais eficaz. Após a reflexão deve reajustar-se de acordo com as necessidades percebidas.

Os autores do manifesto, basicamente, afirmavam a importância de valorizar os indivíduos e suas interações, o produto funcionando e o trabalho colaborativo, mais do que planos e controles. Com isso, o resultado seria a agilidade para responder às mudanças.

Highsmith[31] destaca que as empresas precisam desenvolver uma cultura que promova a adaptação para absorver mudanças, algumas poucas regras para

---

[30] BECK et al., 2001. Mais detalhes podem ser obtidos em: <http://www.agilemanifesto.org>. Acesso em 28 jul. 2010.
[31] HIGHSMITH, 2004.

encorajar a auto-organização, combinada com autogestão e colaboração intensa e interação entre todos os membros da comunidade do projeto.

O autor propõe seis princípios que devem ser utilizados para se aplicar o APM. A Figura 1.1 representa esquematicamente cada princípio, os quais podem ser definidos como:[32]

- Entregar valor ao cliente: este princípio está diretamente relacionado à colaboração, ou seja, se uma equipe de projeto deseja entregar valor ao cliente, deve haver uma parceria entre desenvolvedores e consumidores, cada qual com suas responsabilidades e contabilidades. Para Highsmith, existem dois aspectos importantes em entregar valor ao cliente em um ambiente de desenvolvimento de produtos: focar na inovação e adaptabilidade em vez de eficiência e otimização, e concentrar-se em entregas em vez de cumprimento de atividades;

- Empregar entregas iterativas baseadas em características: este princípio pode ser mais bem explicado em quatro aspectos diferentes: iteração, baseado em características, espaço de tempo e incremental. O desenvolvimento iterativo significa que inicialmente existe a construção de uma versão parcial de um produto. Depois a equipe expande essa versão inicial por meio de sucessivos e curtos períodos de desenvolvimento (iterações) seguidos por revisões e adaptações. A entrega baseada em características significa que as equipes de engenharia devem construir características do produto final (quando o produto for software) ou ao menos uma representação do produto final (modelos de simulação). Por fim, os aspectos espaço de tempo e incremental estão relacionados aos curtos períodos de desenvolvimento durante as iterações e à expansão dessas versões, respectivamente;

- Buscar excelência técnica: este princípio está intimamente relacionado à evolução do produto, ou seja, projetos que buscam o emprego da excelência técnica no desenvolvimento de produtos possuem maiores chances de serem bem-sucedidos e de sobreviverem mais tempo no mercado;

- Encorajar a exploração: o primeiro princípio pertencente à categoria gerenciamento está diretamente relacionado às atribuições do gerente de projetos. É função do gerente de projeto encorajar a experimentação e o aprendizado por meio dos sucessos e fracassos e ajudar os membros da

---

[32]   HIGHSMITH, 2004.

equipe a compreender a visão a ser perseguida. Dessa maneira o gerente de projeto consegue criar um ambiente propício às inovações;

- Formar equipes adaptáveis: a ideia por trás deste princípio é balancear a liberdade à responsabilidade, e a flexibilidade à estrutura. Significa que, frente à inconsistência e à ambiguidade das fases iniciais em um projeto inovador, a meta principal da equipe é entregar consistentemente a visão do produto que está prevista dentro do escopo do projeto. Este princípio é também uma das principais tarefas do gerente de projeto, pois é ele o responsável em formar equipes que sejam ao mesmo tempo auto-organizáveis e autodisciplinadas;

- Simplificar: este princípio está diretamente relacionado à burocracia, ou seja, simplificar processos como, por exemplo, detalhar tarefas de um projeto ou diminuir excesso de documentação inicial do projeto faz as pessoas interagirem, e, consequentemente, cria um ambiente mais propício à inovação.

Figura 1. 1   Princípios do Gerenciamento Ágil de Projetos

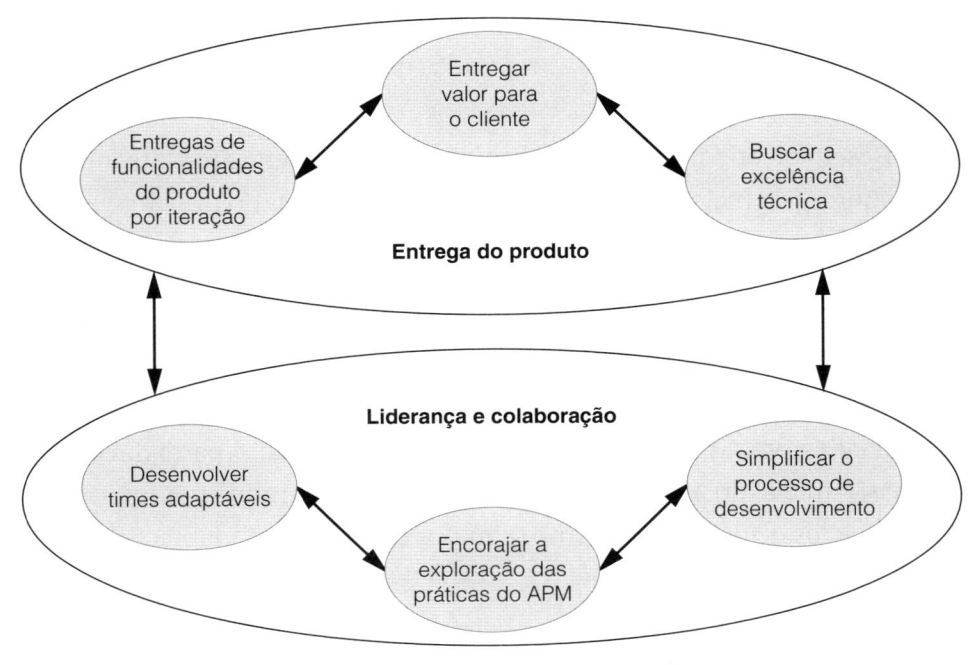

Fonte: HIGHSMITH, 2004, p. 28.

Os seis princípios propostos por Highsmith, representados na Figura 1.1, formam um tipo de "sistema" que, segundo o autor, deve ser implementado em conjunto. A união ajuda a criar um ambiente que encoraja a utilização das técnicas e, consequentemente, produz os resultados esperados.

De acordo com Augustine,[33] os princípios do APM são:

- Enfoque em entregas parciais: dividir o trabalho em pequenas partes, por iterações, permitindo gerenciar a complexidade e conseguir constantes avaliações (*feedback*) do cliente e do usuário final;

- Colocalização: para que o trabalho seja iterativo, é preciso que os membros da equipe de projeto trabalhem juntos, num mesmo espaço, incluindo representantes do cliente ou a própria equipe de projeto do cliente;

- Definir um plano de entregas: definir e priorizar as entregas, ou funciona-lidades do produto de maneira colaborativa com a participação do cliente. São definidos os recursos e o tempo estimado para as entregas, e o cliente define as prioridades do negócio;

- Definir o plano de iterações: as entregas definidas de forma colaborativa precisam ser organizadas e arranjadas por iteração. Priorizar as entregas e distribuí-las nas iterações;

- Desenvolver equipes auto-organizadas: promover a auto-organização da equipe por meio da execução das tarefas e entregas do projeto, de maneira colaborativa, sem o rígido controle dos níveis gerenciais da empresa.

Vários autores citam o termo "iteração" quando descrevem os princípios e as características da abordagem do APM.[34] O princípio do desenvolvimento iterativo, segundo o autor, é definido com base em quatro palavras-chave: iterativo, baseado em funcionalidades, prazo predefinido (*timeboxed*) e incremental. A partir da construção de uma visão inicial do produto, essa visão pode ser expandida por intermédio de sucessivos ciclos de desenvolvimento seguidos de revisões e adaptações.[35]

---

[33] AUGUSTINE, S., 2005.

[34] Faz-se necessário diferenciá-lo de interações. No contexto do APM, "iterações" é produzir um resultado em um determinado período predefinido, de maneira que este resultado possa ser melhorado em seguida (HIGHSMITH, 2004). Na área de software, "iteração é o processo chamado na programação de repetição de uma ou mais ações (Extraído de WIKIPÉDIA, consulta realizada em 30/06/2008, em <http://pt.wikipedia. org/wiki/P%C3%A1gina_principal>). Já "interação" pode ser definida segundo o dicionário, como "[ ]... ações e relações entre os membros de um grupo ou entre grupos de uma sociedade". (Utilizou-se o extraído do Dicionário Michaellis on-line, disponível em: <http://michaelis. uol.com.br/moderno/portugues/index.php?lingua=portugues-portugues&palavra=interação>).

[35] HIGHSMITH, 2004.

Cohn[36] afirma que os princípios que norteiam a aplicação da abordagem do APM incluem: o trabalho desenvolvido por equipe única; o trabalho desenvolvido em iterações curtas; entregar algum valor em toda iteração; as prioridades do negócio; e, por fim, inspecionar e adaptar constantemente. Esses princípios remetem ao enfoque humanista e ao desenvolvimento das competências da equipe de projeto. Outro aspecto importante são as iterações e as entregas em curtos períodos.[37]

Boehm e Turner[38] citam as seguintes características dos métodos ágeis: empregam ciclos iterativos curtos; envolvimento ativo dos clientes, para definir, priorizar e verificar requisitos do produto; desenvolvimento incremental; emprega equipes auto-organizadas; e são emergentes (processos, princípios e estruturas de trabalho são identificados durante o projeto, e não predeterminados).

Um método ágil deve incluir os seguintes atributos, segundo Boehm e Turner:[39] ser iterativo (vários ciclos); proporcionar entregas iterativas (não entregar o produto de uma vez no fim do projeto); auto-organização (as equipes determinam a melhor maneira de trabalho e são responsáveis pelos resultados); e possuir uma abordagem emergente para os processos, em que os procedimentos e processos evoluem durante o projeto em vez de serem predeterminados no início.

A questão que emerge a partir do estudo desses princípios da abordagem do gerenciamento ágil de projetos é como aplicar esses princípios no contexto de desenvolvimento de novos produtos. Highsmith[40] enfatiza que, para uma boa aplicação dos princípios do APM, é necessário ter cinco objetivos principais de negócio: (1) inovação contínua; (2) adaptabilidade do produto; (3) entregas no menor tempo possível; (4) adaptabilidade das pessoas e do processo; e (5) resultados confiáveis.

É inegável a importância da capacidade de adaptar os processos e as pessoas frente aos desafios dos projetos desenvolvidos em ambientes dinâmicos de negócio. Shenhar e Dvir utilizam o termo *"adaptive"*[41] para descrever uma abordagem para o gerenciamento de projetos voltada para ambiente de negócios em que existe alta complexidade e elevados níveis de incertezas. As características dessa abordagem apresentam inúmeras semelhanças com os princípios da abordagem ágil de gerenciamento de projetos, segundo outros autores.[42]

---

[36] COHN, 2006.

[37] COHN, 2006.

[38] BOEHM, B.; TURNER, R. Integrating agile and plan-driven methods, in 26th International Conference on Software Engineering, ICSE. Proceedings, 2004, p. 718-719.

[39] BOEHM; TURNER, 2004.

[40] HIGHSMITH, 2004.

[41] Do português "adaptável".

[42] HIGHSMITH, 2004; CHIN, 2004; AUGUSTINE, 2005.

O Quadro 1.2 descreve uma comparação proposta por Shenhar e Dvir[43] das características da abordagem tradicional de gerenciamento de projetos com uma abordagem adaptativa. As características da abordagem adaptativa reforçam alguns dos princípios adotados pelos autores da abordagem do gerenciamento ágil de projetos, o que induz à conclusão de que, em tese, trata-se dos mesmos princípios.

De fato, a discussão sobre os princípios do gerenciamento ágil de projetos indica que não estão limitados ao comportamento da equipe de projeto. De alguma maneira esses princípios precisam ser traduzidos em modelos, técnicas e métodos, viabilizando sua implantação nas organizações cujo contexto de desenvolvimento seja adequado à exploração da abordagem do APM.[44] O estudo da teoria trouxe alguns modelos embasados no APM à tona, apresentados na próxima seção.

Quadro 1.2 Diferenças entre uma abordagem tradicional de gerenciamento de projetos e uma abordagem adaptável

Abordagem	Tradicional	Adaptável
Metas do projeto	Enfoque na finalização do projeto no tempo, custo e requisitos de qualidade	Enfoque nos resultados do negócio, atingir múltiplos critérios de sucesso
Plano do projeto	Uma coleção de atividades executadas como planejado para atender à restrição tripla (tempo, custo e qualidade)	Uma organização e o processo para atingir as metas esperadas e os resultados para o negócio
Planejamento	Realizado uma vez no início do projeto	Realizado no início e reavaliado sempre que necessário
Abordagem gerencial	Rígida, com foco no plano inicial	Flexível, variável, adaptável
Trabalho/Execução	Previsível, mensurável, linear, simples	Imprevisível, não mensurável, não linear, complexo
Influência da organização	Mínima, imparcial a partir do *kick-off* do projeto	Afeta o projeto ao longo de sua execução
Controle do projeto	Identificar desvios do plano inicial e corrigir o trabalho para seguir o plano	Identificar mudanças no ambiente e ajustar o plano adequadamente
Aplicação da metodologia	Aplicação genérica e igualitária em todos os projetos	Adaptação do processo, dependendo do tipo de projeto
Estilo de gerenciamento	Um modelo atende a todos os tipos de projetos	Abordagem adaptativa, um único modelo não atende a todos os tipos de projetos

Fonte: Adaptado de SHENHAR; DVIR, 2007, p. 11.

---

43 SHENHAR, A.; DVIR, D. Project management research – the challenge and opportunity. *Project Management Journal*, v. 38, n. 2, p. 93-99, 2007.

44 A afirmação é ressaltada em SMITH, P. G. Book Review: Agile project management – creating innovative products. *Journal of Product Innovation Management*, v. 22, n. 4, p. 369-376, 2005.

Em resumo, pode-se concluir que dentre os vários princípios apresentados anteriormente, nove podem caracterizar o gerenciamento ágil de projetos:

- Aplicar técnicas simples e visuais de gerenciamento (simplicidade);
- Flexibilidade do processo para absorver mudanças no projeto;
- Buscar a excelência técnica;
- Agregar valor para o cliente e para a equipe de projeto;
- Utilizar o conceito de iterações e entregas parciais;
- Promover a autogestão e a auto-organização;
- Encorajar a tomada de decisão participativa;
- Encorajar a inovação e a criatividade; e
- Promover a interação e comunicação entre os membros da equipe de projeto.

1.5 Uma definição para o Gerenciamento Ágil de Projetos

Os nove princípios sumarizados anteriormente indicam uma uniformidade entre os teóricos, um consenso sobre a existência de uma forma distinta de conduzir o gerenciamento de projetos. É plausível conceber, portanto, a existência de uma abordagem alternativa para o gerenciamento de projetos, denominada então de Gerenciamento Ágil.

Mas assim como autores como Boehm e Augustine, cremos que ela não é uma teoria alternativa à teoria de gerenciamento de projetos tradicional, específica para determinados tipos de projetos. Ao contrário, ela seria uma maneira de pensar um novo conjunto de métodos e práticas que somariam ao corpo de conhecimento tradicional de gerenciamento de projetos.

A definição que operacionaliza essa proposta e será utilizada no livro é:

> O gerenciamento ágil de projetos é uma abordagem fundamentada em um conjunto de princípios, cujo objetivo é tornar o processo de gerenciamento de projetos mais simples, flexível e iterativo, de forma a obter melhores resultados em desempenho (tempo, custo e qualidade), menor esforço em gerenciamento e maiores níveis de inovação e agregação de valor ao cliente.

A abordagem é útil, portanto, para apoiar o trabalho de adaptação das práticas conhecidas em gerenciamento de projetos e na criação de novos métodos e ferramentas que venham a se somar à teoria existente.

Conforme esse enfoque adotado, gostaríamos de extrair da teoria existente os principais diferenciais. Sim, a quantidade de princípios propostos pelos autores nos parece exagerado, e alguns deles, como discutido, são contemplados na teoria tradicional, como explicado sobre a necessidade de adaptação. Analisando-os, propomos que há quatro diferenciais mais significativos na teoria de Gerenciamento Ágil de Projetos: autogestão, visão, iteração e envolvimento com o cliente.

1.6 Principais diferenciais do Gerenciamento Ágil na prática

1.6.1 Autogestão

Um dos principais legados dos teóricos do Gerenciamento Ágil de Projetos certamente será a observação da necessidade de maior esforço em criar uma cultura e motivação para a autogestão. As técnicas de gerenciamento de projetos originaram-se de grandes projetos, envolvendo milhares de pessoas, em momento de extrema especialização e ausência da ferramenta da tecnologia da informação.

Nesse contexto, os profissionais do gerenciamento de projetos eram também especialistas que se dedicavam inteiramente ao problema. Eram *controllers*, cuja tarefa era coletar e processar informações sobre o andamento do projeto e obter a programação. Imitando a filosofia do chão de fábrica, a meta de programação era a de distribuir as atividades para cada uma das pessoas e verificar o seu andamento. Em ambientes como esses, é natural uma posição reativa por parte dos membros da equipe de projeto,[45] pois consideram o seu papel como o de executar as atividades com desinteresse perante o desempenho do projeto como um todo.

Como visto, a situação mudou. Os membros das equipes de projeto ainda são na maioria especialistas, mas possuem um conjunto maior de responsabilidades, pois podem executar mais tarefas a partir do advento de ferramentas computacionais. Além disso, eles são em menor número e estão mais expostos às informações sobre o andamento dos projetos e seus problemas, muitas vezes em tempo real, com *messengers* e ferramentas de e-mail. Assim, o enfoque em escritórios de projetos tradicionais, separando as tarefas de gerenciamento das de execução propriamente ditas pode não ser ideal em ambientes como esses.

---

[45] Entendido aqui com a mesma definição do PMBOK, de todas as pessoas que participam do projeto.

A consequência é que se faz necessário envolver os membros das equipes nas atividades de controle e planejamento e utilizar o potencial desses indivíduos em antecipar os problemas em uma nova atitude, mais proativa. O controle deixa de ser aplicado aos detalhes, ao que cada um deve estar fazendo em cada momento. A pergunta do gerente deve ser o que cada um deve estar entregando agora, se está bom ou não. O detalhe de como fazer pode então ser transferido para a alçada de cada membro da equipe, que adquire, assim, uma nova responsabilidade.

É lógico que não há mágica na área de gestão de operações. Se a empresa não possui a cultura adequada e os membros da equipe não estiverem preparados para assumir a nova responsabilidade, bem como não estiverem capacitados para auto-gerir suas contribuições, haverá problema. Em vez de solução, a autogestão pode levar a um "pesadelo", à perda do "controle" do gerente sobre o empreendimento. Portanto, autogestão é diferente de caos organizacional.

1.6.2 Visão em lugar de escopo

O termo visão é outro diferencial significativo e por vezes desvalorizado. Esse termo é enfaticamente discutido pelos autores da área, mas muitos o consideram sinônimo para o escopo, alterando apenas o nome. Aliás, muitos autores do gerenciamento ágil tratam-no de forma tão superficial que é difícil entender se realmente há alguma distinção entre o gerenciamento do escopo do projeto e o gerenciamento da visão.

Em estudos realizados por nós, da literatura ao longo do tempo e de nossa experiência em empresas, concluímos que há uma diferença fundamental. Mais importante ainda, acreditamos que se trata de uma diferença significativa e fundamental para se obter resultados com o Gerenciamento Ágil. Deve, portanto, ser extremamente valorizada pelos gestores interessados na adoção do APM. Elas serão explicadas com detalhes no Capítulo 4, mas gostaríamos de adiantar o principal diferencial.

Assim como o escopo, a visão tem o papel de descrever o contorno, isto é, quais resultados o projeto precisa atingir e em que nível para satisfazer aos *stakeholders*. Inclusive, dizendo o que não será feito para eliminar qualquer dúvida. Também como o escopo, essa definição precisa ser prática e não pode incluir esforço adicional às necessidades dos *stakeholders*. Portanto, até aqui, não há diferença alguma entre visão e os processos da área de conhecimento de gerenciamento de escopo.

Analisando em detalhes a teoria sobre a visão, nota-se, porém, que deve apresentar qualidades adicionais não citadas ("lembradas") na teoria tradicional de escopo do projeto e, por conseguinte, nos documentos de Declaração de Escopo.

São elas: a necessidade de ser desafiadora e motivadora; a necessidade de ser concisa; e a necessidade de antecipar a concepção do produto.

A teoria do escopo foca no contorno, mas não enfatiza que é preciso uma concepção concisa do produto. Mais do que um mero detalhe, isso tem um impacto importante na organização da equipe de projeto e na própria metodologia (método) de projeto. Exige a exploração de possíveis concepções logo no início (*kick off*) do projeto, algo não previsto nas teorias de modelos de processo de desenvolvimento de produtos, que enfatizam apenas requisitos abstratos. Quanto à equipe, exigiria um gerente com mais habilidade técnica e conhecedor do produto final, requisitos para controlar esse processo de criação de uma concepção base.

A implicação direta é que a definição do escopo seria mais burocrática que a definição da visão. Como dito, ela enfatiza as "regras do jogo", não o produto final, e não cria um sentido comum de desafio e propósito do projeto, com uma descrição mais concreta do resultado final.

Um exemplo concreto pode esclarecer melhor a diferença. Há um caso famoso na literatura sobre o desenvolvimento de uma copiadora pequena, realizada pela Cannon, do Japão, na década de 1990.[46] O desafio do projeto era criar um produto de menor tamanho que os existentes. O maior desafio era o conjunto fusor, um módulo cuja peça principal (fusor) é um cilindro que fixa o pó no papel e existia nas copiadoras óticas e à base de tonner. Segundo as soluções da época, esse módulo era grande e trazia vários problemas. O líder do projeto reuniu a equipe e trouxe uma lata de cerveja de alumínio e descreveu sucintamente a sua visão do produto final do projeto: uma máquina com um conjunto fusor naquelas dimensões e aparência, de alumínio e leve. A imagem da lata, pela sua concisão e capacidade de convergência, diz muito mais do que páginas e páginas de uma Declaração de Escopo do Projeto convencional. Ela antecipa uma concepção: traz uma ideia de material, tipo de processo produtivo. Mais, ela é um ícone, algo que marca profundamente os membros da equipe e se estabelece como um ponto comum para o diálogo entre os vários especialistas.

Como veremos adiante, a concepção tradicional de escopo tem origem na ideia de que essa solução será gerada no decorrer do projeto. Fará parte das atividades do projeto. Porém, em projetos que exijam velocidade ou que envolvam grande inovação certamente faz muito sentido antecipar a concepção, evitando divergências por parte dos diferentes membros da equipe.

---

[46] Este caso é descrito no livro de NONAKA, I. The knowledge-creating company. *Harvard Business Review on Knowledge Management.* Boston: Harvard Business School Press, 1998.

Há fortes indícios na literatura sobre o impacto positivo da visão nos resultados do projeto. A nossa experiência com o conceito de visão reforça esses resultados. A antecipação ajuda na divisão das tarefas e iterações, na integração dos resultados e na solução ótima dos *trade-offs*[47] que surgem em projetos do tipo. Portanto, a principal diferença é que na concepção há uma antecipação de uma solução inicial, há um norte para equipe. Que pode mudar e está aberto para isso, conforme explicitado nos demais princípios do Gerenciamento Ágil, mas a equipe parte de um caminho traçado na visão.

1.6.3 Iteração

O princípio da iteração é um dos mais discutidos pelos autores e talvez um dos mais intuitivos em relação ao diferencial frente à teoria tradicional. A ideia é planejar em detalhes apenas o curto prazo e conduzirem-se ciclos curtos de realização e teste. É realmente uma inovação, e parece por vezes tão óbvia que muitos se perguntam: "Mas isso é novo? Ninguém pensou nisso antes?".

Novamente a explicação pode estar nas raízes históricas do gerenciamento de projetos. Logicamente, em projetos grandes, em que é preciso "pôr em movimento" uma grande quantidade de atividades e pessoas, seria muito difícil guiar-se por iterações. A ansiedade e as dúvidas das pessoas no que virá e o que deve ser feito no passo seguinte impediriam que muitos iniciassem as suas atividades. Mais ainda, como comunicar rapidamente todas as pessoas sobre as mudanças que estão ocorrendo e como replanejar o projeto rapidamente utilizando calculadoras e memorandos em papel?

A essência de um grande planejamento e seu controle, do começo ao fim, fez muito sentido no início do gerenciamento de projetos. E ainda continuará fazendo em projetos com teor menor de inovação e grandes equipes. Porém, os recursos de comunicação rápida e de TI permitem práticas iterativas e isso deve ser explorado. O planejamento poderá ser realizado, detalhado e controlado continuamente ao longo do projeto.

Alguns podem argumentar que isso não é diferente do enfoque de planejamento em ondas sucessivas, citado inclusive no PMBOK, um ícone da abordagem tradicional. Neste ponto discordamos. Acreditamos que uma prática é a do projeto "faseado", isto é, dividido em marcos que determinam um conjunto de entregas importantes. Nesse caso há um planejamento sistemático da fase

---

[47] *Trade-offs* são soluções de compromisso. Problemas complexos em que a solução de um aspecto causa prejuízo a outro e a equipe precisa negociar o melhor nível para os dois parâmetros.

inteira. O conceito de iteração é mais profundo. A ideia é, da visão, identificar o produto final; do produto final, algo que pode ser entregue; e realizar ciclos do tipo "construir, testar e validar". Portanto, nesse caso, o foco está no produto, não há em essência o planejamento completo das atividades, entregas, recursos e o "faseamento".

Acreditamos que essa diferença leve realmente a práticas distintas, isto é, maneiras distintas de proceder. Exploraremos esse aspecto no Capítulo 4. Porém, pessoas que dizem utilizar iterações podem, na verdade, adotar "faseamento" e vice-versa; profissionais de gerenciamento de projetos que dizem adotar ondas sucessivas podem, na verdade, estar adotando iterações. Acreditamos que as duas práticas são distintas e que ambas podem trazer sucesso, desde que implantadas corretamente e no contexto adequado.

1.6.4　Envolvimento do cliente e simplicidade

O envolvimento do cliente é uma característica-chave, fundamental. A simplicidade também. Não há dúvidas sobre isso. Mas será que isso é realmente um diferencial frente ao gerenciamento de projetos dito tradicional? Será que são características distintivas do Gerenciamento Ágil de Projeto?

Ambas são perguntas difíceis de responder. Ser simples é uma meta de qualquer ferramenta ou técnica que se preze. É mesmo difícil conceber que alguém desenvolva técnica ou ferramenta gerencial e intencionalmente busque dificultar ou complicar mais do que o necessário. O mesmo vale para o relacionamento com o cliente. Desde o início do gerenciamento de projetos as técnicas de elicitação de requisitos, testes, aprovação de escopo pelo cliente, entre outras, não deixam de ser maneiras de incorporar as necessidades do cliente ao gerenciamento. E isso é suficiente para garantir uma preocupação sobre o tema. Mesmo assim, consideramos que há práticas inovadoras no Gerenciamento Ágil nos dois aspectos, o que seriam contribuições efetivamente novas para a teoria e, portanto, justificamos que seja um diferencial significativo.

No caso da simplicidade, a inovação está em uma mudança na meta do gerenciamento de projetos. A abordagem tradicional parecia fazer crer que o único caminho era detalhar mais e mais o plano de projeto. Era como se houvesse um grau máximo de maturidade em gerenciamento de projetos, no qual recursos, atividades, entregas e prazos estivessem perfeitamente determinados e bastaria a execução precisa das recomendações e programação.

As teorias sobre Gerenciamento Ágil de Projetos afastam-se dessa concepção de gerenciamento. Como vimos, definições como DeCarlo[48] partem de uma concepção na qual seria impossível fazê-lo, devido à complexidade. Em vez da busca do controle "mais sofisticado possível", estabelece-se um conjunto de instrumentos de medida, "mais simples possível", que permita uma negociação e a melhoria contínua nas decisões, por meio de melhor comunicação e das contribuições e "programações" oriundas dos membros da equipe (proatividade) e não do próprio controle do projeto. Trata-se, portanto, de uma mudança sutil no discurso, mas profunda no paradigma da programação e controle da equipe. Uma mudança significativa para a teoria de gerenciamento de projetos. Significa uma transformação nos propósitos, de métodos que deem a solução exata para o problema, para outros que sejam fáceis de usar e possibilitem os alertas corretos; que diminuam a complexidade do problema dividindo-a em partes e distribuindo-os para os diversos membros da equipe.

Também no caso do envolvimento do cliente, o diferencial é a concepção de envolvimento. Essa é realmente uma nova maneira de pensar e que vem se tornando prática comum em diferentes setores. Nas áreas de desenvolvimento de software (com o Gerenciamento Ágil) ou desenvolvimento de produtos, com o Design Centrado no Usuário,[49] vê-se um movimento de incorporar fortemente, até de maneira presencial, o cliente nas decisões de projeto. A tendência parece ser a de intensificação dessa prática, empregando-se novas ferramentas como: sites de comunidades, grupos de foco e o cliente como membro ativo da equipe de projeto. Em seu grau máximo, estamos assistindo ao surgimento da ideia do cliente como "projetista", liderando o desenvolvimento por meio de técnicas de interação via web e de *toolkits*.[50]

Analisando a situação sob essa ótica, as técnicas e ferramentas como comunidades de usuários de produtos, *toolkits*, participação dos clientes como membros das equipes de projeto são um diferencial significativo para as técnicas tradicionais citadas, como a elicitação de requisitos e delimitação do escopo do produto com

---

[48] DECARLO, D. *Extreme project management.* California: Jossey Bass, 2004.

[49] O Design Centrado no Usuário é uma abordagem que vem sendo discutida desde o trabalho seminal de Norman, 1988. NORMAN, David A. *The design of everyday things.* New York: Basic Books, 1988. A ideia inicial foi partir da experiência do usuário do produto, procurando compreendê-la profundamente pela observação. Depois evoluiu como pode ser visto no trabalho de THOMKE, S.; Von HIPPEL, E. Customers as Innovators: A new way to create value. *Harvard Business Review,* v. 80, n. 4, p. 74-81, 2002. Mais recentemente, com tecnologias como internet, quando começaram a surgir experiências com o desenvolvimento de *Toolkits* e Comunidades de Prática em que os clientes têm a experiência de desenvolver o seu próprio produto. Um exemplo desse tipo de experiência mais plena é relatado em FRANK, N.; KEINZ, P.; SCHREIER, M. Complementing mass customization toolkits with user communities: how peer input improves customer self-design. *International Journal of Product Innovation Management,* v. 25, p. 546-559, 2008, sobre uma empresa de esquis que dá possibilidade para o cliente configurar o seu esqui *on-line* e modificar o produto.

[50] Há o caso da Nike, mundialmente famoso, citado por PINK, D. H. *O cérebro do futuro.* Rio de Janeiro: Campus-Elsevier, 2007. A empresa criou um site no qual os clientes customizam chuteiras e tênis, escolhendo cores e atributos. A empresa fabrica e entrega.

base nos clientes. E são, portanto, um diferencial do Gerenciamento Ágil de Projetos que merecem atenção, estudos e novos desenvolvimentos para tornarem-se práticas úteis, realidade.

1.6.5 Sobre os diferenciais identificados

Esses diferenciais são importantes contribuições da teoria do Gerenciamento Ágil de Projetos, e justificam o interesse e o grande número de publicações na área. Os profissionais e pesquisadores não precisam de uma nova teoria de gerenciamento de projetos. Precisam, sim, compreender profundamente essas diferenças e tendências. E mais, precisam de indicações acuradas de como incorporá-las no dia a dia e de avaliações "frias" sobre a contribuição real de cada uma delas. Nesse sentido, a literatura sobre Gerenciamento Ágil de Projetos ainda não está madura. Analisando os livros citados, é possível perceber que a maioria permanece discutindo os princípios e há pouca ênfase em exemplos, métodos e indicações de como tirar proveito deles.

O objetivo deste livro é diminuir a lacuna. O próximo capítulo apresenta um modelo referencial, isto é, uma descrição de atores, atividades, métodos, ferramentas e artefatos, relacionando-os. Esse modelo serve como orientação para apoiar a adaptação do modelo de gerenciamento de projetos da empresa, conforme a teoria do APM. É, portanto, uma ferramenta útil para adaptar o Processo de Gerenciamento de Projetos da empresa, conforme as diretrizes do APM. O próximo capítulo descreverá o modelo referencial e suas origens.

Modelo referencial para Gerenciamento Ágil de Projetos

O Gerenciamento Ágil de Projetos foi definido como uma abordagem, isto é, uma maneira diferente de utilizar os métodos tradicionais, que se serve de princípios e características distintivas e que tem como objetivo estabelecer o nível suficiente de controle, e não o planejamento e controle total do empreendimento. Adotou-se também a ideia de que isso não seria uma nova teoria, mas um caso específico e um conjunto de técnicas e métodos que se somarão ao corpo de conhecimento existente. Assim, o nível de "agilidade" poderia ser estabelecido em cada situação, conforme a necessidade da empresa e as características do empreendimento, do projeto.

Concordar com essas posições é fácil, mas insuficiente. Os profissionais que enfrentam, neste momento, o desafio real de gerenciar uma equipe ou melhorar as práticas de gerenciamento[1] estarão se perguntando: como faço para transformar estes princípios em práticas reais? O que eu faço agora para aproveitar as oportunidades do gerenciamento ágil? Antes de responder, deixe-nos utilizar a mesma estratégia do capítulo anterior. Vejamos o que as teorias existentes dizem a este respeito.

De maneira bem sintética e, portanto, correndo o risco de simplificar demais, propomos a classificação dos livros-texto da área em dois tipos. O primeiro grupo é o de teorias propostas por autores como Highsmith, Chin, Smith e DeCarlo,[2] criadas de maneira independente da área de domínio do projeto, isto é, ditas aplicáveis em projetos inovadores, seja de um software, hardware, ambos e, em alguns casos, qualquer projeto de conteúdo inovador. Denominaremos, por enquanto, de abordagens holísticas. Pode-se verificar que elas possuem três elementos similares: elicitação de princípios e justificativa para as práticas ágeis, apresentação de práticas e descrição de um arcabouço geral (*framework*).

---

[1] Provavelmente é o seu caso, leitor, que se interessou por este livro.

[2] HIGHSMITH, J. *Agile project management*: creating innovative products. Boston: Addison-Wesley, 2004.; CHIN, G. *Agile project management*: how to succeed in the face of changing project requirements. New York: Amacom, 2004; SMITH, P. G. Book Review: Agile project management – creating innovative products. *Journal of product innovation management*, v. 22, n. 4, p. 369-376, 2005; DECARLO, D. *Extreme project management*. California: Jossey Bass, 2004.

Primeiro, aprofundam-se na explicação dos princípios do Gerenciamento Ágil; a maioria apresentando argumentos e citando casos reais de maneira a justificá-los, além de mostrar as vantagens de empregá-los frente à teoria tradicional. Geralmente os autores citados apresentam casos isolados, um para cada aspecto citado, de vários projetos diferentes. Não há apresentações de casos únicos, um projeto do começo ao fim, completo. Em geral também contrapõem a abordagem do Gerenciamento Ágil como uma alternativa à tradicional, mais bem aplicada a projetos com equipes pequenas e de conteúdo inovador. Discutem a questão da inovação e da complexidade como um diferencial.

Alguns autores apresentam detalhes de práticas, como Highsmith e Chin. Geralmente são as práticas mais distintivas: uso de painéis ou quadros visuais, programação em pares, reuniões periódicas e uso de indicadores *Burn-down*, entre outras. Por fim, apresentam um tipo de arcabouço ou estrutura geral com elementos como fases e atividades e listas de elementos necessários: software, escritório de projetos, entre outros.

Seus textos são bons e úteis, mas há um problema com o nível de abstração. Note que eles apresentam dois elementos com grande diferença de nível de abstração. No mais alto, do arcabouço (*framework*), apresentam elementos de alto nível. Em seguida "saltam" para um nível detalhado de abstração, apresentando, por exemplo, um tipo de documento utilizado em um estudo de caso ou uma técnica específica. Falta, portanto, um nível intermediário de abstração, operacional.

Um exemplo irá facilitar a compreensão do argumento. Highsmith apresenta em seu *framework* um conjunto de áreas de processo bem similar em estrutura com o do PMI. Em vez de Iniciação, Planejamento, Execução e Encerramento, propõe: Visão, Especulação, Exploração, Adaptação e Encerramento. Explica as diferenças na nomenclatura, mas não é trivial para o profissional identificar como, na prática, utilizar o conceito de visão em lugar de escopo. Parece idêntico e não há aprofundamento. No outro extremo apresenta uma técnica de descrição da visão, por exemplo, a da Caixa, que será explorada adiante. Mas, não estabelece relação entre estes elementos. A falta de um exemplo detalhado impede que este tipo de conhecimento seja complementado.

Em nossos trabalhos de campo, nos quais tivemos a oportunidade de testar essas ideias,[3] ficou evidente a necessidade de uma descrição mais elaborada do nível operacional, ou nível intermediário. Os autores citados argumentam, com razão, que

---

[3] Nos trabalhos realizados no Grupo de Engenharia Integrada, além de estudar todos os autores citados no Capítulo 1, tivemos a oportunidade de testar, na prática, principalmente as ideias de CHIN, 2004; HIGHSMITH, 2004; SMITH, 2005.

aí está a necessidade de personalização, mas nessas experiências tivemos dificuldade em realizar as adaptações empregando as indicações dos teóricos.

O segundo grupo é o de teorias desenvolvidas especialmente para o desenvolvimento de software. As duas principais são: SCRUM e XP (eXtreme). Essas teorias são mais objetivas e direcionam a aplicação com recomendações precisas. Os autores oferecem alto nível de detalhe. Descrevem fases; uma terminologia precisa para cada um dos artefatos gerados na condução do projeto e apresentam práticas bem definidas, como intervalos entre reuniões e listas de competências que precisam ser dominadas pelo gerente de projeto e colaboradores.

A especialização traz a vantagem da precisão na recomendação, porém, dificulta a transposição para outros tipos de projeto. Por exemplo, muitas das especificações precisas estão relacionadas diretamente com práticas de engenharia de software[4] e, portanto, são válidas unicamente para projetos de tais produtos. Isso é intencional, e os autores reconhecem esse aspecto. Muitos inclusive denominam de "Programação Ágil", numa alusão correta de que misturam práticas de gerenciamento de projetos com engenharia de software voltadas para equipes de programação.

Outro aspecto também é o foco na equipe e no gerenciamento de um projeto. Novamente expressa nas nomenclaturas. Muitos autores referem-se a estes modelos conceituais como métodos para "equipes ágeis de projetos". O escopo é no projeto em si. Não tratam, portanto, do gerenciamento interprojetos e multiprojetos. As questões de nivelamento de recursos entre projetos, por exemplo, não são consideradas.

O referencial elaborado neste capítulo nasceu com o intuito de ser mais geral do que apenas software. O objetivo é que ele possa ser aplicado a projetos de produtos que envolvam inovação, independentemente de ser um hardware, um software ou ambos, ou até mesmo um serviço. Outro objetivo é que ele fosse além do gerenciamento de um projeto e incorporasse o problema do gerenciamento multiprojetos. Portanto, as propostas desse segundo grupo, tais como XP e SCRUM, não poderiam dar conta do problema.

A intenção também foi desenvolver uma teoria que não fosse uma alternativa à teoria tradicional. Como dissemos, entendemos que a melhor forma de se estudar e implantar o conceito de Gerenciamento Ágil de Projetos não é recriando todo um corpo teórico alternativo. A meta foi entender a especificidade e trabalhar no sentido de complementação. O que falta incorporar na teoria tradicional para se

---

[4] A engenharia de software é a área do conhecimento que estuda a aplicação sistemática, disciplinada e quantificada de desenvolvimento, operação e manutenção de software. Para mais detalhes, consultar PRESSMAN, R.S. *Software engeineering*: a practioner's approach. 7. ed. New York: McGraw-Hill, 2009. p. 928.

obter um Gerenciamento Ágil? Essa é a pergunta principal. Seguindo o princípio da parcimônia, se algo existe no corpo de conhecimentos tradicional que não precisa ser adaptado, por que alterar um nome ou inventar nova terminologia? Portanto, os arcabouços do primeiro grupo também não seriam adequados.

2.1 Visão geral do modelo referencial

Entende-se por modelo referencial um conjunto de elementos que servem de orientação para um profissional adaptar as práticas e os métodos utilizados no gerenciamento de projetos de sua empresa. Este conceito está relacionado com a teoria de gerenciamento de processos de negócio.[5]

Esse tipo de modelo difere do conceito de Corpo de Conhecimentos do PMI, o mais difundido. Segundo essa entidade, um corpo de conhecimentos é a coleção geral de práticas que foram demonstradas válidas e úteis para o gerenciamento de projetos. O PMBOK tem, portanto, como meta ser o "conjunto união". O modelo referencial que estamos propondo não pretende ser um conjunto geral de práticas. Ao contrário, procura sintetizar um subconjunto de práticas, uma parte formada por aquelas mais bem indicadas para um domínio específico de aplicações. É, portanto, orientado para a aplicação.

A ideia de modelo é o da representação de um processo de negócio, isto é, das atividades, atores, métodos e todas as demais dimensões de um negócio. Essa descrição é mais específica, e o Modelo Referencial não é, portanto, um corpo de conhecimentos. É um subconjunto das práticas gerais, escolhido e representado na forma de um modelo de processo, estabelecido para o domínio de projetos inovadores.

A Figura 2.1 representa esquematicamente a relação entre o modelo referencial proposto e os corpos de conhecimento, que foram estabelecidos segundo o referencial da teoria de gerenciamento de processos de negócio. A seta superior simboliza um projeto e, dentro dela, caixas e setas que representam uma rede de atividades, ou seja, todas as ações que deverão acontecer no decorrer do projeto. Assumiremos um projeto de produto inovador, em que se combinam duas situações: a equipe não tem experiência anterior com um produto similar e essa experiência não está disponível para a equipe.[6] Esse projeto é ainda parte de um

---

[5] O gerenciamento de processos de negócio é uma área de conhecimento que teve início com a Manufatura Integrada por Computador (Citação), a Reengenharia (DAVENPORT, T. H. *Ecologia da informação*: por que só a tecnologia não basta para o sucesso na era da informação. São Paulo: Futura, 1998), e que se disseminou em todas as áreas da administração, transformando-se em uma área própria. A ideia é gerenciar a empresa a partir do conceito de processos de negócio, analisando-se o conjunto de atividades relacionadas.

[6] Existem mecanismos de absorção de tecnologia que podem transformar um projeto inovador em incremental. Quando a equipe de projeto licencia a tecnologia, faz uma parceria com empresa, contrata um profissional, entre outras coisas. Portanto, inovador aqui não é necessariamente novo para o mercado ou o mundo, mas sim um produto com melhoria significativa em tecnologia de produto, processo ou no negócio para a empresa. Utilizamos, portanto, a definição mais usual, oriunda do Manual de Oslo (OCDE. *Manual de Oslo*. Rio de Janeiro: FINEP, 2004).

processo de negócio (desenvolver produto) que a empresa utiliza para gerenciar o conjunto de projetos.[7]

Figura 2.1 Relação entre o modelo referencial do APM e os corpos de conhecimento

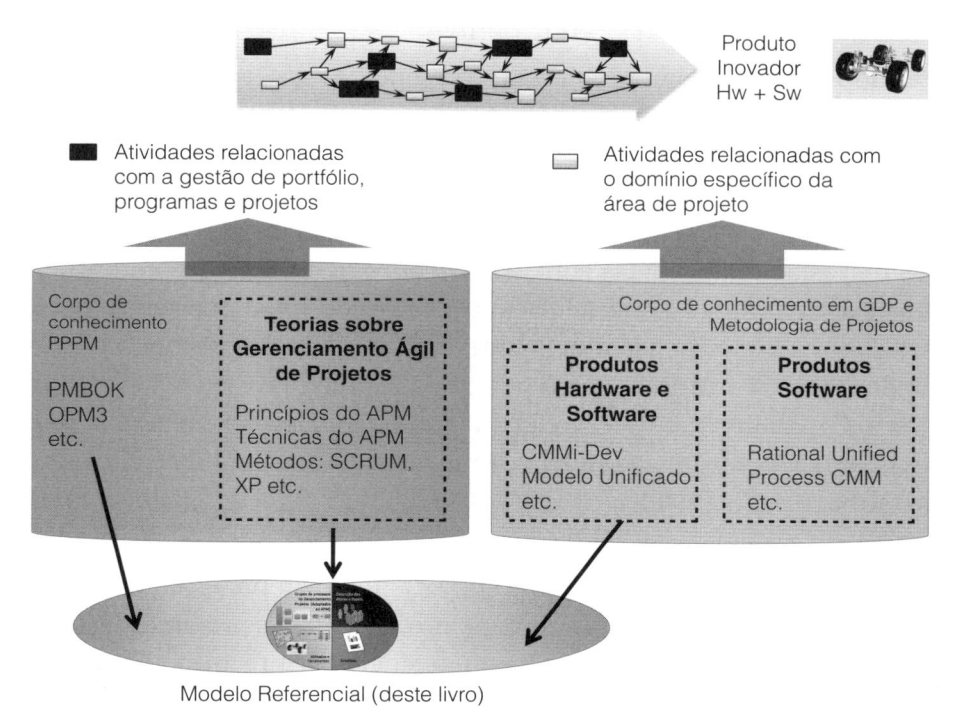

Modelo Referencial (deste livro)

Fonte: Elaborada pelos autores.

Uma parte das atividades está relacionada com planejamento, controle e tomada de decisão, isto é, o gerenciamento nos seus vários níveis: portfólio, programa (conjunto de projetos) ou projeto.[8] São as atividades sobre como definir escopo do projeto, identificar equipe, planejar tempo, custo, risco etc., realizar controles e similares conforme as áreas e grupos de processo da gerência de projetos. Elas são destacadas em cor escura na seta de processo da Figura 2.1.

---

[7] Aqui caberia uma discussão sobre a relação entre um processo de negócio (o processo de desenvolvimento de produto) e um projeto (o empreendimento). Assume-se nesta publicação a posição que foi explicada e expressa em ROZENFELD et al. *Gestão do desenvolvimento de produtos* – Uma referência para a melhoria do processo. São Paulo: Saraiva, 2006. O leitor interessado nessa discussão poderá consultar o Capítulo 1, que traz a definição desses conceitos e a discussão detalhada sobre as relações entre os termos.

[8] Os termos portfólio, programa e projeto, bem com as respectivas gestões, seguem a definição do PMBOK (PROJECT MANAGEMENT INSTITUTE – PMI. *Guia PMBOK*: Um guia do conjunto de conhecimentos do gerenciamento de projetos. 3. ed. Pennsylvania: Project Management Institute, 2004).

Para esse grupo de atividades é que existem os corpos de conhecimento da área de projeto, simbolizados no repositório à esquerda da Figura 2.1. São os padrões de gerenciamento de projetos (como o PMBOK, PRINCE2 e do IPMA), de gerenciamento de portfólio (The Standard for Portfolio Management, PMI), de gerenciamento de programas (Program Management Standard do PMI), de nível de maturidade em GP (OPM3), entre outros.

No lado direito da Figura 2.1, estão representados os corpos de conhecimento que podem auxiliar nas demais atividades. São as atividades que mostram como transformar requisitos em concepções, definir a arquitetura de um software, definir a arquitetura de um produto manufaturado, listar a configuração, criar documentos detalhados, testar. São aquelas que, diferentemente das de gerenciamento de projetos, estão relacionadas com as atividades de projeto do produto, isto é, aquelas necessárias para a criação da solução, do produto. Diferentes, portanto, das atividades gerenciais. Há atualmente uma miríade de padrões, conforme a área de domínio. São padrões como o Rational Unified Process (RUP) na área de software, o Capability Maturity Model Integration for Development (CMMI-Dev) para hardware e software, o Modelo unificado de Rozenfeld e colaboradores e tantos outros.[9]

Analisado o problema segundo esse quadro, o modelo referencial proposto no livro pode ser visto como um modelo complementar e é representado pelo círculo na base da Figura 2.1. Ele será apresentado no decorrer das próximas seções e nos três próximos capítulos. Trata-se de uma referência que organiza um subconjunto das práticas e recomendações para o gerenciamento de projetos, aplicáveis a produtos inovadores e que permitem incorporar as diretrizes do Gerenciamento Ágil de Projetos.

Os dois círculos na Figura 2.2 simbolizam que esse modelo referencial não pretende ser uma alternativa e sim um complemento a esses outros padrões. Significa que ele não é aplicável sozinho. No momento da utilização, o profissional de GP terá de fazer uso: a) das demais práticas de gerenciamento de projetos previstas nos corpos da área; e b) de um modelo referencial de desenvolvimento de produto adequado, conforme características do produto, da empresa e contexto (a critério do leitor). Explicaremos a importância de cada um dos complementos.

---

[9] Um aspecto que pode confundir o leitor nessa divisão é que há uma sobreposição. A maioria dos padrões ditos específicos incorpora como um dos seus elementos as atividades de gestão de projetos. É assim que o Gerenciamento de Projetos é uma subárea do RUP, do CMMI e do modelo unificado. Não entraremos no mérito desta questão, pois só isso necessitaria de um aprofundamento, distanciando do objetivo deste livro. Por ora, basta entendermos que esses padrões incorporam o GP, mas, por serem mais gerais, são menos precisos que os padrões específicos, à esquerda na Figura 2.1. Portanto, desconsideraremos por enquanto essa sobreposição.

O caso do complemento (a) é mais difícil. Se a meta é criar um referencial teórico, por que não criá-lo por completo, sem necessitar de outros modelos? Conforme discutido no capítulo anterior, muitas das áreas do GP são idênticas, sendo a abordagem ágil ou não. Por exemplo, ainda não há técnicas adaptadas de gestão de riscos para esse contexto. Isso pode ser devido à necessidade menor, ou porque ninguém pensou nisso antes ou porque ainda será preciso muito esforço para desenvolvê-las. O que vimos na prática é que é possível aplicar métodos semelhantes. Seguindo o princípio da parcimônia, não há necessidade de adaptar a prática ou alterar o nome; por exemplo, de análise ágil de risco para algo que é simplesmente análise de risco. Esse é um exemplo, mas o profissional envolvido com a aplicação do gerenciamento ágil irá certamente se deparar com o mesmo desafio, em várias outras áreas de conhecimento do GP, ou seja, sentirá necessidade de utilizar alguma técnica devido à importância do tema para o seu caso específico, mas não há disponível nenhuma prática adaptada. Deverá, portanto, recorrer aos corpos de conhecimento estabelecidos e até mesmo criar essa adaptação, se for o caso. No nosso modelo, incluímos recentemente as adaptações que julgamos distintas dos conhecimentos (práticas) tradicionais.

O complemento (b) é mais simples de entender. O modelo referencial apresentado é geral e válido para todos os tipos de produtos inovadores. Mesmo assim, o leitor terá de procurar ajuda no momento de implementar as práticas ligadas ao domínio do projeto. Aspectos como controle de configuração, validação e testes são dependentes das tecnologias dos produtos. Comunicação e metodologias de projeto utilizadas podem influenciar também as práticas de gerenciamento das equipes. Portanto, são dependentes do contexto do projeto e da própria evolução histórica da empresa.

O leitor irá notar, nos próximos capítulos, que um dos elementos do modelo referencial proposto é uma representação do processo de desenvolvimento em fases e atividades, a existência de um Modelo de Processo de Negócio. A criação dessa representação é feita com apoio de modelos de referência específicos da área de domínio. Pode ser o CMMI-Dev, Modelo Unificado ou qualquer outro disponível pelo leitor e adequado ao seu caso.

Os elementos principais do modelo referencial são divididos em quatro grupos, representados esquematicamente na Figura 2.2; nos próximos parágrafos descreveremos cada um deles.

Figura 2.2   Elementos do modelo referencial de APM

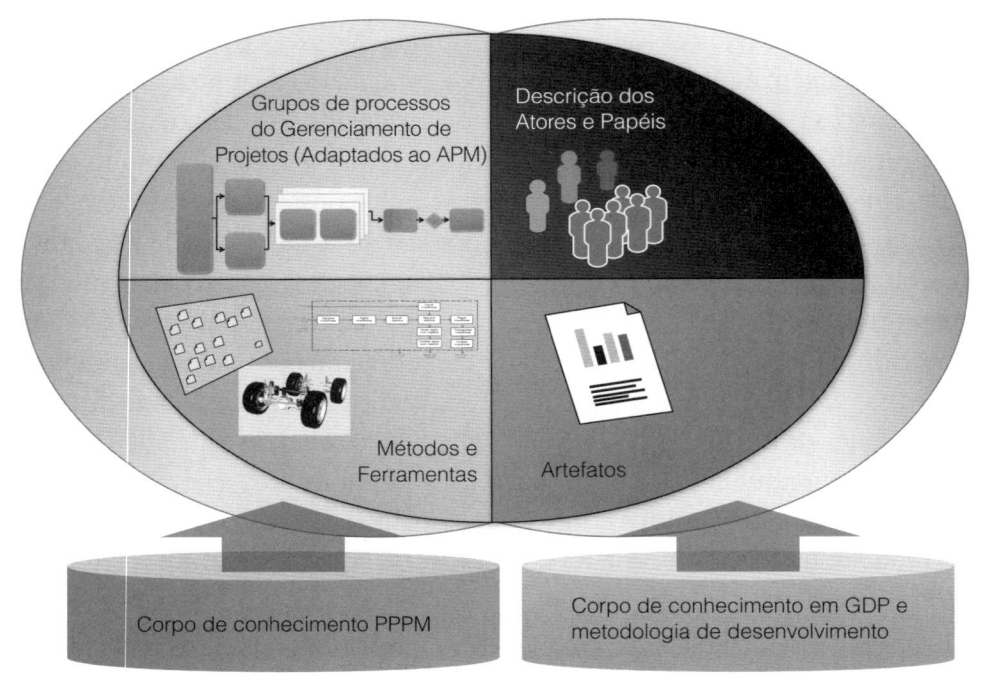

Fonte: Elaborada pelos autores.

- **Atores.** Trata-se de uma descrição dos principais papéis no Gerenciamento Ágil de Projetos. Isso é importante para se compreender a estrutura organizacional geral e distribuição das responsabilidades.

- **Modelo de atividades.** Os grupos de processo da gerência de projetos tradicionais são genéricos e robustos. Portanto, é difícil afirmar que eles não poderiam ser utilizados como referência também para a abordagem de Gerenciamento Ágil. Porém, como vimos no Capítulo 1, duas das diferenças significativas dessa abordagem afetam diretamente as atividades: os conceitos de visão e de iteração. Por causa deles, julgou-se necessário criar uma adaptação, que não é, portanto, uma revolução nos grupos de processos existentes. Trata-se mais de uma reorganização de forma a enfatizar características específicas, que precisam estar presentes no APM. Os grupos de processo são apresentados em um modelo de atividades.

- **Artefatos.** Os artefatos para o gerenciamento precisam ser explicitados. Nesse modelo faz-se uma apresentação de três grupos de artefatos fundamentais para garantir a aplicação da abordagem ágil. Logicamente, terão de ser adaptados, mas o modelo referencial irá descrever os artefatos essenciais e o seu papel no Gerenciamento Ágil de Projetos.

● **Métodos e ferramentas.** Apresenta-se, ao final, uma lista de métodos e ferramentas que podem ser utilizadas. A ideia é a de caixa de ferramentas, *toolkits*, isto é, o modelo apresenta uma coleção e a adaptação fica por conta do profissional.

2.2 Os atores principais

Os principais papéis do Gerenciamento Ágil não diferem do que já está apresentado na teoria tradicional. Muitas teorias criam rótulos, como SCRUM Master, e outros tipos de funções que não diferem da tradicional e já estão previstas na teoria. Assim, o modelo de atores segue praticamente a mesma descrição do PMBOK, conforme se pode observar na Figura 2.3.

Figura 2.3   Os principais atores no Gerenciamento Ágil de Projetos

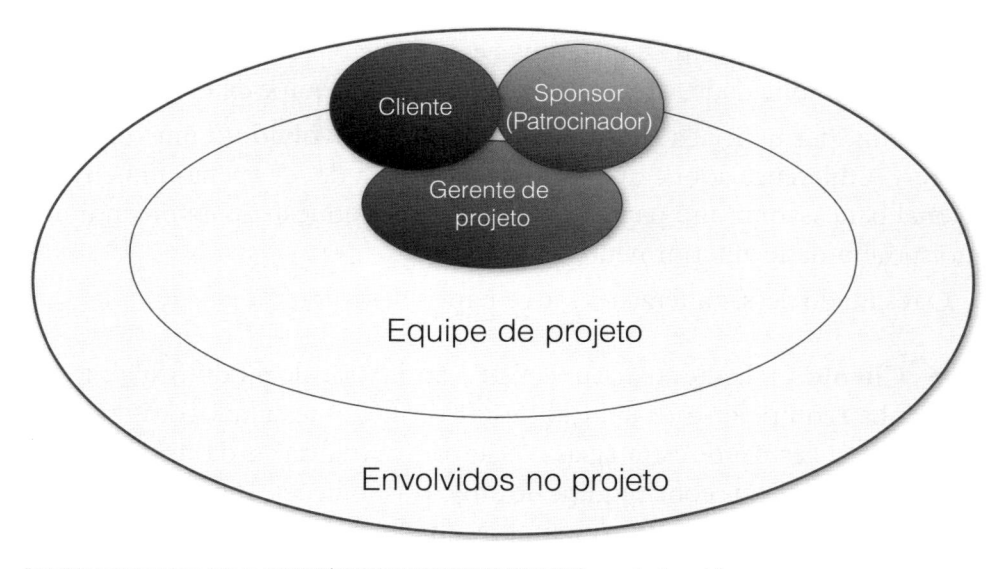

Fonte: Adaptação dos autores da figura do PMBOK (PROJECT MANAGEMENT INSTITUTE, 2004), para a abordagem ágil.

Há apenas três diferenças dessa figura para a tradicional do PMBOK. O cliente assume uma posição de destaque, conforme um dos princípios fundamentais do Gerenciamento Ágil de Projetos. E, com isso, há novas atribuições. No Gerenciamento Ágil é preciso criar mecanismos tais que o cliente se sinta parte da equipe e assuma a responsabilidade de "conduzir" o projeto, junto com o gerente e o patrocinador (*sponsor*).

Isso é diferente da abordagem tradicional, na qual o seu papel é fornecer requisitos e validação. Adiante, principalmente no Capítulo 3, discute-se o papel do cliente na criação e manutenção da visão do projeto. As novas responsabilidades dos clientes são: auxiliar na construção da visão do produto final e acompanhar a equipe em cada iteração, oferecendo sugestões de estratégias e atualizando a visão do produto final.

A segunda mudança é mais sutil, embora fundamental. No PMBOK há uma alusão a dois tipos de atores: Equipe de Projeto e Equipe de Gerenciamento de Projetos. A primeira era formada por todos os colaboradores envolvidos no empreendimento, responsáveis pelo desenvolvimento das atividades. A Equipe de Gerenciamento de Projetos seria um subconjunto deste, formado pelos profissionais que, além dessa função, seriam responsáveis pela condução das atividades relacionadas com o gerenciamento.

No nosso entendimento, isso fere o princípio de autogestão. A ideia da autogestão é uma mudança profunda na abordagem. Todos devem influir e participar do gerenciamento e devem estar atentos a esse aspecto. Portanto, a divisão não faz sentido. Por simplicidade, adota-se o papel único de Equipe de Projeto.

Por fim, permanece a existência dos demais envolvidos como os influenciadores. A diferença aqui é que os clientes deixam de ser apenas um envolvido adicional para assumir um papel de destaque na condução do empreendimento, conforme abordado anteriormente.

O resultado dessas alterações são os papéis descritos:

- **Cliente.** O cliente auxilia na construção da visão do produto final; acompanha a equipe em cada iteração; testa e verifica os resultados da iteração; oferece sugestões de estratégias e dicas para a atualização da visão do produto final; e negocia com a equipe de projeto as soluções de projeto e alterações na visão, para garantir o melhor resultado para o empreendimento.

- **Patrocinador.** Inclui o mesmo papel que no gerenciamento de projetos tradicional. É "a pessoa (ou grupo de pessoas) que provê os recursos necessários para o projeto, incluindo financeiros e apoio político na organização". A diferença está no nível de envolvimento, que será maior, influenciando na visão e avaliação dos resultados.

- **Gerente de projeto.** Mantém os papéis anteriores, citados na abordagem tradicional: pessoa responsável pelo empreendimento. Na abordagem ágil, porém, sua responsabilidade é ampliada e ele recebe novas atribuições, devido ao enfoque mais humanista. O papel de assumir a responsabilidade e, portanto, responder perante a equipe e demais envolvidos é a parcela mais legalista da sua atividade. Segundo os teóricos do Gerenciamento Ágil, isso não é suficiente. Ele deverá assumir também a posição de "orquestrador" e *coaching*, desenvolvendo as pessoas para que assumam as novas responsabilidades advindas da autogestão. Portanto, além de responder pelo projeto, acreditamos que suas atribuições seriam: responsável formal pelo projeto perante envolvidos; *coaching* e desenvolvedor dos membros da equipe de projeto; e "facilitador" das negociações e interação entre os conflitos que surgem no decorrer do empreendimento.[10]

- **Equipe de projeto.** Além do papel de realizar as atividades, auxilia no gerenciamento das entregas sob sua responsabilidade e no controle e monitoramento dos riscos, atividades, artefatos, enfim, das diversas dimensões relacionadas com o empreendimento.

- **Demais envolvidos.** Retirando-se o cliente, que de "outros" passa para ator fundamental no gerenciamento de projetos, os corpos de conhecimento tradicionais citam outros atores: formadores de opinião e escritório de projetos. Os formadores de opinião continuam sendo importantes e deverão ser considerados pela equipe de projeto, tal qual no gerenciamento tradicional. As funções do escritório de projetos deverão, porém, ser repensadas na empresa. A ideia da simplificação, levada ao extremo, significaria eliminar a necessidade deste ator. Teoricamente, se as práticas são tão simples que não necessitam de manutenção, intervenção ou trabalhos adicionais de consolidação de dados, não haveria a necessidade de PMO. Esse aspecto é particularmente complexo e controverso. A discussão foge ao objetivo do livro, mas fica para o leitor o alerta.

2.3   As principais atividades

As atividades relacionadas ao gerenciamento de projetos são usualmente representadas por meio dos grupos de processo, propostos pelo PMI e adotados pela maioria dos autores da área de gerenciamento de projetos.

---

[10]   DECARLO, 2004, faz uma interessante discussão sobre essas novas atribuições do gerente de projeto, bem como sobre a mudança de enfoque, para algo mais humanista. O leitor interessado no tema deve consultá-lo.

Os grupos de processo são: iniciação, planejamento, execução, controle e encerramento.[11] Eles representam o conjunto de atividades que devem ser realizadas durante o projeto para garantir gerenciamento, planejamento e controle eficientes.

Percebe-se que esses grupos são realmente abrangentes e poderiam ser aproveitados para caracterizar as atividades do Gerenciamento Ágil. Porém, uma análise dessa distribuição de grupos, frente aos diferenciais do APM, demonstra que ela não evidenciaria como a iteração, um dos princípios fundamentais, poderia ser aproveitada. Esse é o problema principal com os grupos de processos e que nos motivou a propor uma nova organização desses processos, considerando o aspecto da iteração. Uma maneira de solucionar o problema seria dividindo o grupo de processos da execução em dois – executar e atualizar –, organizados em ciclos.

Outra diferença é que o Gerenciamento Ágil de Projetos tem como meta orientar o trabalho para resultados. Não há, nesse agrupamento, uma valorização das atividades de estabelecer e controlar continuamente o repositório, com os resultados do projeto. A solução foi a criação de um grupo de atividades para definir e atualizar o repositório com resultados do projeto.

Por fim, há novamente a distinção devido ao aspecto visão. A iniciação no modelo tradicional é claramente guiada pela realização da minuta e declaração preliminar de escopo. Como explicado, a visão traz elementos adicionais e propõe-se a alteração do nome, que deixa de ser iniciação e passa a ser "elaborar a visão".

A Figura 2.4 traz o resultado final de um modelo de processo, baseado no PMI, mas com as adaptações mencionadas. Ele contém sete grupos de processos.

1. **Elaborar visão.** São as atividades de estabelecimento de uma visão do produto final e do projeto coerentes. A visão será explicada em detalhes no Capítulo 3, a seguir. Resumidamente conterá: uma descrição desafiadora e motivacional (emocional) do resultado final; uma combinação de descrições declarativas e pictóricas das especificações e metas para o produto e empreendimento; uma descrição da estrutura da equipe e dos meios de comunicação; e uma descrição das principais entregas e interfaces entre elas, bem como o relacionamento dos responsáveis pela entrega.

---

[11] Como são amplamente conhecidos e disseminados, optou-se por não descrevê-los no texto. O leitor interessado poderá consultar o manual do PMBOK (PROJECT MANAGEMENT INSTITUT, 2004).

2. **Definir plano de entrega.** Este conjunto de atividades é a elaboração de uma programação das entregas e iterações ao longo do tempo, de maneira simples e visual.

Figura 2.4 As principais atividades no Gerenciamento Ágil de Projetos

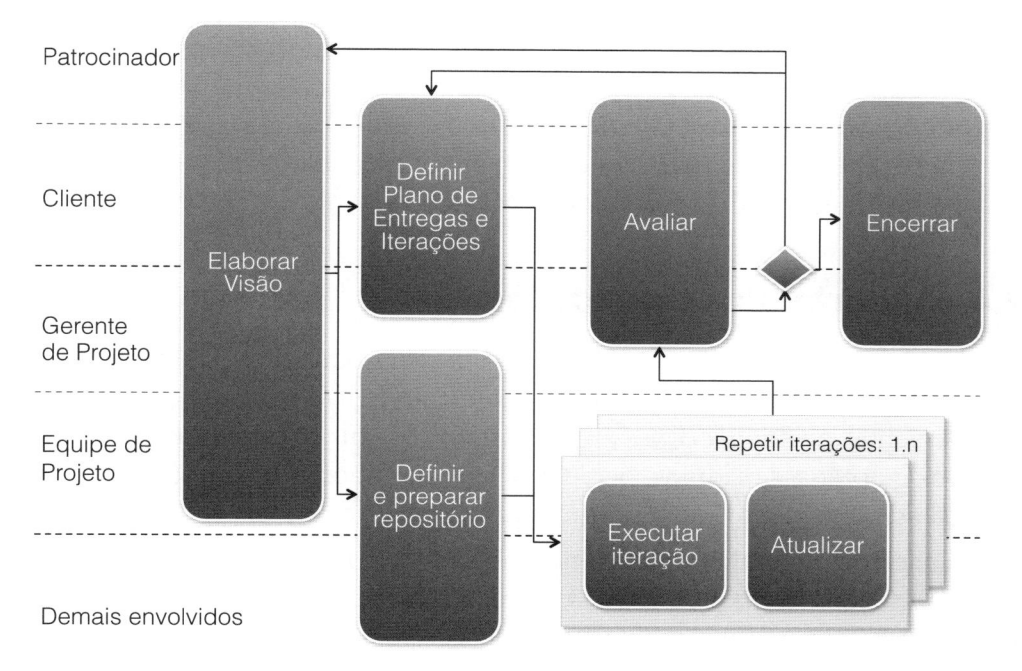

Fonte: Elaborada pelos autores, utilizando conceitos de autores do APM e metodologia de modelagem do BPMN.[12]

3. **Definir e preparar repositório.** Não há mágica. Se a equipe utilizar os preceitos da iteração, terá de conviver rotineiramente com as mudanças. Isso pode levar ao caos sem um mecanismo que meça e informe toda a equipe sobre as alterações e quais são as versões finais de cada resultado. Por isso, a "mágica" do Gerenciamento Ágil não terá como acontecer sem um repositório que seja ao mesmo tempo fácil de usar e rigoroso no tratamento dos dados. Por isso, damos ênfase a este grupo de processos.

4. **Executar (a) iteração e (b) atualizar.** A equipe deverá, a cada iteração, realizar as atividades relacionadas com a execução (construção e teste) e atualização dos resultados e problemas (*issues*). Este grupo de processos é uma adaptação do grupo "execução" existente na abordagem tradicional.

---

[12] Business Process Modeling Notation. Uma metodologia para descrição de processos de negócio. Consulte: <http://www.bpmn.org>.

5. **Avaliar.** Após avaliar um conjunto de iterações menores, serão necessários avaliações da integração; a combinação das diferentes entregas para se verificar a estabilidade do conjunto. Mesmo que haja avaliação como parte inerente a cada iteração descrita no item 4, serão necessários avaliações gerais do conjunto do projeto após ciclos de iteração, conforme estabelecido previamente no plano de entregas (item 2).

6. **Encerrar.** As atividades relacionadas a este grupo são idênticas ao prescrito nos corpos de conhecimento tradicionais, no grupo "encerramento" dos processos do PMBOK. Trata-se da verificação de contratos abertos, verificação e guarda do arquivo do projeto registro das lições aprendidas e comunicação do fim para todos os envolvidos.

2.4 Os artefatos produzidos

Um conjunto amplo de artefatos deverá ser produzido no decorrer de um projeto, mesmo no caso do uso do Gerenciamento Ágil de Projetos. Esse lembrete é fundamental, pois não se deve confundir processo ágil com processo caótico. Sem registros ou práticas maduras, perde-se a história, o aprendizado com os erros, a consistência e, portanto, aumenta-se a probabilidade de erros.

A diferença de artefatos no Gerenciamento Ágil frente ao tradicional é a questão da simplicidade e da distribuição descentralizada. Os membros das equipes devem ser encorajados a criar registros simples, objetivos e visuais, sempre que possível. Os controles visuais são mais fáceis de serem notados e mais fáceis de distribuir, pois não é preciso enviar memorandos ou lê-los, diminuindo o desperdício de tempo da equipe.

Outro diferencial é a busca pelo foco nos resultados. Isso é difícil de medir e ensinar. Uma forma que encontramos de transmitir o conceito é por meio da classificação dos artefatos em três grandes grupos: artefatos sobre a Visão; sobre Planos e Controles; e sobre o Produto do Projeto (resultado final). Esses grupos denotam diferentes níveis de abstração, do conceitual (Visão) para o mundo real (Artefatos do Produto). A Figura 2.5 representa esquematicamente os diferentes grupos de artefatos.

O primeiro grupo consiste em um conjunto mínimo de documentos que descreve a Visão do projeto. São os de maior nível de abstração. Lembrem-se de que eles precisam apelar para o "lado direito do cérebro",[13] para a emoção, para transmitir sentido, desafio e, com isso, motivar a equipe. Isso pode ser feito por meio de textos, desenhos, rascunhos e protótipos físicos, que representem metáforas, analogias e modelos físicos. Empregam-se, para isso, montagens com produtos existentes, montagens com imagens, narrativas fictícias ou histórias de casos reais e várias outras técnicas que serão exploradas no Capítulo 3.

Figura 2.5   Atividades e principais artefatos no Gerenciamento Ágil de Projetos

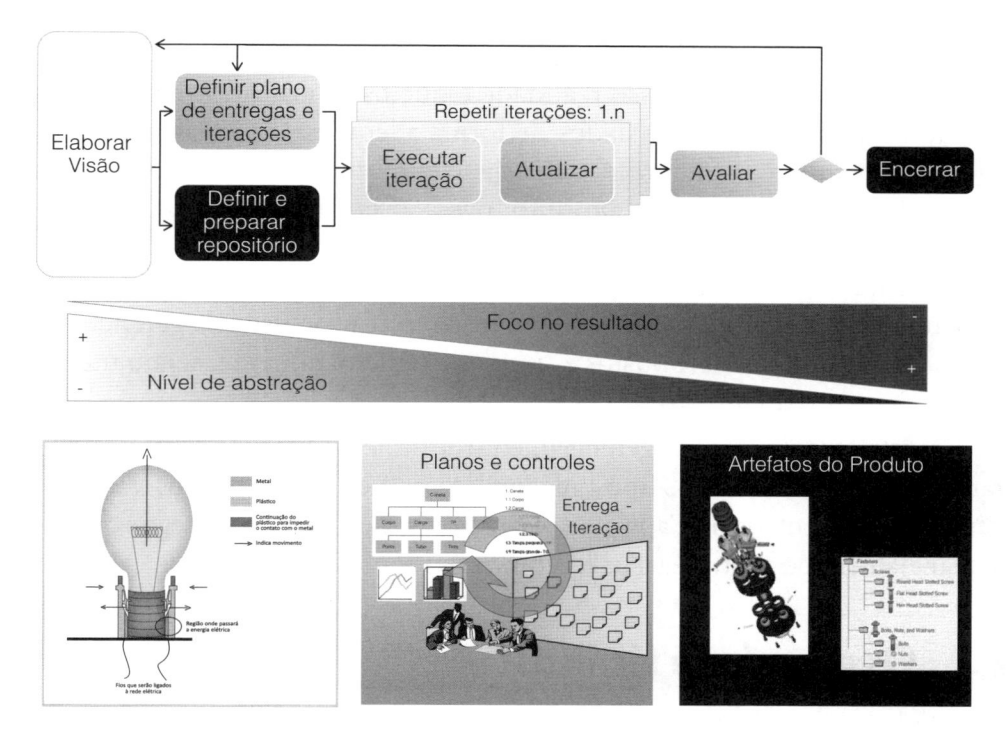

Fonte: Elaborada pelos autores.

O último grupo é o contrário. Os resultados do produto são os resultados finais. Considerá-los como artefatos de gerenciamento pode soar estranho. Eles não são o produto do projeto? Sim, mas o que estamos propondo é que, para que o foco em

---

[13]   Estudos de neurociências indicam que o cérebro pode ser dividido didaticamente em dois hemisférios. O lado esquerdo seria preponderantemente responsável pelas atividades de cunho analíticas, pela lógica e processos de armazenamento de dados e cálculos. O lado direito pela habilidade de reconhecer padrões complexos, narrativas e habilidades artísticas, conceituais. Para mais detalhes leia o interessante livro de PINK, D. H. *O cérebro do futuro*. Rio de Janeiro: Campus-Elsevier, 2007. O livro poderá ajudá-lo também a ter ideias de como trabalhar com este tipo de artefato. O livro de Servan-Schreiber também é uma leitura interessante e explica para o público em geral as descobertas mais recentes sobre neurociências e os seus impactos nas atividades cotidianas, incluindo o ambiente empresarial. SERVAN-SCHREIBER, D. *Curar*: o stress, a ansiedade e a depressão sem medicamento nem psicanálise. São Paulo: Sá Editora, 2004.

resultados seja implementado, nós, gerentes de projeto, precisaremos aprender a ver o produto como uma "documentação" do projeto. Se o resultado final é um módulo de um projeto mecânico, por que gerar um relatório final da concepção se o conjunto de desenhos e especificações técnicas em um arquivo Computer Aided Design (CAD), por exemplo, já não seriam suficientes?

Deve-se notar que tecnologias como as de informação permitem registros rápidos e bem mais fiéis que "frios" relatórios. Por exemplo, pode-se testar um produto e gravar um vídeo com as observações, armazenando o vídeo digital com o documento de especificação. Isso seria muito mais significativo que um relatório, mais rápido de fazer e mais fácil de consultar.

O desafio para tornar isso realidade é que os repositórios, com dados finais do projeto, sejam organizados de forma adequada e padronizada. Assim, o gerenciamento de configuração, ou seja, o conjunto de práticas para registrar e controlar a configuração do produto, passa a ser fundamental. Do ponto de vista dos profissionais de gerenciamento de projetos como "a parte técnica", a abordagem ágil é um tema de preocupação. A ideia é que o gestor de projetos preocupe-se em organizar o repositório e garantir processos de gerenciamento de mudanças que sejam robustos e simples e, adicionalmente, sejam úteis para o gerenciamento do projeto.

Os artefatos clássicos do gerenciamento de projetos, planos e controles, encontram-se entre os dois outros tipos, mediando-os. A diferença para os tradicionais, como será apresentada no Capítulo 4, é o uso de indicadores de entrega e o conceito de planejamento e controle visual e simples.

2.5   Os métodos e técnicas

O último dos elementos do modelo referencial é formado pelo conjunto de métodos e técnicas. A Figura 2.6 apresenta uma lista de técnicas que foram selecionadas e serão apresentadas ao longo do livro.

A fonte da seleção envolveu um levantamento em todos os corpos de conhecimento citados na Figura 2.1. Isso quer dizer que, durante os últimos dois anos, vasculhamos a literatura de metodologia de projetos de produtos industriais, de software e de gerenciamento de projetos tradicional, considerando, obviamente, os teóricos sobre Gerenciamento Ágil.

Figura 2.6 Listas de métodos úteis para o Gerenciamento Ágil de Projetos

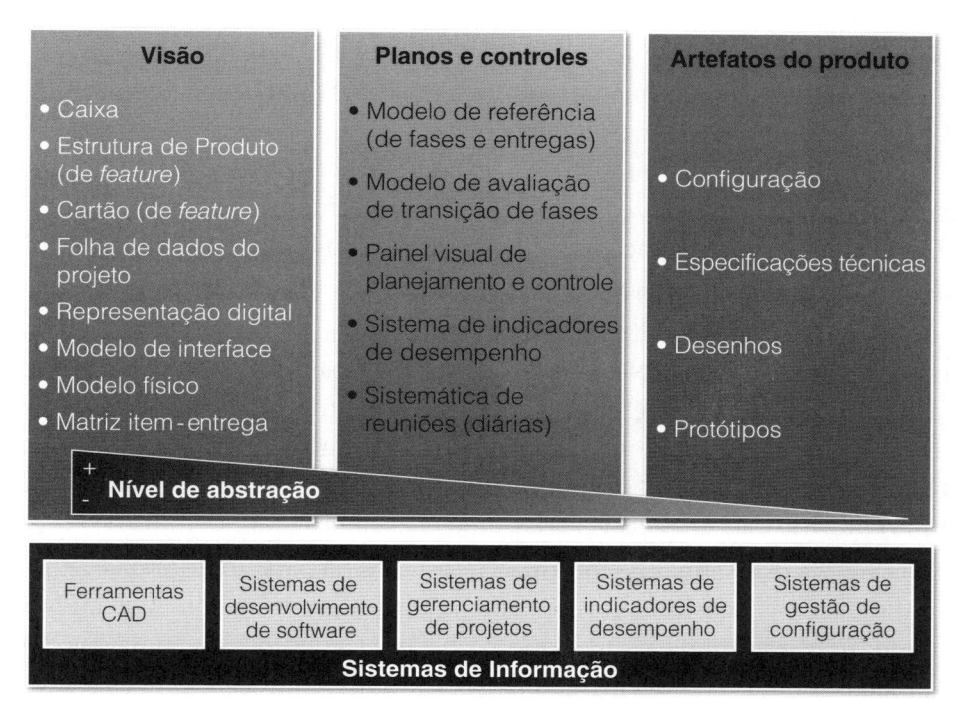

Fonte: Elaborado pelos autores.

Os métodos foram divididos segundo os tipos de artefatos citados. Em primeiro lugar, investigamos, catalogamos e comparamos métodos úteis para a descrição visão.[14] Como a visão é uma descrição, eles são chamados, no Capítulo 3, de modelos. Por enquanto, basta passar por uma leitura dos rótulos, títulos e dos métodos.

Faça-o agora e pense alguns momentos sobre o que leu. Acreditamos que muitos deles sejam familiares. É o caso de Estrutura de Produto, porém outros, como "Caixa", são pouco conhecidos. Explica-se. O critério para a inclusão no livro foi o de utilidade e diferencial para o Gerenciamento Ágil; procurou-se incluir todos que, segundo nossa avaliação, foram considerados fundamentais, mesmo que fossem técnicas consagradas e presentes no corpo de conhecimentos tradicional. Em seguida, procurou-se incluir os métodos e ferramentas propostos pelos teóricos do APM e que possuíssem diferencial significativo frente à teoria

[14] O trabalho de Benassi; Amaral, traz uma descrição detalhada do levantamento e da comparação realizados. BENASSI, J. L. G.; AMARAL, D. C. Avaliação de métodos de apoio à criação da visão do produto no enfoque ágil de gestão de projetos. In: *Enegep – Encontro Nacional de Engenharia de Produção*. Rio de Janeiro, 2008.

tradicional. O conjunto de todos os métodos apresentados, Figura 2.6, inclui, portanto, as ferramentas ágeis úteis e, ao mesmo tempo, os métodos tradicionais que desempenham papel importante no uso dessa abordagem.

Isso não quer dizer que eles serão suficientes para o caso específico enfrentado pelo leitor. Estimulamos que os leitores recorram, quando necessário, aos demais corpos de conhecimento e complementem com técnicas e métodos que possam ser primordiais no caso específico da aplicação. Entendemos que a lista da Figura 2.6, deve servir como um "kit básico de sobrevivência", contendo um conjunto mínimo, válido para a maioria dos casos.

A segunda coluna da Figura 2.6 descreve uma lista dos métodos e técnicas sobre planejamento e controle. Eles são descritos e exemplificados no Capítulo 4. A terceira coluna contém métodos ligados aos artefatos do resultado, produto do projeto. Eles são mencionados aqui devido à importância, citada na seção anterior, mas não serão apresentados no livro. Cada caso específico de aplicação terá um conjunto próprio e não é possível criar uma referência geral e comum.

Por fim, há os sistemas de informação, listados na parte inferior da Figura 2.6. Para muitos leitores, acostumados com a literatura de Gerenciamento Ágil de Projetos, isso pode "soar" estranho e equivocado. Vimos no Capítulo 1 que uma das críticas mais pesadas sobre a abordagem tradicional está justamente no aspecto da tecnologia da informação. Críticas específicas e contundentes sobre o uso de sistemas computacionais para gerenciamento de projetos foram apresentadas por Maylor, DeCarlo e outros autores.[15] Alguns livros não deixam claro o uso de softwares para apoiar o gerenciamento de projetos.

A nossa experiência mostrou, porém, que o problema não está realmente no uso de sistemas computacionais, mas na maneira como tais ferramentas são concebidas e implantadas. Um dos estudos realizados, por exemplo, foi uma pesquisa-ação em uma empresa, em que se associou um software tradicional de gerenciamento de projetos, configurado em um modelo gerencial que seguia os princípios do gerenciamento ágil.[16] Os resultados mostraram que a implantação atendia aos princípios mais importantes do Gerenciamento Ágil e que o software era visto pelos membros da equipe como um dos principais elementos do modelo instalado. Isso é uma evidência de que é possível, utilizando o conceito correto, utilizar softwares tradicionais para obter benefícios conforme a abordagem do

---

[15] MAYLOR, H. Beyond the Gantt chart: project management moving on. *European management journal*, v. 19, n. 1, p. 92-100, 2001.; DECARLO, 2004.

[16] CONFORTO, E. C.; AMARAL, D. C.; BREFE, M. Gerenciamento ágil em ambientes multiprojetos de inovação: reflexões de um caso de organização de serviços de design industrial. In: *Seminário Internacional de Gerenciamento de Projetos*, 9, 2009, São Paulo. Anais... São Paulo: PMI, 2009.

Gerenciamento Ágil de Projetos. Essa questão, bem como a apresentação dos sistemas, é discutida no Capítulo 5.

2.6 Escopo e utilização do modelo referencial

Os profissionais da gerência de projeto definem produto do projeto como o resultado, bem físico, serviço ou mistura de ambos, fruto do empreendimento. Anteriormente foram apresentadas as definições de inovação, demonstrando que um projeto pode conter uma inovação em várias esferas: produto, processo de fabricação; no gerenciamento (inovação organizacional) e no modelo de negócios (marketing).

O resultado é que o termo "projeto de produto inovador" pode então assumir uma conceituação ampla. Segundo esses referenciais, pode significar tanto o projeto de produto, com significativa evolução em sua concepção, processo de fabricação, serviço e modelo de negócio, como também um projeto de serviço inovador ou de uma inovação organizacional. Logicamente, o modelo referencial aqui não poderia ser construído para todos esses fins.

O modelo referencial apresentado foi elaborado a partir de experiências em projetos de produtos manufaturados, bem físicos, envolvendo produto e serviços realizados. Como resultado, o escopo do livro é para projetos de novos produtos que envolvam significativa melhoria de produto. Melhorias na concepção e especificação do produto, no processo produtivo, serviços associados ou modelo de negócio (marketing). O modelo não foi elaborado ou testado para projetos de inovação pura em serviços ou inovação organizacional.[17]

Outro aspecto importante é que produto inovador, nesse modelo referencial, é o mesmo que o sistema produto-serviço, isto é, pode ser um produto do tipo puro ou sistema que envolve produto e serviço.[18] Estes mundos se entrelaçam e, na prática, temos um contínuo entre os dois extremos, que pode ir de produto puro a serviço puro. Estamos abordando a faixa que vai de produto puro até produto e serviço.

Essa definição ainda não é suficiente. Inovações em produtos podem possuir diferenças significativas, conforme discutido anteriormente. Há várias tipologias que buscam organizar e classificar os produtos segundo graus distintos de inovação.[19]

---

[17] Obviamente, o modelo pode servir de inspiração e adaptações para essas áreas, mas isso não será discutido no livro. Ao leitor que realizar experiências do tipo, ficaríamos gratos em compartilhar os resultados.

[18] Há uma literatura na área de gerenciamento do ciclo de vida que define bem este termo: sistema produto-serviço. Classifica-se o tipo de sistema desde produto físico puro até serviço puro. Entre os dois extremos um conjunto de tipos de ofertas que envolvem produto e serviço.

[19] CARVALHO, M. *Inovação*: estratégias e comunidades de conhecimento. São Paulo: Atlas, 2009, apresenta uma lista atualizada.

Os principais critérios de distinção são o nível de novidade (geralmente caracterizados em inédito, plataforma ou derivativo), o grau de alteração no sistema (em componente, subsistema, arquitetural ou produto final) e o grau de inovação no princípio em que se baseia a tecnologia (radical, alta ou baixa tecnologia, quando se trata de melhoria pontual ou de desempenho na solução).

Há também o tipo de inovação que se estabelece com os clientes,[20] que denominaremos de inovação na interface do produto com o cliente. Um exemplo é um produto como uma cadeira. Simples do ponto de vista de densidade tecnológica,[21] mas que estabelece uma comunicação complexa com o usuário final. Algo que, mesmo não sendo possível mensurar, faz diferença no resultado do produto. Chamamos isso de interface com o usuário complexa.

Se perguntarmos a um cliente o que ele espera de uma cadeira, ele dirá coisas como "bonita", "ergonômica" e "prática". A equipe de projeto se vê em grande dificuldade. O que é ergonômica do ponto de vista do meu cliente? O que é prática? Como eu meço se uma cadeira é mais bonita que outra?

Há produtos, porém, em que essa interface é simples. Imagine um equipamento médico que deve adequar-se a uma norma técnica ou um chip que precisa ser desenvolvido para um tipo de aplicação na indústria eletrônica. Os consumidores desses produtos são engenheiros eletrônicos ou médicos. Eles saberão se expressar tecnicamente para dizer suas necessidades. Na maioria das vezes apoiados por normas bem estabelecidas de como avaliá-las e medi-las; em grande parte das vezes com números. Qual o limite máximo de temperatura, voltagem, corrente, velocidade etc. Neste caso não há complexidade em compreender o que precisa ser feito, apesar da densidade tecnológica elevada do produto.

Portanto, consideraremos também inovador um produto que desafie paradigmas, também nesse aspecto da comunicação do produto com o cliente. São os produtos que subvertem expectativas de formas, cores e texturas, que alteram ou combinam as funções de maneira inovadora, que propõem um novo contexto ou nova forma de realizar a atividade na qual o produto é utilizado. Com este tipo de inovação, o projetista pode chamar a atenção do usuário e gerar mensagens inovadoras, que marcam as suas vidas profundamente.[22] Podem mesmo alterar a forma com que as pessoas se relacionam com todo um conjunto de objetos. Foi o

---

[20] Esta variável foi estabelecida e discutida na teoria gerencial por CLARK, K. B.; FUJIMOTO, T. *Product development performance*. Boston, MA: Harvard Business Scholl Press, 1991. A interface com o cliente é também muito lembrada nos textos sobre design, desde o trabalho seminal de NORMAN, David A. *The design of everyday things*. New York: Basic Books, 1988, sendo discutida recentemente, com exemplos, por BREFE, M. L. P. *Estudo sobre a integração entre design industrial e engenharia no processo de desenvolvimento de produtos em empresas brasileiras de pequeno porte*. Dissertação (Mestrado) – Escola de Engenharia de São Carlos, Universidade de São Paulo, São Carlos, 2008.

[21] Quantidade de conhecimentos técnicos sobre a natureza físico-química do produto.

[22] Para um aprofundamento da questão sugere-se a leitura de PINK, 2007 e NORMAN, 2004.

caso de produtos como a máquina de costura Singer, o relógio Casio G-Shock e, recentemente, o iPhone.

Mas não é só a densidade tecnológica e a interface que contam. Precisamos considerar também as características do empreendimento. Elas também importam. Dizer que um produto é inédito, do tipo plataforma, com inovação na arquitetura e de alta tecnologia ainda diz pouco. Podemos estar falando de um novo avião, com milhares de pessoas envolvidas no projeto, ou de um novo tipo de chip específico para equipamentos de radiologia e que pode estar sendo desenvolvido por uma equipe de oito pessoas.

A Figura 2.7 foi construída para representar esquematicamente uma síntese simples das características dos tipos de produto e esses graus de inovação e de complexidade do projeto. O eixo X representa o incremento na complexidade do produto do ponto de vista da densidade tecnológica, do conhecimento específico envolvido no produto. Ele mede o grau de inovação em arquitetura, componentes e tecnologias fundamentais de produto, processo e serviço. O eixo Y representa o incremento em complexidade da interface. Ele mede o grau de inovação em iteração com o usuário.

A Figura 2.7 apresenta também o posicionamento de alguns tipos de produtos conhecidos, como ilustração. Alguns deles apresentam alta complexidade da interface e baixa densidade tecnológica. É o caso de cadeiras e luminárias. Esses produtos podem ser desenvolvidos por equipes pequenas que serão formadas predominantemente por designers. O desafio será compreender as necessidades e circunstâncias e transformá-las em uma solução. O grau de conhecimento técnico, densidade tecnológica, é baixo. Não é preciso um cálculo de análise estrutural durante o desenvolvimento de uma cadeira, por exemplo. Um protótipo e testes em uma oficina seriam suficientes. Porém, o levantamento de dados dos clientes, clínicas e discussões entre a equipe para compreender e solucionar os problemas de interface do produto com o cliente seriam enormes. Mais abaixo, têm-se produtos como o chip e ligas de aço. Oposto ao anterior, a interface com o cliente é simples. O cliente pode mesmo entregar uma lista completa especificando as características que precisam ser atingidas, em números. Porém, a densidade tecnológica será elevada. Provavelmente, o projeto será conduzido por equipes pequenas de profissionais altamente especializados em física dos sólidos e engenharia de materiais. E conseguir as propriedades desejadas não seria algo fácil.

Há produtos que envolvem os dois tipos de complexidade, como um automóvel, e, por isso, precisam de equipes com especialistas em várias áreas: designers, engenheiros, técnicos de laboratório, pessoas de marketing. Esses projetos são complexos nas duas dimensões, tanto na compreensão das necessidades dos clientes como para o desenvolvimento das soluções técnicas. E mais, possuem a complexidade devido ao tamanho e à distribuição geográfica dessas equipes.

Figura 2.7 Matriz de tipos de novos produtos, considerando conteúdo tecnológico e complexidade da interface

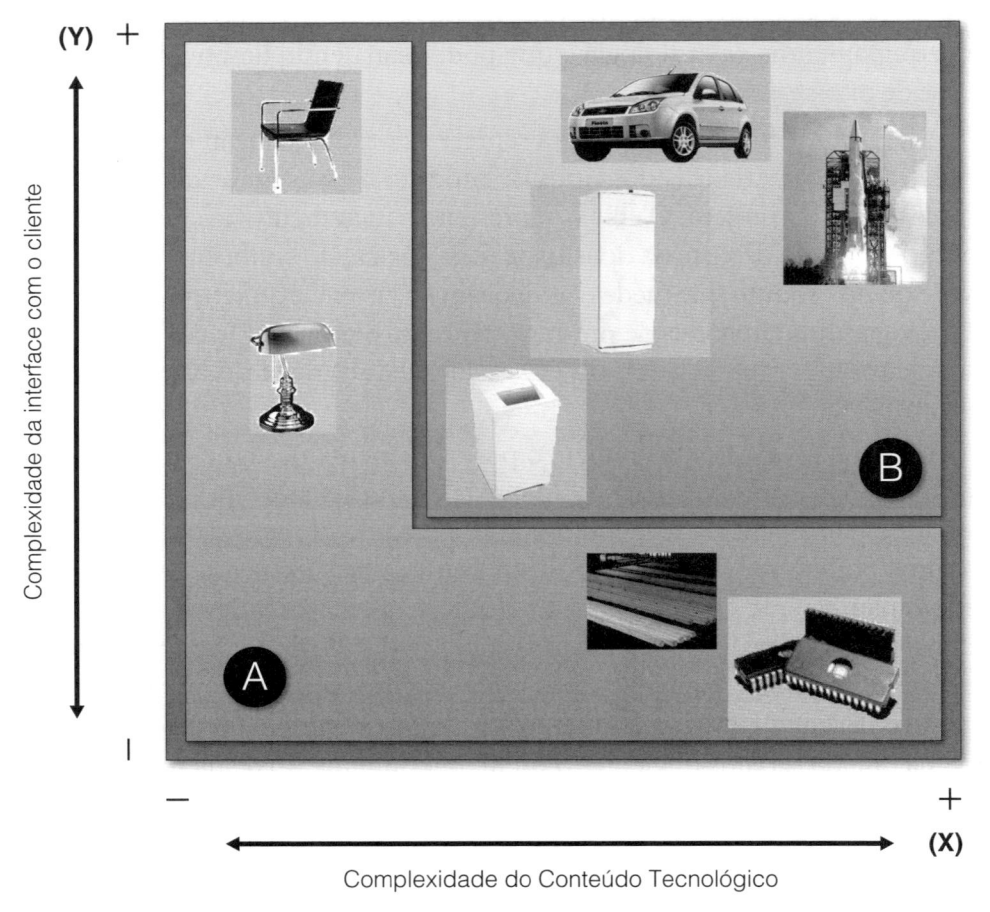

Fonte: Adaptada de figura proposta por Rozenfeld et al., 2006.[23]

O modelo proposto serve a todos os tipos de inovação e suas combinações. O critério principal de decisão, da adoção ou não, deve ser a previsibilidade. A necessidade de um referencial ágil será maior quanto menor a capacidade da equipe de prever etapas, recursos, riscos e outros aspectos do empreendimento,

[23] Essa figura foi adaptada do *Manual do Professor* do livro de ROZENFELD et al., 2006, disponível para professores cadastrados no site <http://saraivauni.com.br>.

ou seja, quanto maior a inovação. A maneira de utilizá-lo, porém, deve mudar conforme as características do projeto, sintetizadas na Figura 2.7. Principalmente considerando dois tipos de projetos, que chamaremos A e B, representados pelas áreas na Figura 2.7.[24]

O uso do modelo referencial no caso de projetos do tipo A é mais simples. Como as equipes são pequenas e há maior quantidade de projetos, a solução é utilizar o modelo referencial como apoio para a proposição de um modelo de referência personalizado para a empresa. Ele deve ser geral, simples, considerando poucas técnicas e voltado especificamente para o uso de ferramentas similares ao ágil. O resultado seria um modelo de referência de desenvolvimento. O diferencial em relação às teorias de PDP é que seria um modelo mais simples e com menos métodos. Cada projeto seria executado por uma equipe ágil, de designers ou especialistas, baseado no mesmo modelo de referência. A Figura 2.8 representa esquematicamente a situação.

Figura 2.8   Uso do modelo referencial no caso de equipes ágeis (tipo A)

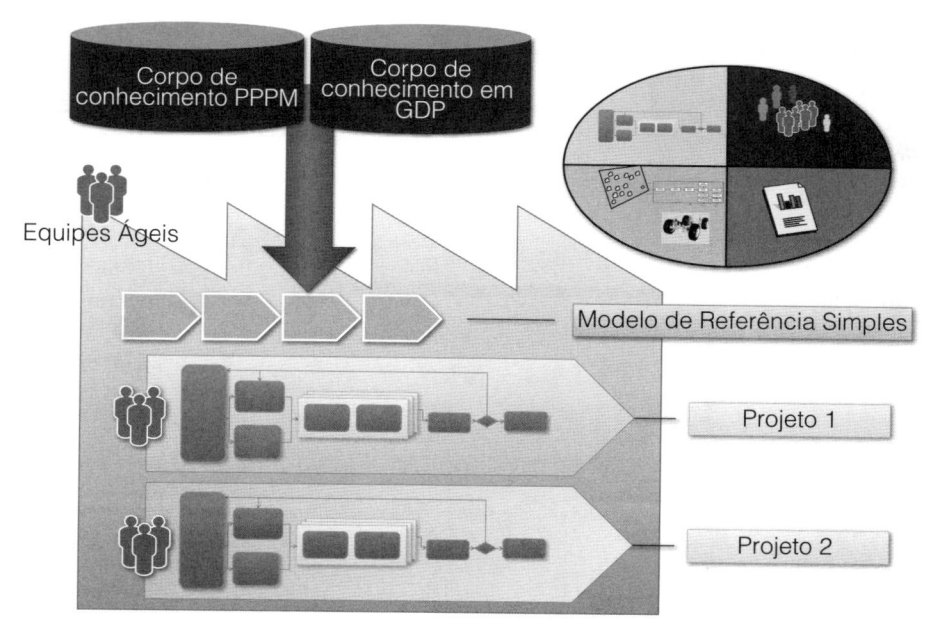

Fonte: Elaborado pelos autores.

---

[24] SCHWABER, K. *The enterprise with scrum.* Washington: Microsoft, 2007.; COHN, M. *Agile estimating and planning.* New York: Prentice Hall PTR, 2005, sugerem esse tipo de ideia.

As equipes e a complexidade dos projetos do tipo B não permitem utilizar a mesma ideia – que o projeto seja gerenciado utilizando-se unicamente métodos simplificados do APM. A solução é combinar equipes ágeis com os métodos e técnicas tradicionais. A Figura 2.9 representa esquematicamente a solução proposta. Uma equipe tradicional elabora um plano de projeto geral, utilizando um modelo de referência e técnicas tradicionais como a Work Breakdown Structure (WBS). Ela deverá conter entregas e pacotes de trabalho, com o maior grau de independência possível e interfaces bem delimitadas. Se isso for feito, é possível criar equipes ágeis responsáveis por entregas e pacotes de trabalho. Os conceitos do modelo referencial podem, assim, ser aplicados no âmbito da equipe. Note que há uma mudança apenas nas fases de visão, as quais que devem incluir pessoas que coordenarão as várias equipes ágeis, como na Figura 2.9.

Figura 2.9   Uso do modelo referencial no caso de projetos grandes do tipo B

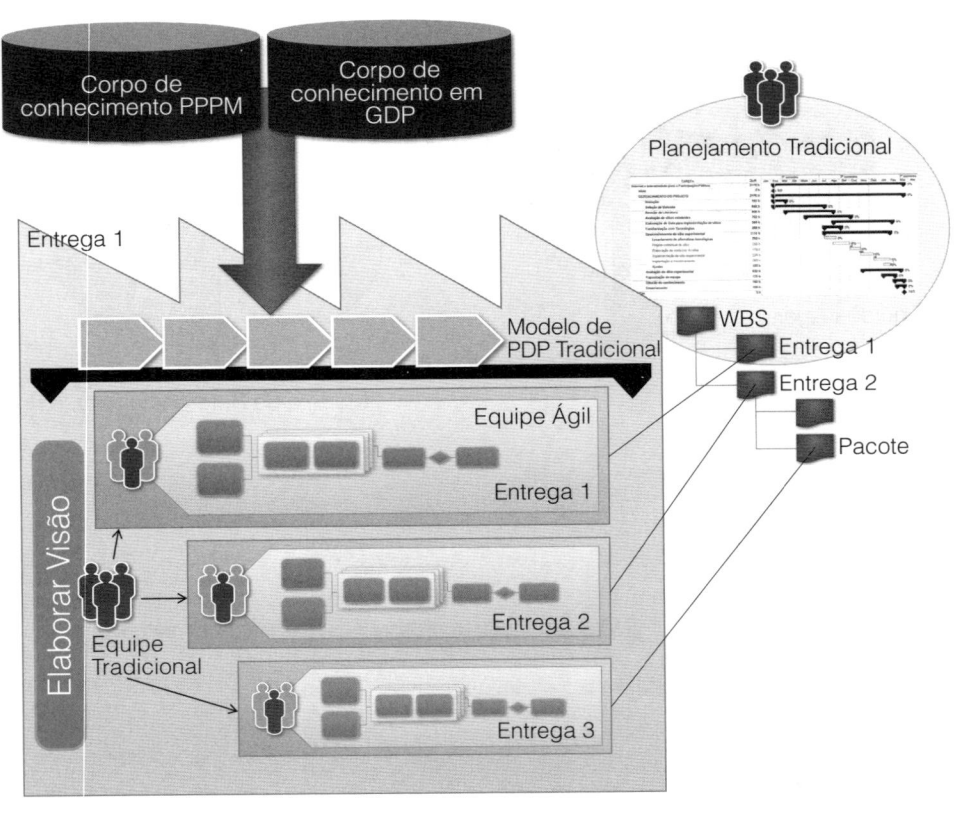

Fonte: Elaborado pelos autores.

2.7 Diferenciais do modelo referencial

Antes de qualquer aplicação, o leitor deve refletir sobre as características distintivas deste referencial frente a outras teorias ou propostas sobre o Gerenciamento Ágil de Projetos.

1. **Não se limita ao desenvolvimento de software.** Existem muitas teorias como SCRUM, XP, entre outras, que foram criadas especificamente para projetos de software. Como mencionado, este referencial foi criado para ser propositalmente mais geral. Isto é, ele foi elaborado para apoiar Projetos de Produtos Inovadores, que podem incluir hardware, software ou uma mistura de ambos. Pode também, na medida do possível, ser adaptada a outros tipos de projeto, como projetos de serviço. A flexibilidade está no modelo de referência. Deve-se adaptar o modelo de referência de processo adequado à sua atividade, que boa parte da adaptação será intuitiva. Além disso, terá que observar algumas técnicas citadas como Bill of Material (BOM), substituindo-as por técnicas similares, da área de domínio do projeto.

2. **Parcimônia.** Procuramos ao máximo não alterar o corpo de conhecimentos consolidado em Gerenciamento de Projetos. Acreditamos fortemente que este é um patrimônio da área e que toda a teoria precisa ser evolutiva. Alteramos títulos, termos, significados, etapas, entre outros, somente quando a mudança era útil para especificar mudanças típicas do emprego da abordagem do APM. Quando pudesse demarcar aspectos que, segundo nossa experiência, eram um diferencial real entre a teoria tradicional existente e a proposta da abordagem ágil. Isso é fundamental para que o conhecimento seja acumulado e não se perca em uma miríade de teorias (ou "escolas") que confundam mais do que apoiem os profissionais da área. Por exemplo, os nomes dos atores ou papéis no Gerenciamento de Projetos são os mesmos dispostos na teoria tradicional, pois não havia razão para alterá-los.

3. **Não deve ser aplicado de maneira isolada.** O uso do modelo exige o uso de um modelo de referência de desenvolvimento de produtos. Os responsáveis pela aplicação deverão considerar o uso de modelos de referência de processos específicos ao domínio do projeto (como CMMI-Dev, Modelo de referência unificado) e também devem complementar o modelo particular da sua empresa com outros métodos e técnicas que julgarem pertinentes.

4. **Exige o envolvimento do cliente.** Deve-se lembrar que um dos desafios será a incorporação do cliente, trazendo-o junto da equipe e delegando-lhe a responsabilidade por dar informações e validar os avanços. Isso pode ser muito difícil ou mesmo impossível, conforme o caso. Mas é fundamental, e, caso haja esta restrição, deve-se repensar a utilidade da abordagem.

5. **Aumentar a responsabilidade da equipe de projeto.** Os fatores humanos são fundamentais para os resultados. Portanto, é fundamental que haja um trabalho de difusão e preparação dos membros da equipe para esta nova realidade.

6. **Artefatos do produto final como parte do gerenciamento.** Os artefatos relacionados com o resultado do projeto merecem ser devidamente organizados e controlados. Se a empresa não possui práticas como gerenciamento de configuração e controles de mudança de engenharia, deverá adotá-las. A falta deste elemento poderá levar ao caos. E, uma vez adotada, deve-se explorar o uso destes controles como fontes de informação sobre o desempenho e registro de acompanhamento dos projetos.

7. **Descreve um conjunto de técnicas mínimas necessárias somado ao conjunto de técnicas adaptadas.** Outra característica a ser lembrada é que o modelo descreve um subconjunto de ferramentas e métodos. Os exemplos dos casos poderão auxiliar o leitor a compreender como foram utilizadas. Mas é importante que o leitor utilize as técnicas como uma caixa de ferramentas e escolha as principais.

Os próximos três capítulos contêm as descrições detalhadas das técnicas e exemplos para a aplicação. A lógica da apresentação segue a Figura 2.10. O Capítulo 3 descreve as práticas relacionadas à visão, o que inclui os processos 1 e 3. O Capítulo 4 descreve os processos restantes e, por fim, no Capítulo 5, oferecem-se os conceitos de como tirar proveito dos sistemas de informação. Traça-se um conjunto de requisitos para um sistema de informação que utilize a abordagem do Gerenciamento Ágil de Projetos.

Figura 2.10 Estrutura da descrição dos detalhes do referencial teórico

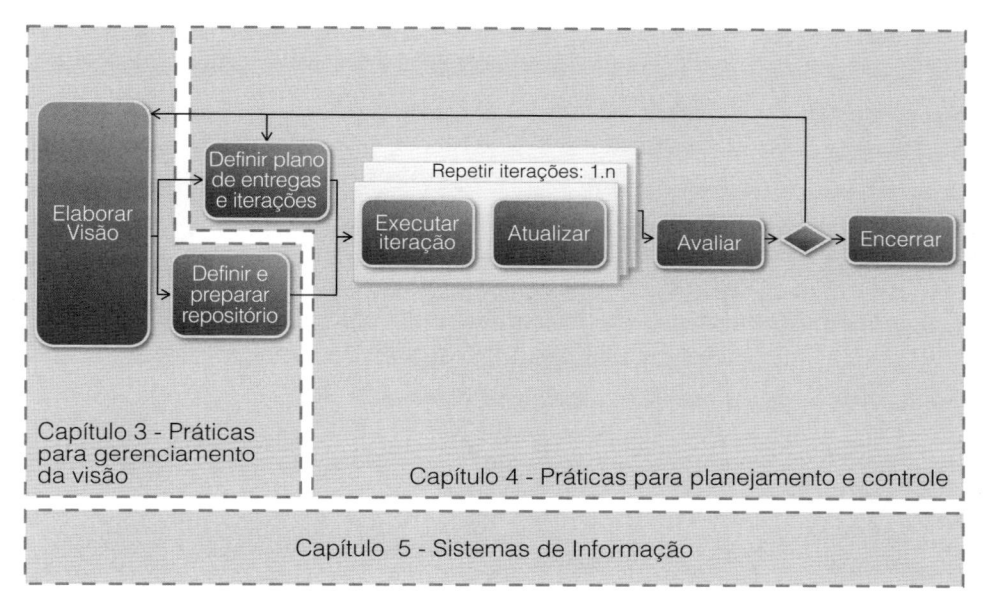

Fonte: Elaborado pelos autores.

Gerenciando a visão

O termo visão é mais conhecido na literatura de planejamento estratégico no sentido de visão do negócio. A visão de um negócio é algo que ajuda a nortear a direção que se deve seguir. Kotter afirma que "se uma pessoa não conseguir comunicar a visão e obter uma reação de entendimento e interesse de alguém em cinco minutos ou menos, as organizações e pessoas envolvidas não estarão prontas para as transformações necessárias".[1]

Os autores da área afirmam que as empresas de sucessos duradouros possuem um propósito principal e valores que permanecem fixos enquanto suas estratégias e práticas se adaptam às mudanças. Essa rara habilidade em equilibrar continuidade e mudança requer uma disciplina consciente. O desenvolvimento da visão funciona como um guia sobre o que se deve preservar e também o que se deve mudar.[2]

A literatura de gerenciamento de mudança e planejamento estratégico é farta em exemplos da importância da visão. Esses tipos de mudanças são empreendimentos, assim como os projetos de novos produtos. E, como tal, a existência de uma visão bem definida, que possa unir a equipe em torno de um objetivo comum, é de vital importância para o sucesso do projeto.

A visão do resultado final do projeto possui um papel semelhante. Segundo os teóricos do APM, a Visão do Produto serve para obter um senso comum e orientar o trabalho de toda a equipe, da mesma maneira que a visão corporativa para o conjunto de ações da empresa.

Trata-se de um fenômeno conhecido na literatura como gerenciamento de desenvolvimento de produtos. Há trabalhos que demonstram a relação entre a visão e melhor desempenho dos projetos.[3] Desse modo, a visão, no caso do gerenciamento

[1] KOTTER, J. P. Leading change: Why transformation efforts fail. *Harvard business review*, v. 73, p. 59-67, 1995.

[2] COLLINS, J. C.; PORRAS, J. I. Building your company's vision. *Harvard business review*, v. 74, 1996.

[3] CHRISTENSON, D.; WALKER, D. H. T. Understanding the role of "vision" in project success. *Project Management Journal*, v. 35, p. 39-52, 2004.

de projetos, deve refletir a meta a ser alcançada e ser capaz de influenciar o comportamento das pessoas, que serão responsáveis por torná-la real e auxiliar a divulgá-la.

Um cuidado será a distinção entre visão, aplicada em estratégia, e a visão dita aqui, no contexto do Gerenciamento Ágil de Projetos (APM). No caso do APM, é comum a separação em visão de projeto e Visão do Produto, de maneira semelhante aos autores de GP. A Visão do Projeto tem o intuito de apresentar às equipes quais são as implicações das várias alternativas do projeto. Isso faz que a equipe tome conhecimento do escopo total do projeto de maneira a colocá-la em uma perspectiva de negócio. Com isso, existe a intenção de que todos entendam a complexidade e o valor de se conduzir o projeto ao sucesso. A visão serve também para ajudar as equipes a se preparar para as inevitáveis mudanças de curso que ocorrerão durante a execução do projeto.[4]

Basicamente, a Visão do Projeto[5] serviria como uma descrição dos limites e condições dentre as quais o desenvolvimento deve ocorrer, ou seja, de acordo com as restrições de escopo, prazo e custo. Já a Visão do Produto serviria como uma descrição expandida do que se tornaria, delimitando características, funções e efeitos.[6]

Além disso, os autores argumentam que se deve atentar[7] à restrição tripla de custo, prazo e escopo, durante as iterações, para que seja possível entregar novas e atualizadas versões do produto ao cliente.[8] Ao realizarmos nossas pesquisas, percebemos que essas definições e conceitos empregados pelos autores do APM são bastante abstratos e, por consequência, de difícil implantação.

Considerando a importância do termo Visão do Produto, necessitou-se criar uma definição menos abstrata e mais prática. A definição adotada é a seguinte:

> Uma descrição de alto nível, sucinta e preferencialmente na forma gráfica do(s) produto(s) final do projeto. Antecipando o produto que ainda não existe e será entregue ao seu término. A descrição pode conter dimensões como forma, função, possíveis estados, módulos e a interface entre eles, requisitos e metas. Deve também, necessariamente, ter as seguintes propriedades: ser desafiadora, explicitar as soluções de compromisso e divergências (por meio do uso de metáforas, analogia e conceito integrador) e proporcionar motivação para a equipe.[9]

Na seção seguinte trataremos do papel que a visão exerce no gerenciamento de projetos de desenvolvimento de produtos. Esta seção mostra ao leitor uma breve

[4] CHIN, G. *Agile project management*: how to succeed in the face of changing project requirements.New York: Amacom, 2004
[5] HIGHSMITH, J. *Agile project management*: creating innovative products. Boston: Addison-Wesley, 2004.
[6] HIGHSMITH, 2004.
[7] CHIN, 2004; HIGHSMITH, 2004.
[8] CHIN, 2004; HIGHSMITH, 2004.
[9] BENASSI, J. L. G.; AMARAL, D. C. Avaliação de métodos de apoio à criação da visão do produto no enfoque ágil de gestão de projetos. In: *Enegep – Encontro nacional de engenharia de Produção*. Rio de Janeiro, 2008.

revisão da bibliografia e consequentemente ressalta a importância desse assunto para o sucesso dos projetos de desenvolvimento de produtos.

3.1 Diferença entre gerenciamento da visão e escopo

Para fins de comparação entre os termos Visão e Escopo do Projeto, tomamos como exemplo o padrão proposto pelo PMBOK.[10] Nesse padrão, o primeiro momento em que se faz algo parecido com a visão é na definição do projeto. Os grupos de processo iniciação e planejamento são os dois momentos em que se gera a primeira definição do produto a ser desenvolvido. Destaca-se a diferença entre a visão e os resultados propostos nesses dois grupos de processo.

No grupo de processos de iniciação, cria-se no documento denominado de "Termo de Abertura do Projeto". Ele é elaborado pela pessoa responsável pela identificação do empreendimento, em conjunto ou não com os patrocinadores. Esse documento autoriza formalmente um projeto ou uma fase e fornece a documentação dos requisitos e expectativas diversas com relação ao projeto.

O Termo de Abertura do Projeto (TAP), em tese, equivaleria à primeira versão de uma Visão do Projeto e Produto, conjuntamente. No linguajar tradicional, utilizam-se os termos Escopo do Projeto e Escopo do Produto. Os requisitos do produto, neste momento, são menos detalhados. Eles serão aperfeiçoados e detalhados durante os processos seguintes, conforme as características do produto forem progressivamente elaboradas.

No grupo de processos de planejamento, o primeiro passo é consolidar o escopo, do projeto e do produto, por meio do documento denominado Declaração de Escopo do Projeto. Ele é definido como as regras do jogo. Deve descrever o que será, e o que não será, realizado durante o empreendimento. É como um "contrato" entre gerente e demais *stakeholders*: clientes, patrocinador etc.

O intuito é refinar e especificar de maneira inequívoca as informações obtidas no TAP. Esse documento deve descrever detalhadamente as entregas do projeto e do trabalho necessário para criar as entregas. Ele fornece também um entendimento comum do escopo do projeto entre as partes interessadas e, pode conter exclusões explícitas para o gerenciamento das expectativas. Assim, a Declaração do Escopo do Projeto inclui documentos como:[11]

---

[10] PROJECT MANAGEMENT INSTITUTE – PMI. *Guia PMBOK*: Um guia do conjunto de conhecimentos do gerenciamento de projetos. 3. ed. Pennsylvania: Project Management Institute, 2004.

[11] PROJECT MANAGEMENT INSTITUTE – PMI. PMBOK Guide. A Guide to the Project Management Body of Knowledge. 4. ed. Pennsylvania: Project Management Institute, 2008.

- Descrição do escopo do produto. Elabora progressivamente as características do produto, serviço ou resultado descritas no termo de abertura do projeto e na documentação dos requisitos;
- Critérios de aceitação do produto. Define o processo e critérios de aceitação de produtos, serviços ou resultados concluídos;
- Entrega do projeto. Incluem tanto as saídas que compõem o produto ou serviço do projeto como resultados auxiliares, tais como relatórios e documentação de gerenciamento do projeto;
- Exclusões do projeto. Identifica de modo geral o que é excluído do projeto;
- Restrições do projeto. Lista e descreve as restrições específicas associadas com o escopo que limitam as opções da equipe, por exemplo, um orçamento predefinido ou quaisquer datas impostas ou marcos do cronograma comunicados pelo cliente ou organização executora;
- Premissas do projeto. Lista e descreve as premissas específicas do projeto associadas com o escopo e o impacto potencial dessas premissas se forem provadas falsas. As equipes de projeto frequentemente identificam, documentam e validam as premissas como parte do seu processo de planejamento.

Em alguns casos o conteúdo da Declaração do Escopo do Projeto pode variar dependendo da área de aplicação e complexidade do projeto. A participação do patrocinador é fundamental. Sem que haja a interação entre as pessoas, as informações necessárias podem ser de baixa qualidade, gerando, assim, a má concepção da visão que, por sua vez, pode acabar ocasionando problemas nas fases posteriores do ciclo de vida do projeto.

Dentro do grupo de processos de planejamento existem processos como "coletar requisitos do produto", "definir escopo", "verificar escopo", "controlar escopo" e "criar Estrutura Analítica do Projeto (EAP)", que servem em conjunto para refinar ainda mais a visão.

Dentre os documentos gerados pelos processos citados anteriormente, um se destaca. A EAP com sua maneira hierárquica de organizar o trabalho a ser executado no projeto é a que mais se aproxima das propostas ditas visuais dos teóricos do APM. Por definição,[12] a EAP é um documento que subdivide as entregas e o trabalho em componentes menores, organiza e define o escopo total e representa o trabalho especificado na declaração do escopo do projeto. Por outro lado, o restante dos documentos gerados pelos processos são normalmente declarações textuais em formato de documentos.

---

[12] PROJECT MANAGEMENT INSTITUTE, 2008.

A descrição dos contornos e resultados concretos é o que há de comum entre a Declaração de Escopo de Projeto e a EAP e uma Visão do Projeto, no APM. Porém, na visão, conforme vimos na definição, essa descrição precisa ter qualidades adicionais: ser motivadora, "evidenciar as ambiguidades", "ser desafiadora", não precisa ser completa no sentido de identificar, por exemplo, todos os itens da WBS etc. Isso denota uma alteração significativa se considerarmos que o contrário é o "espírito" da Declaração de Escopo: explicitar todas as entregas e todos os pacotes na EAP e descrever de maneira completa o contorno do projeto como um todo.

O Quadro 3.1 faz um paralelo entre as abordagens ágil e tradicional para o gerenciamento de projetos, no tocante aos documentos e às práticas relacionados à criação da Visão do Projeto e do Produto. Vale ressaltar que as práticas e os modelos para a criação e representação da Visão da abordagem tradicional e ágil para o gerenciamento de projetos podem ser vistas em mais detalhes em publicações específicas da área.[13]

Quadro 3.1 Comparação entre a fase da visão são e o planejamento de projetos tradicional

Categoria	APM	PMI (PMBOK)
Nome do grupo de processos	Fase Visão.	Grupo de processos – Iniciação e Planejamento.
Orientação (Foco)	Foco no problema. Descrever o problema central de maneira motivadora e motivar, explicitando os desafios e compromissos que precisarão ser "equacionados".	Foco nas metas de desempenho. Descrever as "regras do jogo", isto é, condições e metas que deverão ser alcançadas no final.
Principal resultado	Visão – Descrição com ambiguidades, metáforas, analogias e conceitos integradores que desafiam mais do que indicam o resultado.	Termo de abertura do projeto. Declaração do escopo do projeto EAP (atualização).
Práticas de descrição	"Caixa" para Visão do Produto. Declaração de Alto Nível. Arquitetura do Produto. Cartões de Características do Produto. Cartões de Requisitos de Desempenho.	Elaboração de EAP. Declarações textuais em formato de documentos.
Documentos gerados no início do projeto	Folha de Dados do Projeto. Plano de Entregas.	Termo de Abertura do Projeto. Declaração de Trabalho. Declaração de Escopo. EAP

Fonte: Elaborado pelos autores.

---

[13] As práticas e os modelos para a criação da visão, segundo a abordagem ágil de GP, podem ser vistas em mais detalhes em HIGHSMITH, 2004 e CHIN, 2004. Os modelos de representação da visão (escopo), segundo a abordagem tradicional de GP, podem ser vistos em mais detalhes em PROJECT MANAGEMENT INSTITUTE, 2004.

Uma semelhança no que se refere aos documentos relacionados à visão é que tanto na abordagem ágil como na tradicional de GP são documentos que buscam descrever o resultado final. E há duas distinções: uma de orientação em relação ao foco principal da definição de escopo e outra de maneira.

No APM, a preocupação principal (foco e orientação) está em definir bem o problema. Identificar o desafio por meio de metáforas, analogias e modelos gerais. Isso é mais importante que as metas de resultado. Além do mais, no APM, não se persegue uma descrição completa e inequívoca. Por exemplo, analisando as práticas "caixa" para Visão do Produto, declaração de alto nível, arquitetura do produto, lista de características do produto e cartões de requisitos de desempenho não procuram estabelecer todos os elementos. Cria-se um conjunto de definições iniciais que serão atualizadas no decorrer do projeto, por meio das iterações. A Figura 3.1 representa essa ideia, de modo sucinto.[14]

Figura 3.1 Diferenças entre escopo e Visão do Projeto

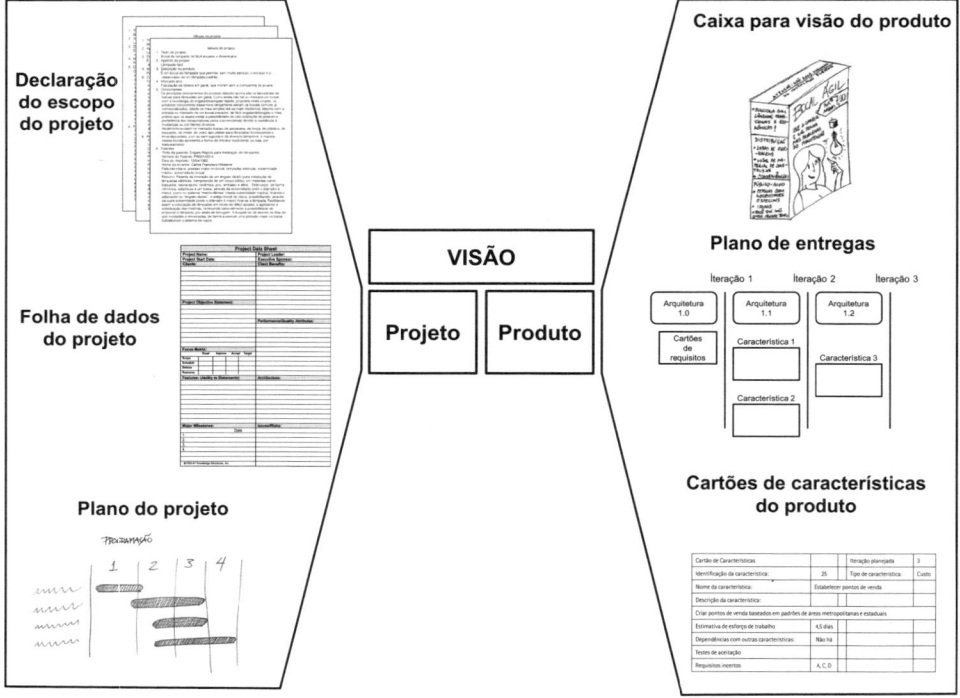

Fonte: Elaborada pelos autores.

---

[14] Ao leitor interessado em conhecer em detalhes todos os documentos gerados pela abordagem tradicional e APM, sugerimos a consulta de PMBOK, 2008 e HIGHSMITH, 2004, respectivamente.

A Figura 3.1 indica também outra diferença entre as abordagens. A quantidade de documentos gerados pela abordagem tradicional de gestão de projetos será maior. No APM, os documentos não só são completados durante o projeto como também são mais simplificados e apropriam-se de ícones e de uma linguagem visual.

Sendo assim, das comparações realizadas, podemos afirmar as seguintes diferenças:

● Abordagem tradicional – Utilização de vários documentos para se criar as Visões de Projeto e Produto, respectivamente. Os documentos compostos por declarações textuais, ou seja, possuem poucos ícones visuais que poderiam facilitar e agilizar o entendimento. E, por fim, depois de criadas as Visões do Projeto e do Produto, há por meio do grupo de processo de monitoramento e controle a iniciativa de manter a mesmas visões até o fim do projeto.

● Abordagem ágil – A criação da Visão do Produto se dá na fase inicial do ciclo de vida do projeto (fase visão). No entanto, as equipes de desenvolvimento são encorajadas a rever e, se preciso for, mudar as Visões de Projeto e Produto, desde que estas não fujam aos objetivos e escopo do projeto: maior utilização de ícones visuais (esboços) que facilitam o entendimento e comunicação entre os membros da equipe e menor quantidade de documentação, diminuindo assim a burocracia.

Conclui-se também que o escopo "DO PROJETO", da abordagem tradicional do gerenciamento de projetos, é muito similar à Visão do Projeto (descrição das condições do empreendimento), como apresentada pelos teóricos do APM. Essa conclusão é obtida pela comparação dos documentos para a criação da Visão do Projeto e Escopo do Projeto. Na abordagem tradicional, todos os documentos que são criados para se ter a Visão do Projeto e do Produto são simplificados no APM e condensados na Folha de Dados do Projeto.[15]

Já para a Visão do Produto, as diferenças são significativas. As práticas do APM que geram a Visão do Produto incentivam o trabalho em equipe, a interação com o cliente, uma linguagem visual e pregam novas propriedades: como ser desafiadora e motivadora. Mais importante ainda, possui significativa diferença em

---

[15] Folha de dados do projeto: uma página simples que contém os objetivos principais do negócio, especificações do produto e informações sobre o gerenciamento do projeto. Ela ajuda as equipes na manutenção do foco do projeto, gerenciamento e consumidores e visa, acima de tudo, a transmitir a essência em termos de escopo, cronograma, recursos e como o projeto cumprirá todas as atividades a fim de entregar o que foi planejado na fase visão (HIGHSMITH, 2004 e CHIN, 2004).

termos de foco. Enquanto a declaração de escopo procura definir metas objetivas que devam ser alcançadas, a visão procura explicitar o problema, indicando a solução de compromisso a ser alcançada.

No caso da Visão do Projeto, apesar de possíveis diferenças, há necessidade de estudos que as explicitem mais apropriadamente, antes que possamos assumi-la como possuidora de um diferencial. Por isso, não será tratada no livro, por entendermos que esse assunto já é amplamente contemplado pelo Project Management Institute.[16]

No caso da Visão do Produto, ao contrário, há diferenças significativas. O problema, nesse caso, é sua utilização em projetos de desenvolvimentos de produtos que envolvam hardware. As práticas propostas são controversas, e o livro pretende preencher essa lacuna, ou seja, apresentar um método que contemple, dentre outras, as práticas para a criação, gerenciamento e representação da Visão de Produtos inovadores, aplicável a produtos que contenham hardware.

3.2 O papel e as características da Visão do Produto

Os projetos inovadores são caracterizados pelo ambiente "turbulento", isto é, com mudanças constantes em requisitos e riscos e que envolvam produtos e condições nunca antes enfrentados pela equipe de projeto. Eles apresentam problemas de projeto inéditos, suscitando riscos e a consequente necessidade de aprendizado.

Ao observarmos a literatura de Gerenciamento de Desenvolvimento de Produtos, podemos notar que já existia a preocupação em classificar os tipos de produtos e projetos de acordo com suas especificidades.[17] Essa classificação divide os tipos de projetos e produtos em duas categorias: (a) *designs* estáticos são aqueles relacionados a produtos convencionais e que possuem soluções e princípios de solução que permanecem fixos no decorrer do tempo; e (b) *designs* dinâmicos, que são aqueles que tratam de produtos inovadores e/ou que envolvam alta tecnologia.

As empresas precisam lidar de maneira diferente com os tipos de projetos, de modo que aqueles ditos dinâmicos sejam cruciais para a sua sobrevivência e devem ser estruturados com vistas a lidar com as diferenças, ou seja, as diversas mudanças inerentes a esses tipos de projetos.[18]

---

[16] PROJECT MANAGEMENT INSTITUTE, 2004.

[17] PUGH, S. *Creating innovative products using total design*: the living legacy of Stuart Pugh. Reading, MA: Addison Wesley, 1996.

[18] PUGH, 1996.

A abordagem ágil de gerenciamento seria justamente a maneira mais adequada de gerenciar projetos do tipo dinâmico e um dos elementos principais é a Visão do Produto.

A elaboração de uma visão faz emergir concepções e ideias preconcebidas presentes nos membros da equipe. A esse respeito, soluções anteriores poderiam servir como uma espécie de guia ou uma "base genérica" para o novo produto.[19] Assim, essa "base genérica" poderia ser considerada uma solução que faz parte da visão de um membro da equipe de projeto. Ao explicitá-las, o gerente de projeto inicia o processo de criar uma visão comum entre os membros da equipe, o que proporcionará a integração e o espírito de equipe necessários para a obtenção dos resultados e a convergência.

A importância da visão para produtos inovadores foi identificada há certo tempo e consta em textos desde a década de 1990, na literatura de Gerenciamento e Desenvolvimento de Produtos (GDP). As evidências indicam que, onde existe uma Visão do Produto robusta, o processo de desenvolvimento de produtos normalmente é mais acelerado.[20]

Nos textos da literatura de APM há afirmações semelhantes. Dados empíricos indicam que a criação de visões robustas para o produto pode contribuir positivamente para o sucesso do projeto. E que isso seria fundamental para a criação de produtos dinâmicos, isto é, inovadores.[21]

Quando os projetos envolvem níveis mais elevados de inovação, o desafio de construir uma visão do resultado final, compartilhada com a equipe, é mais importante que descrever detalhadamente as atividades que precisam ser executadas. É por meio da visão que os membros da equipe poderão caminhar em uma direção e manter a flexibilidade necessária para adaptar as tarefas de desenvolvimento.

[19] PUGH, 1996.

[20] BROWN, S. L.; EISENHARDT, K. M. Product development: past research, present findings, and future directions. *Academy of Management Review*, v. 20, n. 2, p. 343-378, 1995.; CLARK, K. B. Project scope and project performance: the effect of parts strategy and supplier involvement on product development. *Management Science*, v. 33, p. 1247-1263, 1989; COOPER, R. G. Developing new products on time, in time. *Research-technology management*, v. 38, p. 49-57, 1995.; KLEINSCHMIDT, E. J. Benchmarking the firm's critical success factors in new product development. *Journal of Product Innovation Management*, v. 12, p. 374-391, 1995.; CORDERO, R. Managing for speed to avoid product obsolescence – a survey of techniques. *Journal of Product Innovation Management*, v. 8, p. 283-294. 1991.; DRÖGE, C., JAYARAM, J., VICKERY, S. K. The effects of internal versus external integration practices on time-based performance and overall firm performance. *Journal of Operations Management*, v. 22, p. 557-573, 2004.; HARTLEY, J. L.; MEREDITH, J. R.; MCCUTCHEON, D.; KAMATH, R. R. Suppliers' contributions to product development: an exploratory study. *IEEE Transactions on Engineering Management*. v. 44, p. 258-267, 1997. MABERT, V. A., MUTH, J. F., SCHMENNER, R. W. Collapsing new product development times: six case studies. *Journal of Product Innovation Management*, v. 9, p. 200-212, 1992.; PETERSEN, K. J; HANDFIELD, R. B; RAGATZ, G. L. A model of supplier integration into new product development. *Journal of Product Innovation Management*, v. 20, p. 284-299, 2003.; RAGATZ, G. L., HANDFIELD, R. B., PETERSEN, K. J. Benefits associated with supplier integration into new product development under conditions of technology uncertainty. *Journal of Business Research*, v. 55, p. 389-400, 2002. TESSAROLO, P. Is integration enough for fast product development? An empirical investigation of the contextual effects of product vision. *International Journal of Product Innovation Management*. v. 24, p. 69-82, 2007; CLARK et al., 1987; CLARK, K. B.; FUJIMOTO, T. *Product development performance*. Boston, MA: Harvard Business Scholl Press, 1991.; HAYES, R. H.; WEELWRIGHT, S. C.; CLARK, K. B. *Dynamic manufacturing*. New York: Free Press, 1988.

[21] TESSAROLO, P., 2007; PUGH, 1996.

Os autores do APM não detalham significativamente o que é a Visão do Produto. Considerando textos da literatura de GDP[22] e planejamento estratégico, é possível identificar características que devem estar presentes na visão:[23]

- Ser compreensível – capturar o propósito essencial, o estado futuro pretendido e a essência dos objetivos do projeto;

- Ser motivadora – convencer os participantes de que aquela é a melhor solução e que possa ser internalizada pelos *stakeholders*,[24] além de fornecer uma proposição de valor que seja atraente a todos;

- Ser digna de crédito – consistente com a cultura dos *stakeholders*, de modo que os artefatos utilizados reflitam exatamente a visão e estejam de acordo com os valores existentes;

- Ser desafiadora e exigente – deve ser proativa e com nível de exigência que leve a equipe a níveis superiores de desempenho.

Ao analisarmos e compreendermos as características apresentadas anteriormente, foi possível elaborarmos um conjunto de critérios que devem ser utilizados para verificar se uma boa Visão do Produto foi criada.[25] Uma visão deve:

- Representar o produto em suas dimensões (as dimensões de representação podem ser: necessidades dos clientes, funções, partes e características físicas);

- Tornar o produto visível por meio de suas funções;

- Permitir a descrição de partes (subsistemas, componentes ou módulos) e interfaces, bem como sua interação de modo a facilitar a coordenação do trabalho;

- Facilitar a compreensão do produto a todos os usuários e membros da equipe, independentemente da sua formação;

- Possibilitar a rápida e fácil visualização das partes principais do produto, como sistemas, subsistemas, componentes, módulos e plataforma;

- Permitir a utilização de linguagem comum a todos os usuários;

---

[22] Gestão de Desenvolvimento de Produtos.

[23] CHRISTENSON, D.; WALKER, D. H. T. Understanding the role of "vision" in project success. *Project Management Journal*, v. 35, p. 39-52, 2004.

[24] Partes interessadas – Pessoas e organizações, como clientes, patrocinadores, organizações executoras e o público, que estejam ativamente envolvidos no projeto ou cujos interesses possam ser afetados de forma positiva ou negativa pela execução ou término do projeto (PROJECT MANAGEMENT INSTITUTE, 2004).

[25] Esses mesmos critérios foram utilizados posteriormente para avaliar os métodos de descrição da visão e para a criação do método proposto no livro.

● Permitir que a tarefa de descrição seja feita rapidamente (cerca de um dia para projetos com baixo grau de complexidade);

● Permitir a interação entre os membros da equipe de projeto.

Há disponível na literatura um conjunto de ferramentas e métodos para se descrever a visão. Elas estão disponíveis tanto na área de Gerenciamento de Desenvolvimento de Produtos como de APM. O resultado final desses métodos é sempre a proposição de um modelo do produto, isto é, uma representação simplificada da realidade; desse produto que está em concepção.

Para avaliá-los, realizamos um levantamento dos modelos de representação de produtos que pudessem colaborar para representar a Visão do Produto, no contexto do Gerenciamento Ágil de Projetos, nas duas literaturas.[26] Empregaram-se as características apontadas. Os modelos normalmente descrevem um subconjunto de dimensões dos produtos, a adoção partiu do princípio que deveria descrever ao menos uma. A próxima seção contém breve descrição dos modelos pesquisados e as suas características.

3.3 Modelos úteis para a Visão do Produto

A definição de visão discutida anteriormente é ampla. É natural, portanto, que a maneira de trabalhar esse conceito dependerá das condições do projeto. Para ilustrar, apresentaremos nas seções a seguir alguns dos modelos que podem ser úteis para se estabelecer a Visão do Produto em projetos de produtos inovadores,[27] incluindo métodos tradicionais julgados convenientes.[28]

Outra ressalva é importante. Há uma dualidade quando nos referimos ao termo modelo. Como a visão antecipa o produto final, sua descrição depende da criação de uma representação desse produto, o significado da palavra modelo. Todo modelo, porém, possui um método de construção. Assim, poderíamos ter utilizado a palavra método de construção de visões. Ou seja, poderíamos adotar método ou modelo. Prefere-se modelo, por ser mais concreto e "traduzir" o resultado final desejado. O leitor notará que algumas das técnicas referenciadas como modelo são encontradas na literatura como método, técnica ou prática.

---

[26] A pesquisa completa pode ser consultada em BENASSI, J. L. G. *Avaliação de modelos e proposta de método para representação da visão do produto no gerenciamento ágil de projetos.* Dissertação (Mestrado em Engenharia de Produção) – Escola de Engenharia de São Carlos, Universidade de São Paulo, São Carlos, 2009. E incluiu não apenas a identificação como também uma comparação entre os diferentes modelos. Uma descrição breve do trabalho pode ser lida em BENASSI; AMARAL, 2008.

[27] Propostas por autores do Gerenciamento Ágil de Projetos como HIGHSMITH, 2004 e CHIN, 2004.

[28] Consulte "Declaração de escopo", em PMBOK, 2008.

3.3.1 Caixa para a Visão do Produto

Highsmith[29] propôs um modelo denominado de "Caixa para a Visão do Produto" que, segundo ele, determina a declaração de escopo do projeto. A técnica consiste em construir uma imagem do produto, dentro do espaço delimitado por uma caixa, uma embalagem.

A proposta dos autores é que essa representação deva ser combinada com um documento denominado de Declaração de Alto Nível, que faz posicionamento do produto, ou seja, uma declaração curta que indica quais consumidores-alvo, principais benefícios e vantagens competitivas do produto a ser desenvolvido.

O termo "alto nível" refere-se a uma descrição geral do produto, evitando-se, assim, a criação de um conceito já formado. A Figura 3.2 apresenta a Caixa para a Visão do Produto e a Declaração de Alto Nível (círculo ao lado da figura) propostos pelo autor.

Figura 3.2   Caixa para Visão do Produto e declaração de alto nível

Fonte: HIGHSMITH, 2004.

3.3.2 Descrição da estrutura do produto – lista de materiais e características

Uma forma de descrever a visão de um produto é por meio da lista popularmente conhecida na área de manufatura como *Bill of Material*, ou o acrônimo BOM.

---

29   HIGHSMITH, 2004.

O próprio PMI considera que esse documento pode ser útil na descrição do escopo. Na literatura de Gerenciamento Ágil de Projetos, ele também aparece como uma possibilidade.

A BOM ou estrutura de produto representa a maneira como uma empresa define seus produtos. Essa definição serve como importante instrumento para planejamento e controle do produto por meio de todo o seu processo de manufatura. A The Association for Operation Management (APICS)[30] define estrutura de produto (BOM) como: "uma lista de todas as submontagens, componentes intermediários, matérias-primas e itens comprados que são utilizados na fabricação e/ou montagem de um produto, mostrando as relações de precedência e quantidade de cada item necessário".

A estrutura de produto (BOM) possui uma posição de destaque entre as informações fundamentais,[31] pois ela representa o primeiro passo para a elaboração de uma base de dados de produto totalmente integrada, e um *frame* para a definição total do produto. Ou seja, esse *frame* proporcionado pela BOM seria basicamente a Visão inicial do Produto, em que as pessoas que compõem a equipe de projeto poderiam visualizar as partes já conhecidas do produto.

Ao pesquisar a literatura de GDP, notamos que a utilização da BOM não é citada nas fases iniciais do projeto. Normalmente a equipe de desenvolvimento não conhece as partes que comporão o produto. A ideia de adiantar a utilização da BOM nas fases iniciais pode, porém, beneficiar a criação e representação da Visão do Produto.

Apesar de o produto ainda ser apenas uma ideia, o adiantamento da utilização da BOM pode ser feito. Os membros da equipe possuem conhecimentos prévios e/ou experiências passadas e, ao delimitar uma visão de futuro do produto, necessariamente poderão identificar componentes ou módulos que poderiam ser aproveitados ou precisarão ser criados para tornar o produto possível. A descrição desses elementos geraria uma BOM incompleta que representa, portanto, a Visão do Produto. Dessa forma, seria viável utilizar o modelo da BOM como instrumento para criar e disseminar a visão em um projeto de APM.

A Figura 3.3 apresenta de maneira simplificada a BOM de uma caneta.

---

[30] APICS, organização norte-americana sem fins lucrativos, fundada em 1957 com o propósito de definir e difundir os conceitos relacionados com o gerenciamento da produção e dos materiais. Atualmente, o termo APICS significa The Association for Operation Management, porém, antes, era denominada American Production and Inventory Control Society e, mais tarde, passou a ser chamada Educational Society for Resource Management. Mais informações, consulte o endereço: <www.apics.org >.

[31] Conforme GUESS, V. C. *APICS training aid:* bills of material. Revised edition. Falls Church: American Production and Inventory Control Society, 1985.

Figura 3.3 Lista de materiais (BOM)

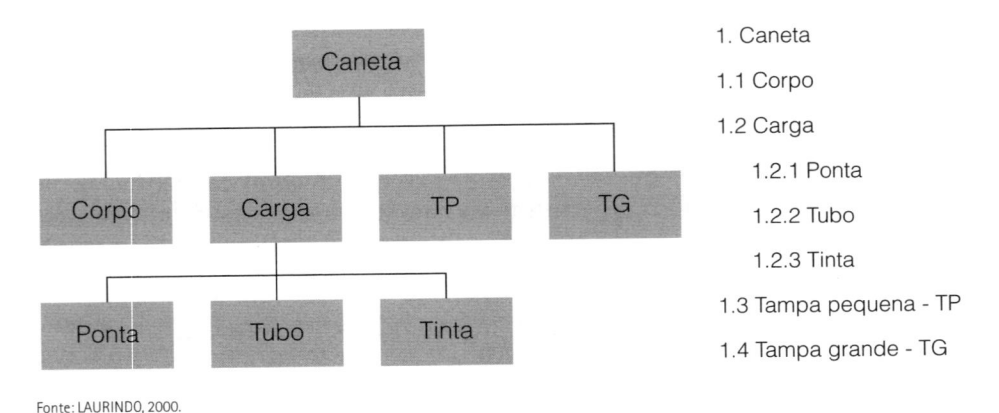

Fonte: LAURINDO, 2000.

Além da descrição de itens que compõem um produto, a BOM contém a quantidade de cada subitem (filho) necessária. Outras propriedades, como especificações do material, custo, instruções de trabalho e decisões como *Make or Buy*, podem estar presentes na BOM. Assim, a BOM, uma vez empregada na visão, poderia ser mantida pela equipe de projeto no decorrer do desenvolvimento de produto, até o fim. Seria uma referência única, que começa representando a Visão do Produto e vai evoluindo até que seja alcançado o resultado final.

Alerta-se, nesse caso, para o fato de que cada departamento dentro de uma organização pode montar uma de acordo com suas necessidades. Por exemplo, o departamento de vendas pode montar uma BOM de acordo com os produtos vendidos e não incluir os números de suas partes. Por outro lado, a engenharia pode construir uma BOM em que o nível de detalhe e o relacionamento entre as partes que compõem um produto sejam bem maiores que em outros departamentos. Assim, a BOM deve permanecer compatível com todas as formas existentes de definição de produto dentro de uma organização.

Segundo Guess,[32] para que os sistemas de controle de manufatura sejam completamente integrados, é necessário que todas as definições de produto existentes em uma organização estejam estabelecidas e integradas. É nesse ponto que a BOM possui um papel importante para que todas as definições de produto dentro de uma organização sejam coerentes e integradas de maneira a não causar nenhum tipo de dúvida ou ambiguidade.

A Figura 3.4 representa de maneira esquemática a abrangência da BOM dentro de uma empresa.

---

[32] GUESS, 1985.

Figura 3.4   Abrangência da BOM dentro das organizações

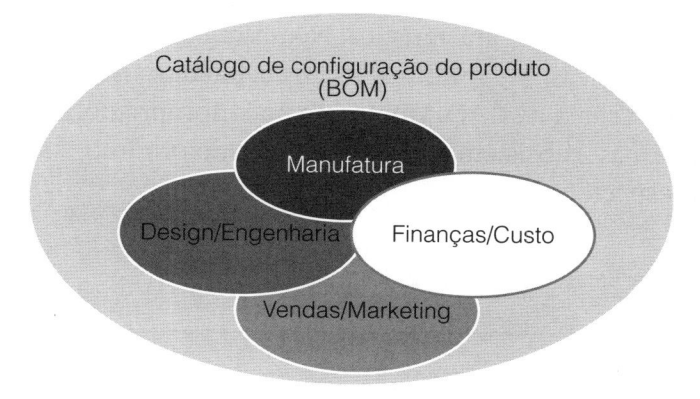

Fonte: Adaptado de GUESS, 1985.

A Figura 3.4 indica que a BOM serve como uma ferramenta integradora entre os departamentos dentro de uma organização e poderia ajudar a equipe de projeto a compartilhar os resultados desenvolvimentos com todos os colaboradores de empresa. Essa integração, além de gerar uma visão comum entre as pessoas, cria também alta rastreabilidade dos produtos, de seus itens e componentes.

Com relação à alta rastreabilidade de produtos, componentes e itens, a BOM exerce um papel-chave como "espinha dorsal" (*backbone*) dos sistemas de gerenciamento de dados de produtos – Product Data Management (PDM).[33] É justamente nesse ponto que os sistemas de TI são de extrema importância no apoio à criação, atualização e manutenção da Visão do Produto.

A unificação dos dados do produto em uma mesma fonte, proporcionada pela BOM, possibilita acesso rápido e fácil para as informações do produto.[34] O compartilhamento facilitado pode ajudar na criação da Visão do Produto. Permite, por exemplo, que não haja redundância ou inconsistência de dados, evitando-se assim problemas de perda de foco das equipes de projeto.

A BOM é também a descrição de todos os itens de forma estruturada. Esse tipo de lista permite descrever a arquitetura técnica do produto, com os sistemas, subsistemas e componentes (SSCs). Isso facilita a exploração e possibilita descrever a interface entre as equipes. É fundamental, portanto, para a organização da equipe ou equipes que fazem parte do projeto.

---

[33] OLIVEIRA, C. B. M. *Estruturação, identificação e classificação de produtos em ambientes integrados de manufatura.* São Carlos, 1999. 102f. Dissertação (Mestrado). Escola de Engenharia de São Carlos – USP.

[34] CLEETUS, K. J. Modeling evolving product data for concurrent engineering. *Engineering with computers*, v. 11, p. 167-172, 1995.; KEMPFER, L. *PDM takes to the web.* 1998.

Alguns autores[35] do APM utilizam o nome Feature Breakdown Structure (FBS), na Figura 3.5, para uma descrição em lista dos itens do produto do projeto. Eles citam o termo *feature* como característica. No mundo do software, o termo *feature* se ajusta melhor. No caso de produtos físicos, a palavra *feature* possui um significado reservado na área de CAD. Um termo mais apropriado, nesse caso, seriam itens, isto é, sistemas, subsistemas e componentes do produto,[36] sendo o nome de materiais mais específicos.

Figura 3.5   Feature Breakdown Structure

- Kit da bomba de vácuo (grupo)
- Painel de controle
- Elétrica
   - Montagem do cabo de força
   - Sistema de vácuo (componente)
   - Base
   - Ventilador
   - Câmara de vácuo
   - Controle de gás
- Sistemas eletrônicos
   - Módulo de controle de sistema
   - Módulo de amplificação

Fonte: HIGHSMITH, 2004.

Highsmith e Chin[37] utilizam *features*, mas, nos exemplos práticos, os autores incluem nomes de componentes quando se trata da parte física. É o caso da Figura 3.5, que, apesar de enquadrar-se na definição de BOM, está sob o nome de *Feature Breakdown Structure*. Como não é possível identificar diferenças substanciais entre FBS e uma primeira versão de uma BOM, opta-se neste livro pelo termo BOM.[38]

---

[35]   HIGHSMITH, 2004; CHIN, 2004.

[36]   Para detalhes sobre a definição do que são itens, componentes e subcomponentes, sugere-se consultar ROZENFELD et al. *Gestão do Desenvolvimento de Produtos* – Uma referência para a melhoria do processo. São Paulo: Saraiva, 2006.

[37]   Consulte CHIN, 2004 e HIGHSMITH, 2004.

[38]   Deve-se lembrar, porém, de que há autores que separam os dois termos. Consideram a lista de características (features) como uma estrutura de requisitos. Para eles, a lista de características do produto (features) visa a expandir a Visão do Produto por meio de um processo evolutivo de definição de requisitos em uma lista de características do produto (similar a uma lista expandida (explodida) de peças fabricadas). Isso é especialmente válido para produtos que sejam apenas software, no caso de abordagens como XP.

3.3.3 Cartão de característica e desempenho do produto

Esse modelo refina a Visão do Produto criada pela lista de materiais e pela caixa. Nesse modelo, a equipe de desenvolvimento cria um cartão (*index card*) para cada característica identificada na FBS. Esses cartões contêm informações descritivas básicas e estimadas.

O emprego permitiria que o produto fosse continuamente detalhado no decorrer do projeto, desde a fase da visão. Isso pode ser feito pela criação gradual de novos cartões, conforme as características vão sendo identificadas pelos clientes e membros da equipe, no decorrer das iterações. A Figura 3.6 apresenta um exemplo de cartão de características.

Figura 3.6 Cartão de características

Cartão de características:			Iteração planejada:	3
Identificação da característica:	25		Tipo da característica:	Custo
Nome da característica:	Estabelecer pontos de venda			
Descrição da característica:				
Criar pontos de venda baseados em padrões de áreas metropolitanas e estaduais				
Estimativa de esforços de trabalho:	4,5 dias			
Dependências com outras características:	Não há			
Testes de aceitação:				
Requisitos incertos:	A, C, D			

Fonte: HIGHSMITH, 2004.

Há autores que propõem o uso de cartões de requisitos de desempenho. É o emprego de cartões contendo as principais funções e requisitos de desempenho do produto que será construído. Um exemplo seria o requisito "peso" para o desenvolvimento de um avião. Esse requisito afetaria todo o desempenho do produto. Sendo assim, a criação de cartões pode ser útil na sua delimitação. A Figura 3.7 traz um exemplo de um cartão de requisitos de desempenho.

Figura 3.7 Cartão de requisitos de desempenho

Cartão de requisitos de desempenho	Iteração demonstrada: 6
Identificação de desempenho:	PC-12
Nome:	Peso-Aviônica
Descrição:	O peso alocado ao pacote de aviônica é 275 libras, sem incluir os displays da cabine que estão inclusos no pacote de displays da cabine
Dificuldade (A, M, B):	M (moderada)
Testes de aceitação:	Alta escala de desempenho de pesos de todos os componentes, começando na iteração 3, seguida pelo peso do pacote completo de instrumentos na iteração 6

Fonte: Adaptada de HIGHSMITH, 2004.

3.3.4 Folha de dados do projeto

A folha de dados do projeto é uma versão resumida da declaração de escopo. Na verdade, é a própria técnica de Declaração de Escopo do Produto convencional. A diferença é "forçar" a concisão por meio do uso de formulários, com campos e espaços limitados.

Há pequenas diferenças entre autores em relação ao conteúdo. Exemplificam-se, a partir de dois deles, Chin e Highsmith.[39] A "Folha de Dados do Projeto", de Highsmith, contém dados referentes ao escopo do projeto e ao produto a ser desenvolvido. Diferentemente, Chin considera apenas dados do projeto nesse artefato. O autor não é explícito com relação às informações referentes ao produto. Os documentos sugeridos por ele são parecidos com os de Highsmith, porém sua sequência e conteúdo não são tão detalhados quanto os do segundo autor. Nas seções 3.5.1 do livro, mais à frente, apresenta-se um exemplo de formulário.

3.3.5 Modelos de representação digital

As representações digitais são descrições do produto na linguagem de desenho técnico, criadas por meio de ferramentas de desenho auxiliado por computador.[40] Essas ferramentas computacionais, denominadas CAD, são utilizadas em projetos de desenvolvimento e otimização de produtos e tem o intuito de auxiliar sua

---

[39] CHIN, 2004; HIGHSMITH, 2004.

[40] FERREIRA, R. C. Estudo para definir os requisitos necessários para a utilização de ferramentas em 3D para a compatibilização no desenvolvimento de projetos. In: *Workshop brasileiro de gestão do processo de projeto na construção de edifícios*. Porto Alegre: UFRGS, 2002.

especificação, modelagem, visualização e simulação. O CAD pode ainda produzir modelos tridimensionais (3D) ou bidimensionais (2D), que têm como intuito representar todos os componentes físicos de um produto em diferentes posições: parte do componente, o componente completo ou conjuntos com vários componentes.

A representação 3D é um marco, pois o formato é mais intuitivo e próximo da realidade.[41] Isso diminui erros e pode permitir que clientes, leigos em projeto, possam interpretar e entender as informações. Além disso, os softwares permitem que, a qualquer momento, sejam feitas análises parciais, por meio de cortes, plantas e elevações, sem a necessidade de recorrer aos projetistas.

As ferramentas CAD, na acepção da palavra, deveriam apoiar qualquer atividade de projeto na sua criação, modificação, recuperação ou documentação.[42] Mas, apesar da sigla "CAD" incluir o termo "Design", o computador não realizava efetivamente o projeto. Até recentemente, o CAD servia mais como uma ferramenta de auxílio à confecção de desenhos de engenharia. Sua principal contribuição estava no reuso, durante a modelagem dos produtos, componentes e no detalhamento de seus desenhos.[43] A Figura 3.8 apresenta um exemplo de modelagem sólida, produzida por uma ferramenta CAD.

Figura 3.8   Modelagem sólida produzida por ferramenta CAD

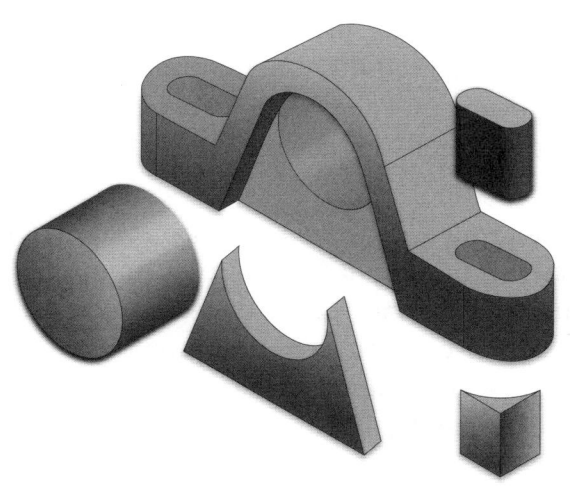

Fonte: AUTODESK, 2008.

[41]   FERREIRA, 2002 apud MATTAR, D, G. *Processo de projeto para edifícios residenciais inteligentes e o integrador de sistemas residenciais.* São Carlos, 2007. 163f. Dissertação (Mestrado) – Universidade Federal de São Carlos (UFSCAR).

[42]   KERRY, H. T. *Planejamento de processo automático para peças paramétricas.* São Carlos, 1997. 160f. Dissertação (Mestrado) – Escola de Engenharia de São Carlos, Universidade de São Paulo.

[43]   Em alguns sistemas CAD, o termo "design" foi trocado por "drafting", tal sua aplicação como elemento puramente voltado à documentação do projeto, o que em alguns casos pode levar a uma subutilização do sistema (KERRY, 1997).

Na literatura de CAD, contudo, há estudos que visam a criar ambientes integrados nos quais se possa agrupar o máximo de conhecimento possível durante as fases de design. Há tecnologias que permitem, por exemplo, o compartilhamento de modelos de produtos distribuídos na internet e o relacionamento entre os modelos 3D de produtos e outras informações como: arquivos, link, análises e relatórios.

A possibilidade de utilizar esses novos ambientes para criar representações de uma Visão de Produto é algo possível e que merece ser explorado pelas empresas que adotam o Gerenciamento Ágil de Projetos.

3.3.6 Modelos de identificação de interfaces e módulos

Uma maneira de se diminuir a complexidade de um projeto é desdobrar um problema maior em partes, as quais podem ser desenvolvidas por equipes pequenas. Mas isso só é possível se houver uma interface claramente definida entre as equipes. A integração entre os sistemas, subsistemas, componentes e módulos de um produto é definida pela interface.[44]

O conceito de interface é de extrema importância no Gerenciamento Ágil de Projetos.[45] Ele influencia tanto a qualidade do produto final como o grau de flexibilidade com que o projeto poderá ser gerido.[46] As interfaces de produtos manufaturados podem ser fixas, móveis ou um meio de transmissão. As interfaces fixas conectam os módulos em um produto e transmitem forças. As interfaces móveis transmitem energia em forma de rotação ou alternada. Por fim, uma interface como meio de transmissão são, por exemplo, as de fluidos ou eletricidade.

A literatura contém modelos para realizar análises de módulos e interfaces, os quais permitem descrever as interfaces dentro de um produto manufaturado.[47] O modelo representado na Figura 3.9 é um deles. Ele serve para análise e melhoria ou identificação das interfaces entre itens de um produto. As interfaces preferenciais são marcadas com setas. As interfaces fora da área coberta pelas setas não são desejadas e devem ser evitadas, para simplificar o projeto.

---

[44] ROZENFELD et al., 2006.

[45] HIGHSMITH, 2004 e CHIN, 2004 reforçam essa questão. Na área do Lean, dá-se o mesmo.

[46] ERIXON, G.; YXKULL, A. V.; ARNSTRÖM, A. Modularity – the basis for product and factory reengineering. *CIRP annals* – Manufacturing Technology, v. 45, Issue 1, p. 1-6, 1996.

[47] Esse trabalho pode ser visto em detalhes em ERIXON; YXKULL; ARNSTRÖM,1996.

Figura 3.9 Modelo de interfaces

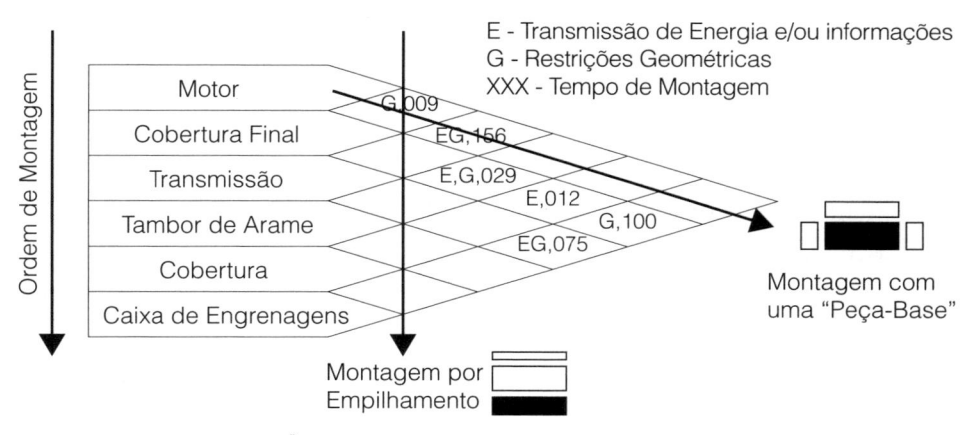

Fonte: Adaptada de ERIXON; YXKULL; ARNSTRÖM ,1996.

A letra E refere-se às interfaces de movimento e transmissão; e a letra G, às interfaces com especificações exclusivamente geométricas na conexão. O modelo possui também os tempos de operação de montagem representados pelos números logo após as letras indicadoras dos tipos de interfaces.

Esse mesmo modelo, utilizado para análise de interfaces em um produto, poderia ser aproveitado para descrever o relacionamento entre itens do produto, durante a construção de uma visão. Há outros modelos similares na literatura.

3.3.7 Modelos físicos

Um modelo físico é aquele que objetiva representar física e tridimensionalmente um produto. Além disso, os modelos físicos podem ser construídos com diferentes tipos de materiais e também em diferentes escalas.

Segundo a definição, modelo físico é aquele que se parece com o original, ou é visualmente um equivalente geométrico em escala reduzida ou ampliada.[48] Tal modelo normalmente mostra tão somente partes ou características relevantes ao seu propósito imediato. Exemplos de modelos físicos são: maquetes, arranjos físicos em miniatura, *mock-ups*.

De forma similar a essa definição, o modelo físico é a representação de um objeto que preserva suas características e que geralmente envolve mudança na escala.

---

[48] BACK, N. *Metodologia de projeto de produtos industriais.* Rio de Janeiro: Guanabara Dois, 1983.

São objetos concretos e de manipulação experimental.[49] Para aplicações em testes físicos devem, porém, comportar-se como o original e em condições próximas do ambiente a que serão submetidos.[50]

Dessa maneira, os modelos físicos podem:[51]

- Ser um excelente meio para apresentar o novo produto aos clientes e membros da equipe de projeto;
- Auxiliar os projetistas a desenvolver novas ideias, principalmente quando se trata de produtos com complexidade tridimensional, que dificilmente seriam visualizados no papel;
- Ser utilizados para visualizar a integração entre os diversos componentes do produto.

Sendo assim, uma maneira de se estabelecer uma visão é com a criação de um modelo físico que seja análogo ao que se espera ao final do projeto. Isso pode ser feito com a construção de um protótipo mais rústico ou com uma analogia, tal qual o exemplo da lata de cerveja e o fusor da empresa Cannon.

3.3.8 A Matriz Item-Entrega

Uma solução desenvolvida pelo Grupo de Pesquisa Engenharia Integrada[52] é denominada Matriz Item-Entrega.[53] O objetivo é fornecer uma descrição sintética da Visão do Produto, combinando os principais elementos identificados. Descreve pré-requisitos (requisitos iniciais identificados), o que precisa ser feito (BOM e pacotes de trabalho), as interface entre os itens da BOM, os responsáveis pelos sistemas e/ou subsistemas e entregas. Além de descrever cada um dos elementos independentemente, o modelo permite estabelecer relacionamentos entre eles.

Ao observar melhor a Figura 3.10, o leitor poderá notar que essa matriz incorpora modelos e técnicas de representação que foram estudados e avaliados

[49] GOLDBARG, M. C.; LUNA, H. P. L. *Otimização combinatória e programação linear*: modelos e algoritmos. Rio de Janeiro: Elsevier, 2005.

[50] MONAHAN, G. E. *Management decision making*: spreadsheet modeling, analysis, and application. Cambridge: Cambridge University Press, 2000. (ROOZENBURG, N. F. M., EEKELS, J. *Product design*: fundamentals and methods. New York: Wiley, 1995.; FERREIRA, 1997.

[51] BAXTER, R. *Projeto de produto*: um guia prático para o desenvolvimento de novos produtos. São Paulo: Edgard Blucher, 1998.

[52] Os autores deste livro pertencem a esse grupo de pesquisa e estão entre os desenvolvedores do método. O Grupo de Engenharia Integrada e Integração (EI2) é formado por professores do Departamento de Engenharia de Produção da Escola de Engenharia de São Carlos, que faz parte da Universidade de São Paulo (USP). Esse grupo integra o Núcleo de Manufatura Avançada (Numa) e faz parte da rede IFM. O grupo realiza pesquisas na área de gestão de projetos e desenvolvimento de produtos. Confira o site do grupo (http://www.numa.sc.usp.br/grupoei/).

[53] Os detalhes podem ser vistos no trabalho de BENASSI, 2009.

pelo nosso grupo de pesquisa, brevemente apresentados nas seções anteriores.[54] Esse estudo e sua avaliação para a concepção do método de gerenciamento da visão, que será apresentado nas seções seguintes, poderão ser vistos em detalhes no trabalho de Benassi.[55]

Figura 3.10 Matriz Item-Entrega

BOM											Responsável (iniciais)									BOM (ID)	BOM (Descrição)	Pré-requisitos										Entregas/Gates		
ID	1	2	3	4	5	6	7	8	9	10												1	2	3	4	5	6	7	8	9	10	Gate 1	Gate 2	Gate 3
1																				1														
2																				2														
3																				3														
4																				4														
5																				5														
6																				6														
7																				7														
8																				8														
9																				9														
10																				10														
																				PCs (ID)	Pacotes de Trabalho (PCs)													
																				1														
																				2														
																				3														
																				4														
																				5														
																				6														
																				7														
																				8														
																				9														
																				10														

NOME	INICIAL

Fonte: BENASSI, 2009.

A matriz foi concebida com o intuito de incorporar potencialidades das técnicas e dos modelos pesquisados. Pode-se notar o relacionamento entre modelos e técnicas de representação, por exemplo, BOM, matriz de interfaces e práticas do APM como pacotes de trabalho e entregas. Ela será apresentada em detalhes adiante, quando explicaremos com um caso como ela deve ser preenchida.

[54] Parte dessa avaliação pode ser vista no Apêndice A ou em mais detalhes no trabalho de BENASSI, 2009.

[55] BENASSI, 2009.

3.4 Comparação de modelos para a representação da visão

A seção anterior apresentou diferentes meios de descrever, "modelar", a Visão do Produto. Eles podem ser utilizados e combinados. Basta compreender as diferenças, vantagens e desvantagens.

Isso pode ser feito segundo dois tipos de critério. O primeiro é o da dimensão do produto que cada modelo é capaz de representar. É notório, por exemplo, que um protótipo seja capaz de representar a visão sobre características físicas, sensoriais etc. e não sobre necessidades, que permanecem implícitas. Uma lista de requisitos descreve necessidades, mas não dimensões. O segundo critério está relacionado aos princípios de representação que utiliza. Isto é, a capacidade de decomposição, síntese, reusabilidade, por exemplo. Trata-se das dimensões que determinam o potencial de representação de cada modelo.

Foram identificadas quatro dimensões para classificar os modelos, segundo a capacidade de representar dimensões: necessidades dos clientes, funções, itens (Sistemas, Subsistemas e Componentes[56] e módulos) e físicas (especificações). Os modelos apresentados na seção anterior foram avaliados sob cada um desses aspectos, e o Quadro 3.2 sintetiza a avaliação realizada.[57]

A segunda classificação recai sobre as características do modelo, seu potencial de descrição. Os critérios de comparação são quatro:[58]

1. **Decomposição funcional.** Capacidade de separar a representação em partes dedicadas a funções, o que facilita a observação do modelo.

2. **Reusabilidade.** Grau com que é possível reaproveitar elementos de modelos anteriores, facilitando a criação da visão.

3. **Uso de recurso visual.** O recurso de figuras e representações esquemáticas possui a vantagem da síntese para o usuário humano.

4. **Simplicidade *versus* adequação.** Ser simples é importante, mas precisa ser adequado ou suficiente. Avaliou-se até que nível de simplicidade na criação é preciso atingir para se conseguir um modelo com nível adequado de detalhes.

5. **Rigor da representação.** Quanto maior o rigor de detalhes, mais precisa a comunicação. Há modelos de representação que são mais precisos que outros.

---

[56] Sistemas, Subsistemas e Componentes são identificados pela sigla SSCs.

[57] Essa avaliação pode ser vista em detalhes em BENASSI, 2009.

[58] Essa classificação empregou critérios que foram baseados nos princípios de modelagem propostos por VERNADAT, F. B. *Enterprise modeling and integration*: principles and applications. London: Chapman & Hall, 1996, conforme descrito em BENASSI, 2009.

Quadro 3.2   Abrangência dos modelos quanto às dimensões de representação

Dimensão do produto representada	Modelos							
	Caixa para Visão do Produto	BOM	Cartão de características e desempenho do produto	Folha de dados do projeto	Representa-ção digital	Identificação de interfaces e módulos	Físicos	Matriz Item-Entrega
Necessidades dos clientes	Sim	Não	Não	Sim	Não	Não	Não	Sim
Funções	Não	Não	Sim	Sim	Não	Não	Não	Sim
Partes	Não	Sim	Sim	Não	Sim	Sim	Sim	Sim
Físicas	Não	Não	Não	Não	Sim	Não	Sim	Sim

Fonte: Elaborado pelos autores.

A síntese dos critérios de qualidade do modelo é apresentada no Quadro 3.3, com escalas de 1 a 3.[59] O nível 1 foi atribuído ao modelo com menor nível do atributo. O nível 3, aquele com maior nível, considerando a comparação entre eles.[60]

A análise do Quadro 3.3 descreve a vantagem e a desvantagem de cada modelo ante à dimensão que é capaz de representar. Deve-se notar que nenhum, com exceção da Matriz Item-Entrega, representa concomitantemente as dimensões da visão de um produto.

O Quadro 3.3 indica que nenhum dos modelos seria suficiente para representar todas as dimensões da visão de um produto, o que sugere a necessidade de uma combinação. A exceção é a Matriz Entrega Produto, que aparece na Figura 3.10.

Essa ferramenta foi criada pelos autores, como resumo, justamente devido a essa deficiência. Porém, apesar de considerar todas as dimensões, não permite representar detalhes. O Quadro 3.3 demonstra esse aspecto, identificando as deficiências do modelo Matriz Item-Entrega, no seu poder de síntese, rigor e reusabilidade. É natural que as maneiras de representação com tais atributos sejam, como a representação digital e BOM, mais difíceis de se construir e mais complexas. A solução, portanto, é combinar os modelos, criando um modelo personalizado da visão para a sua empresa.

Exemplificamos essa proposta com a próxima seção. Ela descreve um método para se criar um modelo da visão, útil para o APM. As potencialidades dos modelos avaliados são para o caso de pequenas empresas de base tecnológica, em áreas como equipamentos médicos e automação.

---

[59]   A escala de pontuação adotada foi a seguinte: 0 – Não atende ao princípio; 1 – Atende superficialmente ao princípio; 2 – Atende razoavelmente ao princípio; 3 – Atende completamente ao princípio.

[60]   Detalhes podem ser obtidos em BENASSI, 2009.

Quadro 3.3 Avaliação dos modelos segundo o grau de atendimento dos princípios de modelagem

Princípios	Modelos							
	Caixa para Visão do Produto	BOM[143]	Cartão de características e desempenho do produto	Folha de dados do projeto	Representação digital	Identificação de interfaces e módulos	Físicos	Matriz Item-Entrega
Decomposição funcional	1	1	1	1	3	2	2	0
Reusabilidade	0	2	1	1	3	1	1	0
Uso do recurso visual	3	3	1	2	3	0	3	3
Simplicidade *versus* adequação	3	2	2	2	1	3	1	3
Rigor da representação	2	2	1	2	3	2	3	0

0 – Não atende ao princípio; 1 – Atende superficialmente ao princípio; 2 – Atende razoavelmente ao princípio; 3 – Atende completamente ao princípio.

Fonte: Elaborado pelos autores.

3.5 Método para gerenciamento da visão (PVMM)

Uma maneira de demonstrar como combinar os métodos para estabelecer e controlar a Visão do Produto, gerenciá-la, é propondo um exemplo. Nesta seção, apresenta-se um exemplo de combinação elaborada especialmente para pequenas empresas de base tecnológica e *startups*.[61] Essa combinação foi transformada em um método específico de modo a tornar tais práticas mais acessíveis a esse tipo de empresa, pois, assim, oferece-se um roteiro lógico que auxilia na compreensão por profissionais não especializados em gerenciamento de projetos. O intuito de apresentá-la no livro é para ilustrar como os modelos podem ser combinados para o gerenciamento efetivo da visão.

O método foi denominado Product Vision Management Method (PVMM), e combina os modelos apresentados na seção anterior por meio de uma ordem de atividades e artefatos, principalmente formulários. Foi elaborado para ser aplicado de forma visual, como um quadro, tal que todos os membros da equipe possam interagir com a visão continuamente, durante todas as fases do projeto.

Criado após a avaliação dos vários tipos de modelos de representação de produtos presentes na literatura de GDP e APM, o PVMM reúne as vantagens de cada modelo, cobrindo todo o espectro da definição de visão proposta. Destina-se ao gerenciamento da visão de produtos que envolvam hardware, com ou sem serviços associados.

---

[61] Empresas nascentes, isto é, em estágio de criação.

Os resultados das atividades são compartilhados em um quadro, que deve permanecer em local de fácil acesso, na área de trabalho da equipe de projeto, conforme mostra a Figura 3.11.

Figura 3.11 Exemplo de quadro físico do PVMM

Fonte: BENASSI, 2009.

A explicação do PVMM é fornecida com o apoio de um caso. Trata-se de uma aplicação realizada por alunos de graduação no laboratório do Grupo de Engenharia Integrada e de Engenharia de Integração (Grupo EI2),[62] como um dos testes do método. O caso, portanto, serve apenas como exemplificação.

O produto do caso é um bocal de lâmpadas com engate rápido. Esse bocal teria como objetivo propiciar ao usuário um meio de facilitar as trocas de lâmpadas do tipo padrão utilizadas em residências. A forma como a lâmpada seria acoplada e desacoplada do bocal deveria ser facilitada, evitando-se a maneira usual, ou seja, por rosqueamento.[63]

Inicia-se a descrição conjuntamente com a apresentação dos passos. A Figura 3.12, apresenta o método de maneira esquemática. Ele foi denominado de Product

---

[62] O Grupo EI 2 faz parte do Núcleo de Manufatura Avançada (NUMA) e também da rede de pesquisa do Instituto Fábrica do Milênio. O principal campo de pesquisa do grupo é o gerenciamento de projetos e processo de desenvolvimento de produto, que fazem parte de uma área do conhecimento da engenharia da produção da Escola de Engenharia de São Carlos da Universidade de São Paulo (EESC-USP). Outras informações sobre o Grupo de Engenharia Integrada e de Engenharia de Integração (EI 2) podem ser obtidas em: <http://numa.sc.usp.br/grupoei/>.

[63] O produto foi escolhido pelos alunos e foi parte de uma pesquisa que comparou duas equipes distintas, com métodos tradicionais e com o PVMM (BENASSI, 2009).

Vision Management Method (PVMM). Nesta figura, podemos notar que ele é composto por seis passos que apresentaremos em detalhes nas seções seguintes. Nossa ideia é que isso faça mais sentido para o leitor e, consequentemente, colabore com a compreensão.

Figura 3.12 Product Vision Management Method (PVMM)

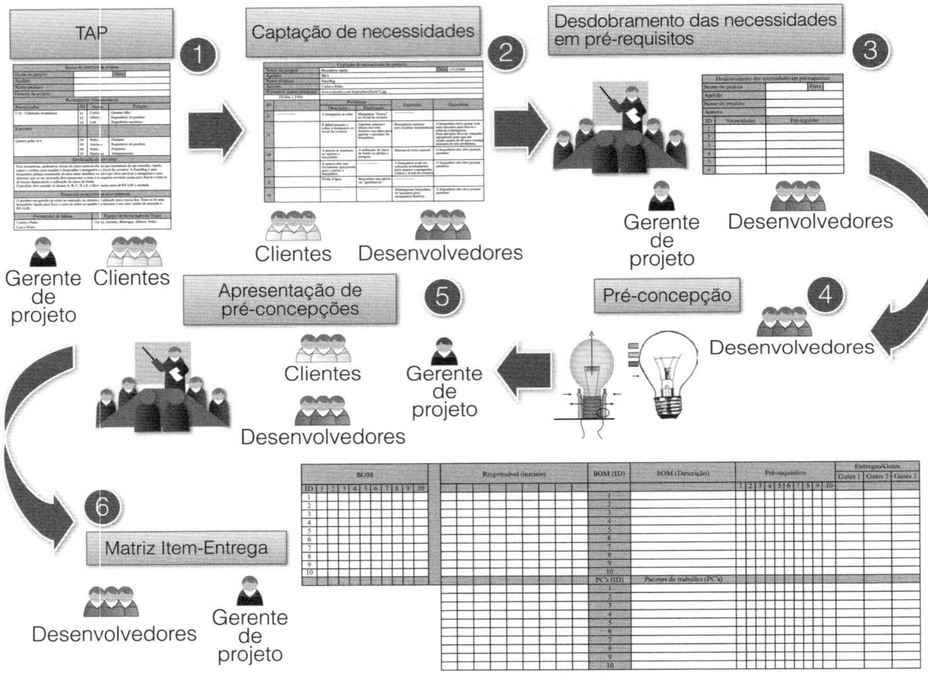

Fonte: BENASSI, 2009.

O resultado das avaliações sobre o método demonstra que a aplicação do PVMM adere aos princípios do APM e colabora com aspectos como simplificação do processo e facilidade de compreensão pela utilização de ícones visuais. A próxima seção apresenta o método conforme a ordem de numeração dos passos (círculos numerados na Figura 3.12) para facilitar a compreensão do leitor.

3.5.1 Definindo o escopo

O primeiro passo do PVMM é a definição do escopo do projeto. Começa com a discussão e a colocação da ideia inicial no formulário denominado Termo de Abertura do Projeto. O objetivo do Termo de Abertura do Projeto é transmitir as informações iniciais aos *stakeholders* (participantes do projeto) e montar uma declaração de alto nível do produto a ser desenvolvido, com o intuito de informar os envolvidos no projeto. Essa declaração de alto nível deve conter informações do produto a ser desenvolvido, por exemplo: mercado-alvo, descrição custo meta e canal de distribuição.

O preenchimento do Termo de Abertura é realizado pelo gerente do projeto, em conjunto com o proponente (cliente). O proponente e o gerente definem quais serão os *stakeholders* e separam os membros em duas equipes. A primeira equipe é constituída pelos *stakeholders* que preencherão o formulário de Captação de Necessidades do Produto (passo 2). A ideia é que os *stakeholders* preencham o formulário em duplas, definidas pelo gerente e pelo proponente do projeto, e constituídas de preferência por representantes do cliente e desenvolvedor.

A segunda equipe é definida apenas pelo gerente do projeto e será constituída somente por desenvolvedores, que ficarão a cargo de compilar os dados dos formulários de captação de necessidades do produto para, no passo 3, haver o desdobramento dessas informações em pré-requisitos.

A Figura 3.13 apresenta o formulário desse passo com os campos explicados anteriormente.

O conteúdo dos campos é descrito na sequência:

1. Identificação – esse campo serve para identificar o documento. No caso, Termo de Abertura do Projeto;
2. Nome do projeto – campo com o nome do projeto na qual os *stakeholders* devem se referir para a identificação. No nosso caso, denominamos o projeto "Bocal de engate rápido".
3. Data – campo com a data de criação do documento;
4. Apelido – campo com o apelido do projeto. No nosso caso, "Bocal";
5. Nome do produto – campo com o nome do produto a ser desenvolvido no projeto. No caso, "Fast Plug";
6. Gerente de projeto – nesse campo há a identificação formal da pessoa que será responsável pela condução do projeto.
7. *Stakeholders* – nesse campo o gerente de projeto com o proponente do projeto identifica todos os *stakeholders*. Há também campos que os diferenciam por organizações (cliente ou executora), seus nomes, respectivas funções e as iniciais de cada um. Essas iniciais servirão para ajudar na identificação dos *stakeholders* na Matriz Item-Entrega (passo 6);

Figura 3.13   Termo de Abertura do Projeto

Termo de abertura do projeto				
Nome do projeto	Bocal de engate rápido		**Data**	09/03/10
Apelido	Bocal			
Nome do produto	Fast Plug			
Gerente de projeto	Pedro			
1 - Participantes (Stakeholders)				
Patrocinador (sponsor)	**Nome**	**Iniciais**		**Função**
Fast - S/A				
Executor				
NUMA - EI 2	Pedro Carla Antônio -------- --------	P.B C.P A.N -------- --------		Gerente de projeto Engenharia de produto Designer -------- --------

2 - Declaração de alto nível
Descrição: o Fast Plug é um bocal de engate rápido destinado a lâmpadas incandescentes e fluorescentes padronizadas que tenham rosca como forma de acoplamento. Esse produto é constituído de um dispositivo que permita ao usuário trocar a lâmpada de forma rápida, prática e segura. **Mercado-alvo:** pessoas das mais variadas faixas etárias (todas as classes), responsáveis pela manutenção predial (empresas, residências), e/ou pessoas com dificuldades (idosos, deficientes) que necessitem de um utensílio prático para tornar as trocas de lâmpadas mais fáceis, seguras e rápidas. **Custo-meta:** cerca de R$7,00 **Distribuição:** lojas de ferragens, materiais elétricos e de construção e grandes redes de supermercados.

3 - Potências concorrentes e/ou patentes
Ver documento em anexo

4 - Fornecedores de ideias	**5 - Responsáveis pela Matriz Item-Entrega**
Pedro Carla Antônio -------- --------	Pedro Carla Antônio -------- --------

Fonte: Elaborada pelos autores.

8. Declaração de alto nível – posicionamento do produto, ou seja, uma declaração curta que indique mercado-alvo, descrição do custo-meta e canal de distribuição. Tomando-se nosso caso, a declaração de alto nível foi descrita da seguinte maneira:

Descrição: O *Fast Plug* é um bocal de engate rápido destinado a lâmpadas incandescentes e fluorescentes padronizadas que tenham rosca como forma de acoplamento. Esse produto é constituído por um dispositivo que permita ao usuário trocar a lâmpada de maneira rápida prática e segura.

Mercado-alvo: pessoas das mais variadas faixas etárias (todas as classes), responsáveis pela manutenção predial (empresas, residências), e/ou pessoas com dificuldades (idosos, deficientes) que necessitem de um utensílio prático para tornar as trocas de lâmpadas mais fáceis, seguras e rápidas.

Custo-Meta: R$ 7,00.

Distribuição: lojas de ferragens, de materiais elétricos e de construção, e grandes redes de supermercados.

9. Potenciais concorrentes e/ou patentes – nesse campo, o gerente de projeto em conjunto com o proponente deve preencher com indicações, quando houver, de possíveis produtos similares e patentes. Essa indicação pode ser feita com imagens que mostrem os concorrentes ou até mesmo fontes (internet ou referências bibliográficas) em que as patentes ou os concorrentes podem ser encontrados.

    O proponente ou o gerente de projeto poderiam adicionar, por exemplo, uma foto do produto similar com o intuito de mostrar melhor a intenção deles quanto ao desenvolvimento do novo produto.

    Em relação ao item "concorrentes e patentes", há, no Termo de Abertura de Projeto, uma lista separada que deve ser preenchida com o nome de possíveis concorrentes ou patentes identificadas. Caso não haja espaço suficiente no Termo de Abertura do Projeto, essa lista deverá ser separada do primeiro formulário, devendo ser usada. A Figura 3.14 mostra esse formulário parcialmente preenchido com um exemplo do nosso caso.

10. Fornecedores de ideias – nesse campo são indicadas as duplas de *stakeholders* que deverão preencher o formulário de captação de necessidades do produto (passo 2). Aconselha-se que essas duplas devam ser constituídas preferencialmente por um desenvolvedor e um cliente para que haja melhor aproveitamento das ideias que surgirão durante o preenchimento desse formulário;

11. Responsáveis pela Matriz Item-Entrega – esse campo deve ser preenchido pelo gerente de projeto. Nele, o gerente de projeto indica quais serão os *stakeholders* que farão a compilação dos dados do passo 2 para desdobrá-los em pré-requisitos (passo 3). Esses *stakeholders* também serão responsáveis pela atualização da Matriz Item-Entrega (passo 6).

Após a conclusão do Termo de Abertura do Projeto, o proponente e o gerente de projeto divulgam o componente, colocando-o no quadro visual e distribuindo cópias aos *stakeholders* que porventura estejam distantes.

O Termo de Abertura do Projeto funcionará como um norteador para conduzir os membros das equipes de captação das necessidades do produto. A lista de principais concorrentes e patentes deve também ser iniciada. Uma maneira de fazê-lo é utilizando o formulário da Figura 3.14. Tais informações complementarão o Termo de Abertura do Projeto e servem como fontes para inspirar o surgimento de novas ideias.

Figura 3.14   Lista de patentes/concorrentes

Lista de patentes/concorrentes

PATENTES
http://www.patentesonline.com.br/patente.pesquisar.do?pesquisa=bocal%20de%20lampada
 	
1) Título da patente: ENGATE RÁPIDO PARA INSTALAÇÃO DE LÂMPADAS ELÉTRICAS
  Patente número: PI9201422-4
  Número da patente: PI9201422-4
  Data do depósito: 13/04/1992
  Nome do inventor: Carlos Francisco Meissner
  Palavras-chave: pressão maior no bocal; lâmpadas elétricas; extremidade macho; extremidade; bocal;
  Resumo: Patente de invenção de um engate rápido para instalação de lâmpadas elétricas, compreende um corpo sólido, em materiais como: baquelite, resina epóxi, cerâmica, PVC, ambatex e afins... Este corpo, de forma cilíndrica, adapta-se a um bocal através da extremidade em que o diâmetro é menor, como no sistema "macho-fêmea" (nesta extremidade, macho), fixando o adaptador ou "engate rápido", o antigo bocal de rosca, possibilitando, através da outra extremidade (em que o diâmetro é maior) fixar-se a lâmpada. Facilitando assim a colocação de lâmpadas em locais de difícil acesso, e agilizando sua substituição, diminuindo sensivelmente a possibilidade de emperrar a lâmpada, por efeito de ferrugem. A fixação se dá através de fitas de aço moldadas e encaixadas, de forma a exercer uma pressão maior no bocal. Substituindo o sistema de rosca.
 	
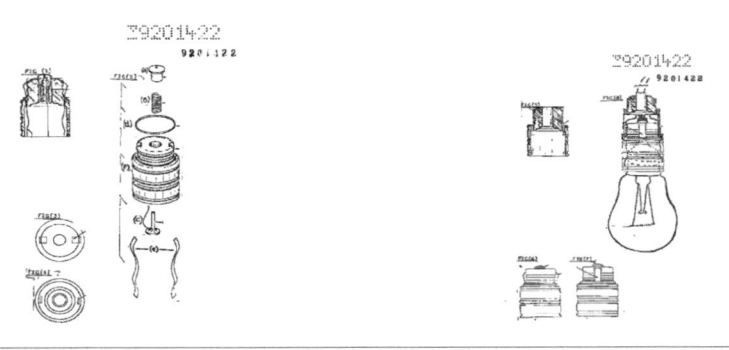

Fonte: Elaborada pelos autores a partir de dados da patente de Carlos Francisco Meissner.

3.5.2 Captando as necessidades para o desenvolvimento do produto

O passo 2 do PVMM é realizado preenchendo-se o formulário denominado Captação de Necessidades do Produto. De modo similar ao formulário anterior, este possui um cabeçalho de identificação, contendo: nome do formulário, nome do projeto, data de criação do documento, apelido do projeto e nome do produto.

Esse formulário tem como objetivo captar dos *stakeholders* as necessidades que eles têm com relação ao produto. Devemos, no entanto, notar que, como o produto é inovador, ainda não existe e vai ser desenvolvido, é natural que as necessidades dos *stakeholders* reflitam ou deem indícios dos pré-requisitos para que o produto possa ser desenvolvido. Dessa forma, isso explica o nome dado a esse formulário. Pode também ser preenchido por pares, para que haja maior aproveitamento da captação das necessidades e das ideias.

No preenchimento desse formulário, os *stakeholders* recebem também o formulário preenchido com o Termo de Abertura do Projeto e a lista de principais concorrentes e patentes (caso haja). Essa visão inicial serve para delimitar o projeto e ajudar na compreensão do produto que será desenvolvido no projeto.

As diferenças no cabeçalho desse formulário, com relação ao formulário do passo 1, são dois campos: um é denominado "autores", em que os *stakeholders* devem preencher com seus respectivos nomes, e o outro em que devem indicar se conhecem algum produto semelhante àquele que o projeto em questão pretende desenvolver. Caso a resposta seja sim, os *stakeholders* prosseguem o preenchimento do campo ao lado com as fontes (sejam elas internet, imagens ou arquivos físicos que possam ajudar com informações de especificações) nas quais o produto semelhante possa ser encontrado. Recomenda-se a utilização de um *check-list*,[64] com vistas a reduzir as chances de que algum parâmetro ou informação importante sejam desconsiderados nessa fase do projeto. Um exemplo é apresentado no Apêndice.

A Figura 3.15 apresenta o formulário de Captação de Necessidades do Produto. Em seguida, as descrições dos campos.

---

[64] Criado por PUGH, 1995 e adaptado por ROZENFELD et al., 2006.

Figura 3.15 Captação de necessidades do produto

		Captação de Necessidades do Produto				
Nome do projeto		Bocal de engate rápido			**Data**	12/03/2010
Apelido		Bocal				
Nome do produto		Fast Plug				
Autor		Carla / Antônio				
O produto possui similar?		Ver lista de patentes				
X Sim	Não					
ID	**Cenas**	**Problemas**		**Sugestões**	**Necessidades**	
		Descrição	**Explicação**			
01		Idosos, deficientes e outras pessoas podem ter dificuldades ao substituir lâmpadas	— Existem pessoas idosas que não possuem destreza nas mãos para apertar a lâmpada — A rosca do bocal pode enferrujar e dificultar a substituição.	— O bocal poderia ter outra maneira de fixar a lâmpada. — A lâmpada poderia "vir" até a mão do usuário	— O modo de fixação da lâmpada ao bocal poderia ser por encaixe ou deslizamento — O bocal deve possuir outra maneira de fixar a lâmpada (encaixar, deslizar)	
02	---------------	---------------	---------------	---------------	---------------	

Fonte: BENASSI, 2009.

1. Coluna 1 (ID) – essa coluna do formulário é preenchida com uma numeração sequencial utilizada para identificação. A coluna 2 é preenchida com imagens. Cada linha deve conter uma numeração para facilitar a leitura e compreensão de outros *stakeholders* que porventura venham a ler esse formulário;

2. Coluna 2 (cenas) – deve ser preenchida com imagens e/ou cenas que façam menção ao produto a ser desenvolvido. Essas imagens podem ser desde cenas de uso do produto (quando existente) até aquelas que expressem algum sentimento (bom ou ruim) que possam associar-se ao produto. As "cenas" não precisam ser necessariamente imagens; elas podem ser "retratadas" também com breve descrição textual. Consulte a Figura 3.15

3. Coluna 3 (problemas) – essa coluna é dividida em "descrição" e "explicação". Na coluna de descrição, os *stakeholders* devem fazer uma descrição sucinta

do problema a ser resolvido com o produto. Essa descrição do problema pode ou não estar associada a uma cena da coluna anterior. Isso acontece caso não seja possível encontrar imagens que retratem a cena. Voltando ao caso, o mesmo membro da equipe descreveu a cena colocada anteriormente como "idosos, deficientes e outras pessoas podem ter dificuldades ao substituir lâmpadas".

Já na coluna "explicação", os *stakeholders* devem preenchê-la perguntando a si mesmos "por que", com relação ao problema descrito na coluna anterior, ou seja, uma explicação que mostre a razão da ocorrência do problema listado. No caso apresentado, o membro da equipe utilizou a frase: "a rosca do bocal pode enferrujar e dificultar a substituição" e "existem pessoas idosas que não possuem destreza nas mãos para apertar a lâmpada ou correm o risco de cair de escadas ou cadeiras ao trocarem lâmpadas".

4. Coluna 4 (sugestões) – nessa coluna, os *stakeholders* devem descrever o "como", ou seja, como na opinião deles o problema descrito nas colunas anteriores deve ser solucionado. Como sugestão de solução para o problema listado na coluna anterior, um membro da equipe sugeriu: "o bocal poderia ter outra maneira de fixar a lâmpada" ou, ainda, "a lâmpada poderia 'vir' até a mão do usuário".

5. Coluna 5 (necessidades) – aqui, os *stakeholders* fazem uma descrição dos atributos (funcionais ou não) que gostariam de notar no produto a ser desenvolvido. Voltando ao nosso caso, um dos membros da equipe escreveu: "o modo de fixação da lâmpada ao bocal poderia ser por encaixe ou deslizamento".

Ao final do passo 2, foram obtidos vários formulários preenchidos, cada qual indicando necessidades expressas pelos membros da equipe. Outro ponto importante a ser ressaltado é que, assim como todos os outros formulários, estes são expostos em um quadro físico (Figura 3.11). Ele expõe os dados da Visão do Produto, funciona como meio de comunicação entre *stakeholders* e também como fonte para geração de novas ideias.

Como as necessidades e os pré-requisitos de todos os *stakeholders* foram expostos, houve uma oportunidade melhor para a discussão das ideias e compreensão mútua de cada membro da equipe. Isso faz surgir novas ideias que são inseridas em novo formulário e anexada ao quadro.

3.5.3 Desdobrando as necessidades em pré-requisitos do produto

Durante o passo 3 do PVMM, a equipe indicada no termo de abertura como "Responsáveis pela Matriz Item-Entrega" começa a criar os pré-requisitos do produto.

Esse passo se inicia com uma reunião na qual os participantes devem compilar todos os dados dos formulários do passo anterior e construir um formulário simples (Figura 3.16). Esse formulário é constituído por um cabeçalho com os campos preenchidos com Nome do projeto, Data, Apelido do projeto, Nome do produto, Autores e também três colunas nas quais, na primeira, a equipe atribui uma identificação (normalmente uma numeração) e, na outra, a transcrição de todas as necessidades indicadas pelos outros *stakeholders* que preencheram o formulário do passo anterior. Por fim, a equipe preenche a terceira coluna com os pré-requisitos que satisfaçam às necessidades da coluna anterior.

No nosso caso, um dos membros da equipe desdobrou a necessidade, "o modo de fixação da lâmpada ao bocal poderia ser por encaixe ou deslizamento" em: "o bocal poderia ser fixado à rede elétrica por meio de um plugue", "bocal deve ser dotado de um dispositivo de alavancagem que prenderia a lâmpada e que seria acionado pela introdução e retirada da lâmpada deste". A Figura 3.16 apresenta o formulário.

Figura 3.16 Desdobramento das necessidades em pré-requisitos

Desdobramento das necessidades em pré-requisitos				
Nome do projeto		Bocal de encaixe rápido	**Data**	25/02/2010
Apelido		Bocal		
Nome do produto		Fast Plug		
Autores		Pedro / Carla		
ID	**Necessidades**	**Pré-requisitos**		
01	Modo de fixação da lâmpada ao bocal poderia ser por encaixe ou deslizamento	— Bocal poderia ser fixado à rede elétrica por meio de um plug — Bocal deve ser dotado de um dispositivo de alavancagem que prenderia a lâmpada e que seria acionado pela introdução e retirada da lâmpada deste		
02	------------------------	------------------------		

Fonte: BENASSI, 2009.

Note-se a utilização do termo "pré-requisitos". A ideia é diferenciá-lo do termo requisito propriamente dito. Os pré-requisitos ainda são informações iniciais e não são completamente estruturadas como os requisitos de engenharia, segundo a teoria de GDP e Quality Function Reployment (QFD). O uso do termo "pré-requisitos" serve para reforçar a diferença com os requisitos citados na teoria tradicional de gerenciamento de projetos e gerenciamento de desenvolvimento de produtos. A principal é que essa lista pode ser elaborada a partir da experiência prévia de cada membro da equipe.

Sendo assim, o desdobramento das necessidades em pré-requisitos deve inicialmente ser baseado no conhecimento específico e nas experiências passadas de cada profissional que faz parte da equipe de desenvolvimento.

A falta de detalhamento dos pré-requisitos nessa fase do projeto se dá por inúmeros motivos, tal como a falta de conhecimento da tecnologia envolvida na solução. No entanto, essa falta de detalhamento não prejudica a criação da Visão do Produto no PVMM. A ideia é a de que a equipe de desenvolvimento, quando confrontada com esse tipo de situação, indique, no passo 6, a necessidade de estudos para mais detalhamentos.

A simplificação não deve prejudicar a criação e a representação da Visão do Produto, pois o objetivo do PVMM é fazer que os membros da equipe explicitem as concepções iniciais que já formaram sobre o produto. Isso deverá auxiliar o gerente do projeto na criação de uma visão mais criativa e que aproveite as ideias iniciais. O resultado será uma visão mais robusta e que será aceita e compreendida com maior propriedade pela equipe. A explicitação é um primeiro passo para a negociação e elaboração entre os membros da equipe, tornando a visão mais clara e comum para todos os envolvidos.

Caso a tecnologia e/ou o produto permitam que haja melhor detalhamento dos pré-requisitos, nada impede a elaboração de formulários de maneira mais detalhada pelos *stakeholders* com maior conhecimento. Nesse caso, o gerente de projeto precisa garantir um ambiente que não censure os membros menos capacitados, por vergonha, privando-os de fornecer ideias.

As soluções surgidas nesse passo não devem ser consideradas como concepções pela equipe. Elas são ainda parciais e devem ser aprimoradas à medida que o conhecimento técnico e do produto em si comece a aumentar. Isso é fundamental para manter a criatividade. Assim, a equipe de desenvolvimento consegue evoluir na criação da Visão do Produto e consequentemente apresentar ao cliente os primeiros esboços das ideias iniciais em curto espaço de tempo (passo 5).

3.5.4 Criando preconcepções

No passo 4 do PVMM, a equipe de desenvolvimento deve criar os esboços iniciais do produto a ser desenvolvido com os pré-requisitos, desdobrados anteriormente, em mente. Pretende-se "materializar" as ideias de cada membro da equipe para permitir uma compreensão mútua do problema de projeto. A apresentação das diferentes preconcepções propostas pelos membros da equipe permite uma confrontação melhor das ideias de projeto, fazendo que cada membro entenda melhor as diferenças entre concepções. Eliminando, portanto, possíveis divergências de interpretações dos requisitos e maior troca de experiência entre eles.

Esse esforço deverá gerar um produto mais coeso e condizente com as necessidades dos clientes e, por conseguinte, agregar mais valor às fases iniciais.

Dessa maneira, a equipe de desenvolvimento de posse dos pré-requisitos que foram desdobrados no passo anterior deve iniciar a criação das preconcepções. De maneira geral, as preconcepções são esboços que a equipe de desenvolvimento cria para começar a entender e visualizar o produto que será desenvolvido no projeto. As preconcepções podem abranger desde formatos do produto (design) até princípios de solução que possam ser adiantados nesse momento.

O cliente consegue conhecer qual é a Visão do Produto que a equipe de desenvolvimento possui. Isso deve acontecer em uma reunião agendada pelos desenvolvedores para a apresentação das preconcepções ao cliente (passo 5). Caso essa visão não seja condizente com a visão do cliente, o processo deve ser refeito, ocasionando uma iteração dentro do processo de criação da Visão do Produto.

Aconselha-se que a equipe de desenvolvimento seja formada por pessoas das mais diversas áreas de especialização, por exemplo, designers, engenheiros, projetistas etc. Isso faz que as preconcepções geradas sejam mais completas, objetivando, assim, propiciar um senso comum e compartilhado da Visão do Produto entre os membros da equipe.

Ainda com relação aos esboços, a maneira ou o meio (digital ou à mão livre) de criação pode variar de acordo com o perfil de cada participante da equipe. A única ressalva a ser feita é com relação ao formato da representação. Recomendamos que ela seja feita da forma mais simples, tal que cada membro possa se expressar mais livremente, eliminando potenciais barreiras.

Optamos, então, por adotar uma restrição simples e única. Ela deve ser impressa em uma folha no tamanho A4. Isso porque essas folhas, assim como os formulários dos passos anteriores, devem ser dispostas em um quadro (apresentado na Seção 3.5.7) em que a equipe conseguirá visualizar o andamento da criação da Visão do Produto, bem como realizar as atualizações necessárias, conforme o surgimento de novas ideias e informações sobre o produto a ser desenvolvido. A Figura 3.17 apresenta uma das preconcepções criadas por um dos membros da equipe.

Há a possibilidade também de se utilizar meios eletrônicos para acompanhar a Visão do Produto. Por exemplo, caso seja feito um protótipo, pode-se fotografá-lo ou, ainda, caso seja realizada uma montagem com figuras utilizando softwares como o Photoshop, pode-se gerar um Portable Document Format (PDF).

Figura 3.17   Preconcepção

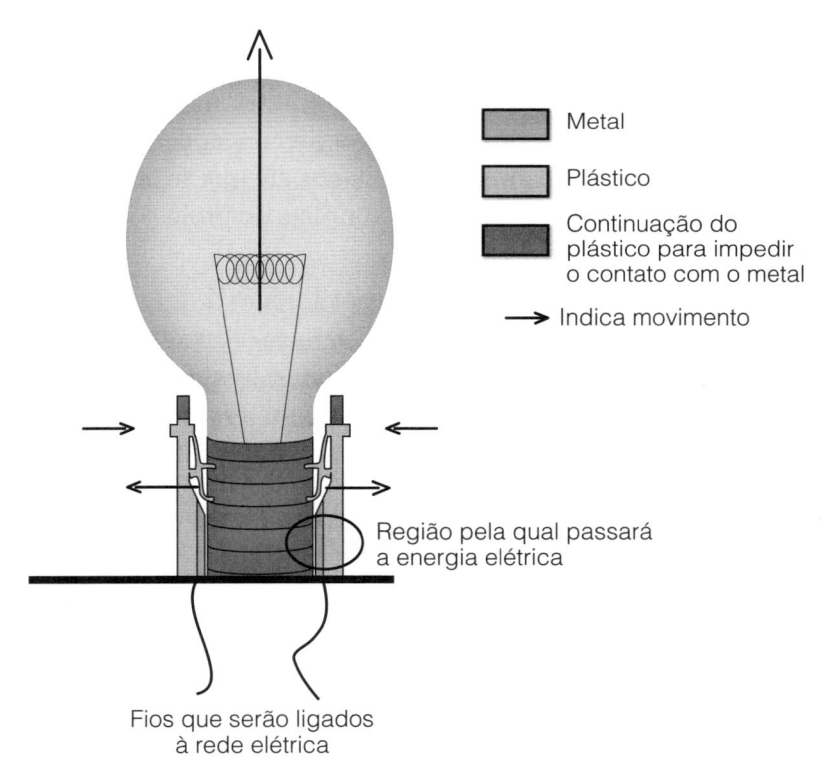

Fonte: BENASSI, 2009.

3.5.5   Apresentando preconcepções

O passo 6 do PVMM é o *feedback* dos desenvolvedores para o cliente. Esse passo é constituído por reuniões entre cliente e equipe para a discussão de preconcepções. As reuniões podem ser agendadas ou acontecer de maneira espontânea. O quadro à vista permite que o cliente possa "visitar" o local da equipe de projeto, conforme sua conveniência. Fazendo isso, terá acesso à evolução da Visão do Projeto e poderá discutir com membros da equipe que porventura estejam no local. Deve ser incentivado também a incluir sugestões no quadro, caso não haja pessoas no local.

A presença da equipe de desenvolvimento serve para melhorar o conhecimento da Visão do Produto que o cliente possui e, em segundo, para que as questões mais técnicas sejam discutidas, eliminando retrabalhos, idas e vindas ao projeto.

Uma reunião formal será necessária para validar a visão com o cliente. Ela não precisa escolher uma preconcepção única, descartando as anteriores. Deve-se lembrar que o importante é descartar aquelas que fogem da necessidade do cliente ou vão de encontro a algum requisito fundamental que ele tenha estipulado.

Esse processo fará que os membros da equipe tenham uma compreensão ainda melhor do desejo do cliente, capturando conhecimentos tácitos, presentes no seu processo de eliminação. Mais ainda, as preconcepções restantes poderão ser desenvolvidas em paralelo nas próximas fases, até que se possa optar por uma verdadeira concepção, isto é, uma solução completa do projeto. As probabilidades de uma concepção mais robusta são ampliadas.

Os esboços e documentos da preconcepção, não descartados pelo cliente, devem permanecer no quadro físico. E novas variações ou alternativas elaboradas pela equipe deverão ser continuamente adicionadas. Dessa maneira, concentra-se a informação em um lugar comum em que todos os interessados possam consultá-las e aprimorá-las no decorrer do projeto.

3.5.6 Preenchendo a Matriz Item-Entrega

O último passo do PVMM (passo 6) é constituído por uma matriz na qual o gerente de projeto e alguns *stakeholders* (escolhidos no início do projeto) compilam todas as informações geradas para se obter, enfim, a síntese da visão.

Trata-se de uma atividade fundamental e que deve ser bem conduzida pelo gerente. Todas as informações, tácitas e explícitas, reunidas deverão ser consideradas para se obter um consenso do que se pretende obter. É uma etapa primordialmente criativa e não há como fornecer ao leitor uma sequência. As discussões podem ser iniciadas pelas concepções, pelos requisitos ou por uma cena mais significativa. Na verdade, a ordem não importa. O fundamental para o êxito é o papel do gerente de projeto. A capacidade de liderar a discussão garantirá que: os aspectos centrais sejam discutidos; as possíveis incoerências ou as diferentes interpretações sejam identificadas; e todos tenham apresentados suas opiniões e pontos de vista.

Na técnica da Matriz Item-Entrega, o gerente de projeto deverá preencher a matriz juntamente com a equipe. Ela vai "forçar" a síntese e a obtenção de um consenso mínimo, pois seu preenchimento implica a realização de escolhas. Ela obriga a equipe a definir requisitos, itens (módulos, sistemas e subsistemas) e pacotes de trabalho a serem empregados no gerenciamento, bem como o relacionamento entre esses elementos.

Uma vez preenchida, a matriz vai fornecer uma descrição sintética da Visão do Projeto, assim como vai agrupar informações do produto a ser desenvolvido, por exemplo, interface entre sistemas e/ou subsistemas, responsáveis pelos sistemas e/ou subsistemas e entregas, correlação entre pré-requisitos, BOM e Pacotes de Trabalho (PCs) e datas planejadas dos PCs e dos sistemas e subsistemas descritos na BOM.

Essa correlação entre pré-requisitos e/ou entregas será mais bem detalhada a seguir na explicação dos campos em separado da matriz.

A Figura 3.18 apresenta a Matriz Item-Entrega. Nesta figura, podemos observar que os campos da matriz estão numerados. Essa numeração foi colocada ali como guia das explicações que se seguirão.

Figura 3.18 Matriz Item-Entrega

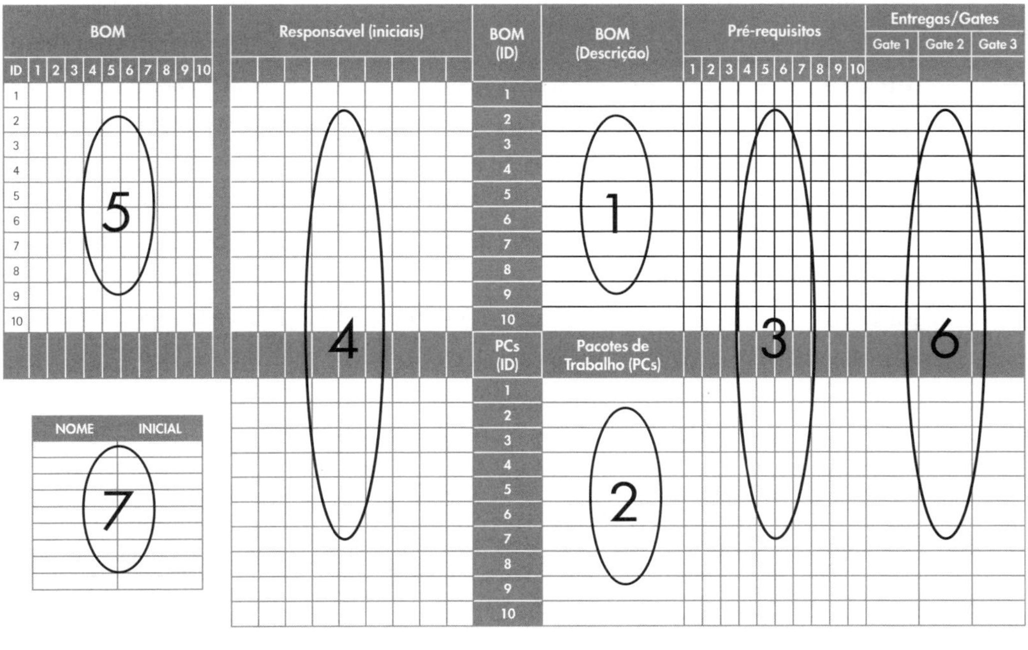

Fonte: BENASSI, 2009.

Os itens seguintes descrevem cada campo:

1. O campo 1 contém a descrição em forma da BOM simplificada das partes, sistemas e/ou subsistemas que são conhecidos de antemão pelos desenvolvedores e que provavelmente comporão o produto. Isso é possível, pois, com as informações do formulário de pré-requisitos e das preconcepções. Os *stakeholders* podem começar a descrever alguns sistemas e/ou subsistemas que comporão o produto em questão. A ideia é que os *stakeholders* utilizem sua experiência e conhecimento prévios para indicar na matriz algumas partes, sistemas e/ou subsistemas que possivelmente atenderiam àqueles pré-requisitos e preconcepções. São os consensos, ou seja, aquilo que deverá estar presente no produto final. Somente alguns itens estariam, portanto, representados nesse campo e, com o tempo, os membros da equipe atualizariam a lista. No caso apresentado, os membros da equipe preencheram: corpo exterior, isolamento, contato superior etc.

2. O campo 2 representa os Pacotes de Trabalho (PCs). A equipe deve descrever o trabalho a ser executado quando não se conhece de antemão a parte, componente, sistema, subsistema ou a solução para determinada situação. Um exemplo de Pacote de Trabalho para nosso caso foi: "conceber circuito elétrico". Nesse estudo, os membros devem fazer um levantamento das opções de materiais, pontos fortes e fracos de cada um e um esquema do circuito elétrico possível para a ocasião. Assim, esse PC seria planejado para uma data específica (representada no campo 6) e seria a base para a tomada de decisão dos membros com relação ao esquema elétrico e sua composição. Um exemplo de entrega nesse caso em especial foi: "conceber circuito elétrico ideal", que foi programado para uma data específica dentro do campo 6; e o resultado esperado para essa entrega seria, por exemplo, um documento com o desenho do esquema elétrico em conjunto com a especificação do material a ser utilizado.

3. O campo 3 representa o relacionamento entre pré-requisitos e itens (peças, sistemas e/ou subsistemas), descritos no campo 1, com os PCs do campo 2. A numeração do campo 3 deve ser a mesma do formulário de desdobramento das necessidades, o que permite identificar o número que representa cada pré-requisito na matriz. Após a descrição dos sistemas e/ou subsistemas iniciais do produto no campo 1 e identificação dos primeiros PCs, a equipe começou a relacioná-los com os requisitos.

Isso é feito utilizando-se uma escala de correlação semelhante à utilizada no Quality Function Deployment (QFD). Os tipos de correlação utilizados na matriz e os números que as representam estão descritos a seguir, na Figura 3.19, e foram adaptados das definições utilizadas por teóricos da literatura de Processo de Desenvolvimento de Produtos.[65] Os relacionamentos entre as partes, sistemas e/ou subsistemas da BOM e os pré-requisitos estão diretamente associados à satisfação do cliente e se referem ao grau de atendimento das necessidades expressas.

Figura 3.19 Tipos de correlação

Correlação	Número	Descrição
Forte	3	Indica que um sistema e/ou subsistema da BOM ou resultado de um PC pode afetar fortemente a satisfação do cliente.
Média	2	Esse relacionamento indica que a satisfação do cliente pode ser afetada. No entanto, caso o produto cumpra sua função básica satisfatoriamente, não haverá problemas de aceitação.
Fraca	1	Afeta fracamente a satisfação do cliente. Posteriormente, esse item pode ser revisto para, quem sabe, ser até excluído do produto, caso não afete sua função básica.
Inexistente	0	Não existe correlação entre esse item e a satisfação do cliente.

Fonte: Elaborada pelos autores.

Sendo assim, esses relacionamentos servem para mostrar à equipe de projeto quais são os pontos que merecem mais atenção no desenvolvimento, pois eles representam aqueles aspectos que foram percebidos como mais importantes devido às necessidades expressas nos formulários anteriores.

Seguindo a correlação apresentada na Figura 3.19 e voltando ao nosso caso, uma das correlações fortes foi apontada entre "corpo do soquete" com a seguinte necessidade: "bocal deve ser seguro e evitar choques".

4. O campo 4 deve representar os responsáveis pelos itens (peças, sistemas e/ou subsistemas) e pelos Pacotes de Trabalho. Isso é feito colocando-se as iniciais dos responsáveis no campo predefinido (segunda linha da matriz abaixo do campo "responsáveis (iniciais)"). Existe uma tabela

---

[65] O leitor que desejar se aprofundar nessa literatura pode consultar CHENG, L. C.; MELO, F. L. D. R. QFD: *Desdobramento da função qualidade no gerenciamento de desenvolvimento de produtos.* São Paulo: Blucher, 2007; ROZENFELD et al., 2006.

separada da matriz (campo 7) que deve ser preenchida com o nome da pessoa e suas respectivas iniciais, para evitar dúvidas. Representa-se, então, na matriz, o relacionamento entre responsáveis e os itens (componentes, sistemas e/ou subsistemas) e responsáveis e PCs. Isso é feito indicando-se com um X na matriz a intersecção das iniciais da pessoa com a(s) parte(s), sistemas e/ou subsistemas e/ou com o(s) PC(s) pela(s) qual(is) ele é responsável.

5. As interfaces entre as partes, sistemas e subsistemas da BOM simplificada são representados no campo 5. Para isso a equipe deve repetir a numeração da BOM que está representada ao lado esquerdo do campo 1 no campo 5. Feito isso, a equipe deve indicar as interfaces entre eles, marcando com um X as intercessões que as representam.

6. O campo 6 representa o planejamento das entregas e dos *gates*. Isso é feito preenchendo-se com datas a segunda linha da matriz (campo abaixo das inscrições gate 1, gate 2,...). Logo após, a equipe deve indicar na matriz quais serão as partes, sistemas e/ou subsistemas e ou PCs que serão entregues nas datas planejadas. O modo de representar as entregas difere um pouco das representações anteriores na matriz. A ideia é que a equipe coloque na intersecção entre data e componente uma breve descrição da entrega. Um exemplo de descrição de PC para o bocal seria "estudar pressão ideal das molas para o encaixe". Por outro lado, o modo de representação dos sistemas e subsistemas da BOM é o mesmo das outras matrizes, ou seja, representa-se com um X a intersecção entre data e item da BOM.

7. O campo 7 serve para indicar os nomes e as respectivas iniciais dos *stakeholders* que são responsáveis pela matriz. Esse campo é preenchido para auxiliar a interpretação das iniciais que são colocadas no campo 4, pois, caso a equipe seja grande, pode ser que cause confusões devido ao elevado número de iniciais na matriz.

Em síntese, a Matriz Item-Entrega possibilita a todos os *stakeholders* conhecer o planejamento prévio do desenvolvimento do produto, ou seja, as principais partes, sistemas e/ou subsistemas do produto (modelos de estrutura do produto) e os principais pacotes de trabalho (conjunto de entregas) e as suas interfaces (modelos de interfaces). Ademais, permite identificar claramente os responsáveis, assim como as datas planejadas para as entregas das partes do produto e dos PCs. A Figura 3.20 apresenta o exemplo da matriz preenchida.

Figura 3.20   Exemplo da Matriz Item-Entrega preenchida

BOM ID	1	2	3	4	5	6	7	8	9	SC	JP	BV	BOM (ID)	BOM (Descrição)	1	2	3	4	5	Gate 1 10/03/09	Gate 2 30/03/09	Gate 3 21/04/09
1	x	x								x			1	Corpo exterior	3						x	
2				x	x							x	2	Isolamento	2						x	
3			x	x			x	x		x			3	Corpo soquete		3	1					x
4													4	Parafusos (terminais)						x		
5										x			5	Capa soquete			2				x	
6											x		6	Molas laterais				1		x		
7											x		7	Esferas				1		x		
8										x			8	Contato superior			2			x		
9													9	Molas superiores				1		x		
PCs (ID)											X		1	Pressãoideal nas molas	1					1º teste		Final
										X			2	Conceber circuito elétrico	2						Versão final	
											X		3	Alternativas para fixar molas		1				Lista de opções	Final	
												X	4	Conceber posicionamento ideal das molas				1				

(Cabeçalho: BOM — Responsável (iniciais) SC JP BV — BOM (ID) — BOM (Descrição) — Pré-requisitos 1 2 3 4 5 — Entregas/Gates: Gate 1, Gate 2, Gate 3)

NOME	INICIAL
Silva Carlos	SC
José Pessoa	JP
Blanca Vinci	BV

Fonte: BENASSI, 2009.

Algumas dicas importantes para a reunião de preenchimento da matriz:

1. **Para agendar as discussões.** Embora as discussões possam emergir dos vários elementos, os dois elementos principais, sem dúvida, são os pré-requisitos e a preconcepção. As diferenças entre eles orientam o gerente sobre as diferentes "estratégias" para a solução do problema de projeto, e permitem identificar diferentes escolhas ante os compromissos. O gerente deve identificar os conflitos principais e colocá-los em discussão, fomentando a postura crítica. Por exemplo, identificando pontos fracos e fortes e utilizando-os para guiar os tópicos de discussão.

2. **Para identificar o momento de conter a discussão da equipe.** O primeiro aspecto é notar que a concepção não deve ser definida agora. A tendência natural da equipe é aprofundar a discussão para estabelecer a melhor. Deve-se lembrar que se está diante da preconcepção e não se quer estabelecer uma concepção, a solução. O que importa agora é estabelecer os consensos mínimos, úteis para o gerenciamento. Um exemplo pode ajudar. No caso da lâmpada de engate rápido, várias concepções lidaram com o problema da escada. A ideia do cliente era eliminar a necessidade da escada. Para isso, pode-se ter uma solução na qual o fio e o lustre descem até o usuário. Ou acessórios, como uma haste, que permitem ao usuário trocar a lâmpada sem a necessidade da

escada. O gerente percebe o tema, o coloca na reunião, e a equipe, juntamente com o cliente, opta pelo acessório, sem qualquer dúvida das suas vantagens. Cria-se, então, um item na BOM, na Matriz Item-Entrega, indicando a opção. Isto é, escreve-se acessório e dá-se um nome a ele. Como ele é não vem ao caso no momento. O que importa é que haverá um trabalho adicional para desenvolvê-lo que necessitará de um responsável (pessoa ou equipe ágil) e que esse item da BOM esteja relacionado a um conjunto de pré-requisitos, que deverão ser observados por ele. É esse consenso que será registrado na matriz.

3. **Para garantir a participação de todos.** O gerente de projeto deverá ga-rantir o clima propício para a reunião, com recursos, disponibilidade da equipe e tempo suficientes. No decorrer, deverá estar atento para casos como o domínio da discussão por parte de um membro mais expansivo. E também para aqueles que estão se abstendo, por medo, receio ou falta de envolvimento. Assim, poderão intervir estimulando alguns, os distantes, e contendo a palavra dos demais.

Dessa maneira, na seção seguinte, apresentaremos como a Visão do Produto deve ser representada no PVMM, ou seja, como foram arranjados todos os for-mulários e a Matriz Item-Entrega de modo que os envolvidos pudessem acessar e consultar as informações que foram geradas durante o caso.

3.5.7 Representando a Visão do Produto

O conjunto de todos os documentos gerados em todos os passos apresentados anteriormente significam a representação de um produto no PVMM. Ele contém as "regras do jogo" (no termo de abertura), as necessidades e requisitos e as possíveis soluções que se poderá obter com o projeto.

Entretanto, falta ainda uma maneira simples de se consultar e apresentar essa documentação. Para isso, o PVMM conta com um quadro denominado simplesmente "Visão do Produto", em que todos os formulários e a matriz apresentada durante as seções anteriores são agrupados com o intuito de condensar informações, servir como histórico do projeto, planejar as entregas, servir como fonte para geração de novas ideias e propiciar um ambiente comum em que todos possam visualizar o produto do projeto.

A Figura 3.21 apresenta o layout do quadro. Esse quadro deve ser grande o suficiente para armazenar de maneira simples toda essa documentação. Sugere-se preferencialmente 2 metros de comprimento por 1,5 metro de altura e dispor de grampos (similares ao utilizados em pastas escolares) que são utilizados para os *stakeholders* fixarem os formulários que forem acrescentados, conforme novas ideias e concepções surjam com o passar do tempo.

Tais dimensões permitem a acomodação de todos os formulários e desenhos de preconcepções que, por sua vez, devem seguir o padrão A4 de tamanho. Já a matriz deve ter aproximadamente 1,95 metro de comprimento por 1 metro de altura. Dessa forma, essas dimensões foram especificadas com o intuito de facilitar a visualização dos documentos gerados em todos os passos apresentados anteriormente. Nota-se, no entanto, que essas dimensões são apenas uma sugestão e, sendo assim, o autor poderá alterá-la de acordo com o produto a ser desenvolvido no projeto.

Figura 3.21　Layout do quadro para representação da Visão do Produto

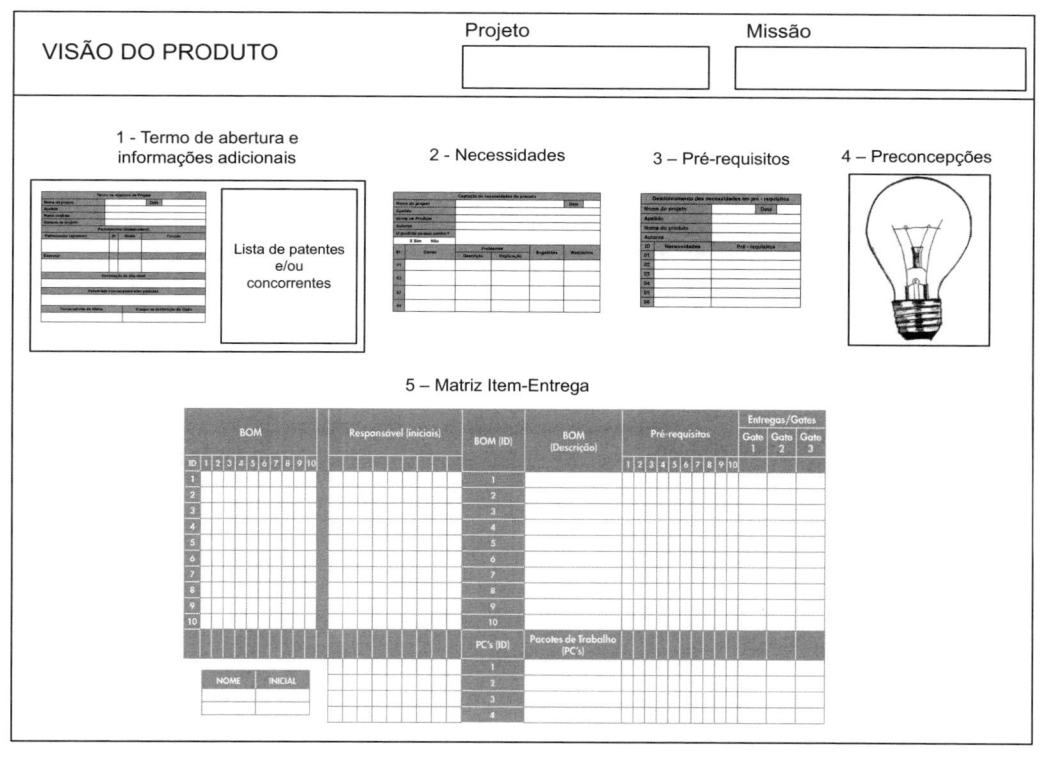

Fonte: BENASSI, 2009.

Na Figura 3.22, podemos notar que os formulários são dispostos no quadro de maneira sequencial e similar à que foi apresentada nas seções anteriores. A parte superior do quadro conta com um cabeçalho simples contendo a identificação do quadro (Visão do Produto), nome do projeto e uma frase sucinta que descreva a missão do produto.

Passando-se para os formulários e lendo-se o quadro da esquerda para a direita, tem-se a seguinte sequência de documentos:

1. Espaço destinado ao Termo de Abertura do Projeto e à lista de possíveis concorrentes/patentes;
2. Espaço destinado aos formulários de Captação de Necessidades do Produto;
3. Espaço destinado ao formulário de Necessidades *versus* Pré-requisitos;
4. Espaço destinado às Preconcepções criadas e apresentadas ao cliente;
5. Espaço destinado à Matriz Item-Entrega.

A Figura 3.22 apresenta o resultado final obtido no caso apresentado. A figura contém o quadro com todos os formulários e a Matriz Item-Entrega, preenchidos e dispostos no quadro físico de acordo com o layout da Figura 3.21.

Figura 3.22 Quadro para representação da Visão do Produto

Fonte: BENASSI, 2009.

Como dito anteriormente, o PVMM é uma combinação de várias técnicas e modelos estudados e avaliados por nossa equipe. A experiência diz que essa combinação e os passos precisam ser construídos sob medida para cada organização, levando em consideração as características do projeto e do produto a serem desenvolvidos.

O PVMM é um exemplo de aplicação e poderá ser adaptado de acordo com as especificidades de cada empresa. A utilização de ferramentas de tecnologia de informação (TI) para o armazenamento, compartilhamento e visualização dos documentos gerados é também importante. A adaptação, porém, não dispensaria a utilização do quadro mostrado anteriormente.

Planejando e controlando

Ao citar o termo gerenciamento de projetos, a primeira imagem em nossa mente é o gráfico de Gantt.[1] Essa afirmação é forte, mas reflete a realidade encontrada nas empresas. A palavra remete a esse gráfico que contém atividades, data de início e fim, dependências e responsáveis por cobrar e controlar o plano: o gerente de projetos. Implicitamente, também indica uma estratégia e a uma sequência linear para o desenvolvimento do projeto, com etapas lógicas e bem definidas.

O gráfico de Gantt foi uma ferramenta fundamental para o avanço do gerenciamento de projetos e é até hoje um instrumento extremamente útil. De tão importante, tornou-se um símbolo e passou a representar também o "pesadelo" para os profissionais que tiveram algum tipo de experiência amarga com o gerenciamento de projetos. Muitas das críticas à teoria tradicional fundamentam-se na descrição dos problemas dessa sobrevalorização da programação, simbolizada por esse gráfico.[2]

A ênfase exagerada na programação e a antecipação das atividades seriam culpadas por processos engessados de planejamento e controle. No início dos anos 2000, havia autores, como Maylor, propondo abordagens mais "soft" e iterativas.[3]

Segundo os manuais de gerenciamento de projeto, o planejamento e o controle formam um ciclo, com três funções básicas:[4] definição, planejamento

---

[1] Essa crítica não é nossa. Ela é comum a vários autores do gerenciamento ágil de projetos. Um dos trabalhos que primeiro a demonstrou, de maneira contundente, foi o de MAYLOR, H. Beyond the Gantt chart: project management moving on. *European Management Journal*, v. 19, n. 1, p. 92-100, 2001.Mais recentemente, pode ser vista em CHIN, G. *Agile project management*: how to succeed in the face of changing project requirements.New York: Amacom, 2004.; DECARLO, D. *Extreme project management*. California: Jossey Bass, 2004.

[2] Conforme descrito na introdução, entende-se por abordagem tradicional de gestão de projetos como o conjunto de conhecimentos na área consolidados principalmente pelos "corpos de conhecimento" (*Body of Knowledge* – Boks), desenvolvidos e publicados por instituições reconhecidas na área de gestão de projetos PMBOK (PROJECT MANAGEMENT INSTITUTE – PMI. *Guia PMBOK*: Um guia do conjunto de conhecimentos do gerenciamento de projetos. 3. ed. Pennsylvania: Project Management Institute, 2004. Nesta seção, são apresentadas as definições formais e os métodos e as técnicas segundo a abordagem tradicional de GP.

[3] Maylor propõe uma estratégia para desenvolvimento do escopo do projeto a partir do detalhamento do plano do projeto, distribuído para o próximo milestone (marco do projeto). MAYLOR, 2001.

[4] Consulte os manuais do INTERNATIONAL PROJECT MANAGEMENT ASSOCIATION. IPMA Competence Baseline (ICB). 3. ed. IPMA: Netherlands, 2006; PROJECT MANAGEMENT INSTITUTE, 2004.

e controle.[5] Gerenciar um projeto inclui a definição de objetivos e metas, seguido do planejamento e controle das ações, atividades e tarefas necessárias para se concluir o projeto com êxito. A relação entre definição, planejamento e controle é cíclica, mas, principalmente entre planejamento e controle, podemos dizer que é uma relação iterativa e contínua que ocorre durante o ciclo de vida de um projeto.

No planejamento define-se o trabalho a ser realizado, a quantidade e os recursos necessários.[6] O PMI organiza as atividades de planejamento e controle em grupos de processos, conforme o Quadro 4.1. O grupo de processo de planejamento inclui todos os processos necessários para definir o escopo do projeto, refinar os objetivos, e definir as ações necessárias para atingir os objetivos do projeto. O grupo de processos de monitoramento e controle de projetos inclui os processos relacionados ao monitoramento, revisão e controle do progresso e desempenho do projeto, identificando qualquer área que necessite de mudanças e inicia as mudanças correspondentes.[7]

Os processos de planejamento e controle de projetos são os mais extensos e permeiam todas as áreas do conhecimento, segundo o PMI.[8] As nove áreas são: integração do projeto, escopo, tempo, custo, qualidade, recursos humanos, comunicação, risco e aquisições. Ao todo, são 20 processos, isto é, conjuntos de atividades que precisam ser realizadas, relacionados ao grupo de processos de planejamento; e dez processos relacionados ao grupo de processos de monitoramento e controle de projetos. Para cada processo, o PMI indica atividades, ferramentas e técnicas comumente utilizadas para a sua execução.

O monitoramento e o controle (do progresso do projeto) compreendem a comparação do executado *versus* o que foi inicialmente planejado, analisando seu impacto, fazendo ajustes e realizando ações corretivas.[9]

O Quadro 4.1 apresenta um resumo das ferramentas e métodos utilizados para iniciação, planejamento, monitoramento e controle de projetos segundo o guia PMBOK.[10]

5 VERZUH, E. *MBA Compacto*. Gestão de projetos. São Paulo: Campus, 2000.

6 KERZNER, H. Project *Management a system approach to planning*. Scheduling and controlling. New York: Van Nostrand Reinhold Company, 1984.

7 PROJECT MANAGEMENT INSTITUTE – PMI. PMBOK Guide. A Guide to the Project Management Body of Knowledge. Pennsylvania: Project Management Institute, 4. ed., 2008.

8 PMI, 2008, p. 43.

9 A comparação planejado *versus* executado é uma forma bastante objetiva de se analisar o gerenciamento de projetos.

10 PROJECT MANAGEMENT INSTITUTE, 2008.

Quadro 4.1   Resumo das ferramentas e técnicas de gerenciamento de projetos

Área do conhecimento	Grupos de processos de gerenciamento de projetos	
	Iniciação e planejamento	**Monitoramento, controle e encerramento**
Integração	• Opinião especializada • Sistemas de informação de gerenciamento de projetos	• Opinião especializada • Reunião de controle de mudanças
Escopo	• Entrevista, dinâmica de grupo • Oficinas, técnicas de criatividade em grupo, técnicas de tomada de decisão em grupo • Questionários e pesquisas, observações • Protótipos • Opinião especializada • Análise do produto, identificação de alternativas • Decomposição (EAP)	• Relatório de progresso • Sistema de controle de mudanças no cronograma • Medição de desempenho • Software de GP • Análise de variação • Gráficos de barra de comparação do cronograma
Tempo	• Decomposição, planejamento em ondas, modelos, opinião especializada • Métodos de diagrama de precedência, determinação de dependência, aplicação de antecipações e esperas, modelos de diagrama de rede, cronograma • Opinião especializada, análise de alternativas, estimativa *bottom-up*, software de gerenciamento de projetos • Estimativa análoga, paramétrica, estimativas de três pontos, análise de reservas • Análise de rede de cronograma, método do caminho crítico, corrente crítica, nivelamento de recursos, análise de cenário, aplicação de antecipação e esperas, compressão do cronograma	• Análise de desempenho • Análise de variação • Software de gerenciamento de projetos • Nivelamento de recursos • Análise de cenário • Ajuste de antecipações e esperas • Compressão de cronograma • Ferramenta de elaboração de cronograma
Custo	• Opinião especializada, estimativa análoga, estimativa paramétrica, estimativa *bottom-up*, estimativas de três pontos, análise de reservas, custo da qualidade, software de estimativa de gerenciamento de projetos, análise de proposta de fornecedor • Agregação de custos • Relações históricas • Reconciliação dos limites dos recursos financeiros	• Gerenciamento do valor agregado • Previsão • Índice de desempenho para término • Análise de desempenho • Análise de variação • Software de gerenciamento de projetos

Continua

Continuação

Qualidade	• Análise de custo/benefício • Custo da qualidade • Gráficos de controle • Benchmarking • Projeto de experimentos • Amostragem estatística • Fluxogramas • Ferramentas e técnicas para planejar e realizar o controle da qualidade • Auditorias de qualidade • Análise de processos	• Diagramas de causa e efeito • Gráficos de controle • Fluxogramas • Histogramas • Diagrama de Pareto • Diagrama de dispersão • Amostragem estatística • Inspeção • Revisão das solicitações de mudança aprovadas
Recursos humanos	• Organogramas e descrições de cargos • Rede de relacionamentos • Pré-designação, negociação, contratação, equipes virtuais • Habilidades interpessoais • Treinamento, atividades de construção da equipe, regras básicas, agrupamento • Reconhecimento e recompensas	• Observação e conversas • Avaliação de desempenho do projeto • Gerenciamento de conflitos • Registro de questões • Habilidades interpessoais
Comunicação	• Análise de partes interessadas • Opinião especializada • Tecnologia das comunicações • Modelos de comunicações • Métodos de comunicação • Ferramentas de distribuição de informações	• Métodos de comunicação • Habilidades interpessoais • Habilidades de gerenciamento • Análise de variação • Métodos de previsão • Métodos de comunicação • Sistema de distribuição de informações
Risco	• Reuniões de planejamento e análise • Revisões de documentação • Técnicas de coleta de informações • Análise de listas de verificação • Análise de premissas • Técnicas de diagramas • Análise de pontos fortes, pontos fracos, oportunidades e ameaças (SWOT) • Opinião especializada • Avaliação de probabilidade e impacto dos riscos • Matriz de probabilidade e impacto • Avaliação de qualidade dos dados sobre riscos • Categorização dos riscos • Avaliação da urgência dos riscos • Opinião especializada • Técnicas de coleta e apresentação de dados • Técnicas de modelagem e análise quantitativa de riscos	• Estratégias para riscos negativos ou ameaças • Estratégia para riscos positivos ou oportunidades • Estratégias de respostas de contingência • Opinião especializada • Reavaliação de riscos • Análise de variação e tendências • Medição de desempenho técnico • Análise de reservas • Reuniões de andamento

Continua

Continuação

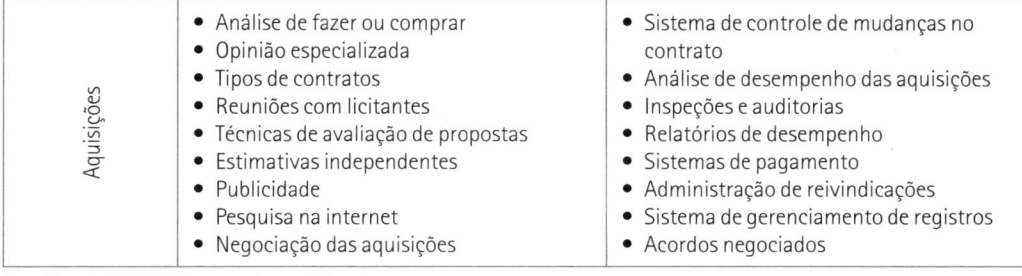

Aquisições	• Análise de fazer ou comprar • Opinião especializada • Tipos de contratos • Reuniões com licitantes • Técnicas de avaliação de propostas • Estimativas independentes • Publicidade • Pesquisa na internet • Negociação das aquisições	• Sistema de controle de mudanças no contrato • Análise de desempenho das aquisições • Inspeções e auditorias • Relatórios de desempenho • Sistemas de pagamento • Administração de reivindicações • Sistema de gerenciamento de registros • Acordos negociados

Fonte: Adaptado de CONFORTO, 2009 com base em PMI, 2008.

As técnicas comumente citadas na literatura tradicional de gerenciamento de projetos são a Work Breakdown Structure (WBS) ou Estrutura Analítica de Projeto (EAP), os gráficos de Gantt, os diagramas Program Evaluation and Review Technique (Pert), o Método do Caminho Crítico (CPM – Critical Path Method) e outras como Graphical Evaluation and Review Technique (Gert).[11]

Este capítulo visa a apresentar as técnicas e ferramentas de planejamento e controle propostos pelos teóricos da abordagem do APM. Inicia-se com a abordagem das limitações e dos problemas apontados nas técnicas tradicionais. Apresentam-se condições básicas e as técnicas e ferramentas para planejamento e controle no APM. Ao final, introduz-se um método que incorpora as técnicas e ferramentas e que pode servir de referência para o uso do APM.

4.1 Dificuldades de planejamento e controle na abordagem tradicional

As empresas que utilizam uma abordagem tradicional de gerenciamento de projetos em empreendimentos inovadores e desafiadores, envolvem um grande esforço na tentativa de antecipar ações e prever riscos. Isso sem duvida é importante, mas quando se trata de projetos nunca realizados antes, parte desse esforço é perdido logo no início da execução. É necessário então replanejar o projeto. A atividade de planejar o projeto será realizada várias vezes durante o seu ciclo de vida, ao contrário do que se espera em projetos nos quais possui experiência anterior na sua condução. Outra dificuldade inerente nesse tipo de projeto é o próprio controle do escopo, prazo, custo e qualidade, utilizando técnicas tradicionais de gerenciamento de projetos.

---

[11] MEREDITH, J. R.; MANTEL, S. J. *Project management* – a managerial approach. 4. ed. NY: John Wiley & Sons, Inc., 2000.

Um levantamento realizado por Rozenes, Vitner e Spraggett[12] identificou que o esforço das empresas estava mais concentrado em métricas unidimensionais clássicas, como prazo, custo, qualidade e mudanças no escopo. A conclusão é de que, na prática, as empresas utilizam sistemas unidimensionais, não considerando todas as dimensões e objetivos do projeto. Segundo os autores, o uso de abordagens, como TQM[13] e TOC,[14] e o gerenciamento de risco vêm contribuído para uma visão multidimensional.

Essa constatação foi comprovada em pesquisas realizadas no início dos anos 2000, indicando a utilização desses métodos de maneira isolada, isto é, restritos a projetos específicos ou a setores e áreas específicas.[15] Os respondentes admitiram utilizar apenas alguns métodos e técnicas de gerenciamento de projetos, como softwares e gráficos de Gantt. Isso indica que muitas técnicas tradicionais são aplicadas sem uma análise minuciosa de todo o contexto do projeto, sua complexidade, novidade, tecnologia.[16]

Dentre as ferramentas de monitoramento e controle multidimensional, a mais difundida é o Earned Value (EV), baseado principalmente no resultado da EAP. Consiste em comparar o valor do trabalho expresso em termos de orçamento aprovado atribuído a esse trabalho para uma atividade, cronograma ou componente da estrutura analítica do projeto.[17] Na literatura, há referências a outras ferramentas e técnicas para planejamento e controle de projetos, tais como: Statistical Project Control Tool (SPCT);[18] Design Structure Matrix (DSM);[19] SMART[20] e outras.[21] Todas com forte embasamento nas técnicas e nos conceitos da abordagem tradicional de

[12] ROZENES, S.; VITNER, G.; SPRAGGETT, S. Project control: literature review. *Project Management Journal*, v. 37, n. 4, p. 5-14, 2006.

[13] *Total Quality Management.*

[14] *Theory of Constraints.*

[15] White e Fortune entrevistaram 234 gerentes de projetos, o que demonstra a aplicação isolada dos métodos e ferramentas de GP. WHITE, D.; FORTUNE, J. Current practice in project management: an empirical study. *International journal of project management,* v. 20, n. 1, p. 1-11, jan. 2002.

[16] Essa opinião é reforçada em trabalhos recentes como o de SHENHAR, A.; DVIR, D. *Reinventing Project Management*: the diamond approach to successful growth and innovationt. Boston: Harvard Business School Press, 2007.

[17] PROJECT MANAGEMENT INSTITUTE, 2008.

[18] BAUCH, G. T.; CHUNG, C. A. A statistical project control tool for engineering managers. *Project Management Journal*, v. 32, n. 2, p. 37-44, 2001.

[19] CHEN, C.; LING, S.; CHEN, W. Project scheduling for collaborative product development using DSM. *International Journal of Project Management*, v. 21, n. 4, p. 291-299, 2003.

[20] HARTMAN, F.; ASHRAFI, R. Development of the SMART project planning framework. *International journal of project management*, v. 22, n. 6, p. 499-510, 2004.

[21] Como dito no início do livro, há muitos estudos que questionam a eficácia. Podemos classificá-los em dois tipos: (a) estudos de casos e levantamentos sobre as práticas tradicionais; (b) há outros estudos que exploram de forma mais detalhada abordagens e técnicas para programação de atividades e alocação de recursos, segundo a abordagem tradicional, como KHODAKARAMI, V.; FENTON, N.; NEIL, M. Project scheduling: improved approach to incorporate uncertainty using baysian networks. *Project management journal*, v. 38, n. 2, p. 39-49, 2007; HERROELEN, W. Project scheduling: theory and practice. *Production and operations management (POMS)*, v. 14, n. 4, p. 413-432, 2005; LIBERATORE, M. J. Project schedule uncertainty analysis using fuzzy logic. *Project management journal*, v. 33, n. 4, p. 15-22, 2002; LONG, L.D.; OHSATO, A. Fuzzy critical chain method for project scheduling under resource constraints and uncertainty. *International journal of project management*, v. 26, n. 6, p. 688-698, 2008; MAHESWARI, J. U.; VARGHESE, K. Project scheduling using dependency structure matrix (DSM). *International journal of project management*, v. 22, n. 6, p. 223-230, 2005.

gerenciamento de projetos, isto é, são similares no uso único e exclusivo do raciocínio analítico da programação.

Além do foco unidimensional, há várias críticas aos métodos tradicionais para o contexto de produtos inovadores. Nesse caso, diversos autores[22] questionam sua eficácia:[23]

- As técnicas tradicionais são baseadas em modelos de gerenciamento preditivos, em que é possível conhecer ("antecipar") e detalhar atividades nos estágios iniciais do projeto;
- A adoção de um único modelo para o gerenciamento de diferentes tipos de projetos, incluindo os de produtos inovadores. Gerenciar projetos em contextos dinâmicos exige um esforço extra no conhecimento do nível de complexidade do produto a ser desenvolvido, caracterizando uma dificuldade de estimar relacionamentos precisos entre atividades. Os modelos tradicionais de planejamento e sequenciamento de atividades não permitem retroalimentação, ou seja, retornar à atividade e fazê-la novamente, como algo comum no plano de projeto. Em outras palavras, seria como ter um *loop* em uma atividade e esta ser realizada de maneira iterativa e incremental;
- A grande quantidade de procedimentos necessários para a devida utilização de técnicas como Pert/CPM. Além disso, requer investimento e torna o processo de atualização do plano de projeto burocrático, contribuindo para torná-lo reativo às mudanças;
- Foco demasiado em executar o plano de projeto desenvolvido nos estágios iniciais do projeto, em que as incertezas predominam. Ou seja, existe uma tendência natural para adaptar a realidade ao plano do projeto.[24] Existe a

---

[22] Há muitos estudos que questionam a eficácia das técnicas de planejamento, como dito várias vezes neste livro. Podemos dividi-los em dois grupos: (a) estudos de casos, *surveys* e análises sobre a teoria tradicional, como ANDERSEN, E. Warning: Activity planning is hazardous to your project's health! *International journal of project management*, v. 14, n. 2, p. 89-94, 1996; DAWSON, R.; DAWSON, C. Practical proposals for managing uncertainty and risk in project planning. *International journal of project management*, v. 16, n. 5, p. 299-310, 1998; WILLIAMS, T. The need for new paradigms for complex projects. *International journal of project management*, v. 17, n. 5, p. 269-273, 1999; MAYLOR (2001); MEYER, A.; LOCH, C.; PICH, M. Managing project uncertainty: from variation to chaos. *MIT Sloan Management Review*, v. 43, n. 2, p. 60-67, 2002.; DVIR, D.; LECHLER, T. *Plans are nothing, changing plans is everything*: the impact of changes on project success. Research Policy, v. 33, n. 1, p. 1-15, 2004.; COHN, M. *Agile Estimating and Planning*. New York: Prentice Hall PTR, 2005.; OORSCHOT, K.; BERTRAND, J.; RUTTE, C. Field studies into the dynamics of product development tasks. *International Journal of Operations & Production Management*, v. 25, n. 8, p. 720-739, 2005; (b) autores da área de desenvolvimento de produtos e design, como COOPER, R. Perspective: the stage-gate idea-to-launch process – update, what's new, and NexGen Systems. *Journal of Product Innovation Management*, v. 25, n. 3, p. 213-232, 2008. O autor propõe um modelo para desenvolvimento de produtos utilizando os conceitos de *Stage-Gates* em conjunto com os conceitos de iterações (construir, testar, avaliar e revisar), em ciclos evolutivos, na forma de "espirais"; e autores do gerenciamento ágil do projeto, mencionados no Capítulo 2.

[23] A lista é oriunda principalmente de HIGHSMITH, J. *Agile Project Management*: creating innovative products. Boston: Addison-Wesley, 2004; CHIN, 2004; SMITH, P. G. *Flexible Product Development* – building agility for changing markets. San Francisco: Jossey-Bass, 2007. Considerou também outros autores do APM listados no decorrer do livro, com menos intensidade.

[24] Conforme DECARLO, 2004.

dificuldade de compreensão de que em ambientes dinâmicos de negócio e projetos inovadores o plano de projeto é mutável uma vez que o grau de dificuldade em prever e antecipar riscos é elevado;

- Proposição de técnicas genéricas sem a customização necessária para ambientes dinâmicos. Tentativa de utilizar um único padrão para todos os tipos de projetos e organizações.

No caso do APM, os autores propõem técnicas e ferramentas de planejamento. Nas próximas seções explica-se em detalhe a filosofia do planejamento e controle no gerenciamento ágil e as técnicas e ferramentas propostas.

4.2 Planejamento e controle no Gerenciamento Ágil de Projetos

O princípio básico que deve nortear o planejamento no Gerenciamento Ágil de Projetos é a ideia de que o plano é mutável e deve refletir a realidade.[25] É preciso criar uma visão de antecipação de riscos, e ter uma metodologia flexível e simples o suficiente para ser capaz de absorver mudanças durante o ciclo de vida do projeto.

Highsmith[26] enfatiza a importância das interações e os ciclos de planejamento, execução e controle que proporcionam um aprendizado valioso, necessário para a execução de atividades complexas no decorrer do projeto.

Durante a fase de planejamento de um projeto de um novo produto inovador ou nova tecnologia, por exemplo, o esforço colocado deve ser distribuído ao longo do ciclo de vida do projeto. Um aspecto importante é utilizar o conceito de iteração. O plano de projeto é mais simples no início do projeto para que a equipe construa gradativamente uma Visão do Produto do Projeto, aprofundado continuamente no decorrer das demais iterações. Este é um conceito interessante, mais aplicado e difundido na área de desenvolvimento de software, no qual é possível entregar versões do produto de maneira incremental. Durante o ciclo de vida do projeto, essas versões são melhoradas e validadas pelo cliente.

Para tornar um planejamento de projeto mais ágil, segundo a abordagem do APM, autores como Cohn[27] e Boehm[28] pregam a necessidade de tirar a ênfase do plano de projeto, e passar o foco para o planejamento evolutivo. É importante

---

[25] HIGHSMITH, 2004.
[26] HIGHSMITH, 2004.
[27] COHN, 2005.
[28] BOEHM, B. *Balancing agility and discipline.* Boston: Pearson Education, 2003.

revisar o plano constantemente e aprender com as mudanças até o ponto ótimo para congelar o plano e fazer entregas de valor ao cliente. Para isso, é necessário utilizar técnicas simplificadas e que permitam o "replanejamento" rápido do projeto, sem o investimento de muito tempo e recursos, evitando o desperdício com atividades que não agregam valor para a equipe ou o cliente.

O controle de projetos ágeis deve ser realizado de maneira simples e visual, utilizando poucos documentos e padrões, com o apoio de dispositivos visuais que promovam acesso rápido a todos os membros da equipe de projetos e também contribuam para a interação e tomada de decisão participativa.

A ênfase está na execução e nas pessoas, em vez de no uso de processos burocráticos e ferramentas complexas que inibem a interação entre as pessoas, a inovação e a criatividade. Há autores que reservam espaço importante para a infraestrutura, como Chin.[29] Argumentam que uma infraestrutura de apoio ao gerenciamento de projetos, seguindo conceitos daquelas estruturas difundidas em gerenciamento de projetos, os "Escritórios de Projetos",[30] ajuda principalmente na identificação de muitas tarefas não mensuradas no plano de projeto. Mas, mesmo nesses casos, o papel é diminuído perante as mesmas estruturas da abordagem tradicional; e reforça-se a importância do gerente, equipe e pessoas.

O Gerenciamento Ágil de Projetos demanda responsabilidade do gerente de projetos. Ele deve ser um facilitador na criação da Visão do Produto, guiando a equipe de projeto na transformação daquela visão em resultados que agreguem valor para o cliente.[31] O gerente de projetos não deve investir todo tempo e competências na elaboração e atualização de planos de projeto, cronogramas e processos de controle de atividades e tarefas, ou, ainda, na implantação do plano de projeto predefinido, aceitando-o como totalmente correto.

A equipe de projeto precisa desenvolver um comportamento de autogestão e autodisciplina. Deve haver abertura para que todos critiquem e corrijam a si mesmos, e alinhem constantemente seus planos ante às mudanças constantes do projeto. Sem isso, reduzem-se as possibilidades de colaboração, inovação, criatividade e relutância quanto à revisão do plano de projeto.

Portanto, o desafio em termos de técnicas e métodos para controle é criar mecanismos que operem dentro desse novo contexto. O desafio está justamente em como controlar o projeto, de maneira a não restringir a criatividade, a inovação, adequando-se às mudanças e, ainda assim, entregando o produto no prazo, com

[29] CHIN, 2004.

[30] Consulte o PMBOK, 4. ed., 2008.

[31] HIGHSMITH, 2004.

qualidade e custo desejáveis. O enfoque dos princípios do APM está em agregar valor para o cliente, a partir da entrega de produtos confiáveis de qualidade, e, acima de tudo, de acordo com suas necessidades.

Os autores do APM são categóricos ao afirmar que aplicar técnicas simplificadas e focar na exploração e adaptação do projeto não significa renunciar às atividades de controle do progresso do projeto, assim como custo, prazo e qualidade, mas, sim, repensar o que deve ser medido e controlado,[32] e, principalmente, como deve ser esse controle.

Quando a equipe de projetos está comprometida e alinhada com os objetivos do projeto e focada na execução do trabalho, uma ação crítica é concentrar os esforços em atividades que agreguem valor para o cliente, ou seja, aquelas que apoiem a equipe na entrega de resultados de qualidade, e não apenas se comprometam com sua execução propriamente dita. Isso é um indicativo da importância do monitoramento do progresso do projeto, porém utilizando-se de técnicas mais simplificadas, visuais e iterativas.

Segundo a literatura do APM, a equipe de projeto é corresponsável pelo desempenho do projeto e seus resultados, redistribuindo os méritos e responsabilidades pelo sucesso ou fracasso do projeto para todos os membros da equipe, não somente o gerente de projetos. Os relatórios periódicos de progresso ajudam a comunidade do projeto (executivos, gerente de projeto e equipe) no monitoramento, permitindo antecipar riscos e tomar ações adaptativas.

Seria mais eficiente medir seu progresso em consonância com a Visão do Produto e valor agregado para o cliente do que em conformidade com o plano de projeto, pois este pode sofrer mudanças, e, se não absorvidas, podem não atender às expectativas dos clientes,[33] ou mesmo os objetivos do projeto e das metas estratégicas da organização.

Os métodos e as ferramentas adotados para monitorar e controlar os projetos devem, acima de tudo, adicionar valor para o cliente e todos os envolvidos no projeto, evitando indicadores ou métricas que não contribuem para a avaliação do projeto. Esses indicadores não devem ser vistos apenas como "termômetros"[34] utilizados para corrigir desvios nos resultados.

Há ainda autores de outras abordagens, como Pinto e Leach,[35] que também sugerem mudanças no caminho da simplificação. Uma das abordagens é o Critical

[32] HIGHSMITH, 2004.

[33] HIGHSMITH, 2004.

[34] Metáfora proposta por HIGHSMITH, 2004.

[35] PINTO, J. *Project management 2002*. Research Technology Management, v. 45, n. 2, p. 22-37, 2002; LEACH, L. *Lean project management*: eight principles for success. Advanced Projects Boise: Idaho, 2005.

Chain Project Management (CCPM), em que se adapta o conceito de caminho crítico de maneira a obter uma simplificação no gerenciamento de recursos do projeto. No caso do CCPM, a simplificação no gerenciamento dos recursos.[36]

Considerando esses diferenciais, pode-se dizer então que as características objetivas do planejamento e controle no gerenciamento ágil são:

- Poucos padrões (modelos de documentos), mais efetivos, objetivos e simplificados;
- Procedimento enxuto para emissão de relatórios de progresso;
- Apoio de técnicas visuais para demonstrar o progresso do projeto;
- Resultados que agregam valor para o cliente, interessados no projeto e equipe de projeto;
- Acesso fácil a todos integrantes da equipe de projeto;
- Informações dinâmicas, que possibilitem a tomada de decisão participativa, e promovam a interação da equipe de projeto;
- Atualização constante;
- Compartilhamento das responsabilidades dos membros da equipe de projetos nas atividades de planejamento e controle

Conclui-se, então, que as técnicas e ferramentas do APM baseiam-se em dois pilares: (a) técnicas e ferramentas simplificadas; e (b) um ambiente de projeto que garanta a autogestão. Na próxima seção, apresentam-se as condições básicas do ambiente para a aplicação adequada dos métodos e ferramentas de planejamento e controle do APM. Em seguida, as técnicas e ferramentas propriamente ditas.

4.3 Condições básicas para o planejamento e controle no APM

Para obter bons resultados na aplicação da abordagem de Gerenciamento Ágil de Projetos, deve-se primeiro verificar as características da empresa. É preciso garantir que haja um nível de complexidade, no sentido de inovação (em produto, serviço, processo ou modelo de negócio) e das características do empreendimento,

---

[36] Conforme descreve LEACH, 2005. Deve-se alertar o leitor somente que esses métodos são questionados por alguns teóricos. Os artigos de HERROELEN; W.; LEUS, R. On the merits and pitfalls of critical chain scheduling. *Journal of operational management*, v. 19, n. 2, p. 559-577, 2001.; RAZ, T.; BARNES, R.; DVIR, D. A critical look at critical chain project management. *Project Management Journal*, v. 34, n. 4, p. 24-32, 2003, apresentam com mais propriedade a simplificação, suas vantagens e limitações.

que demandem a simplificação e iteração. Deve-se também observar o ambiente do projeto, a estrutura e cultura organizacionais, verificando se há características que possam impedir a implantação ou que exijam iniciativas específicas para solucioná-lo.

O tratamento dessas duas questões iniciais foge do escopo deste livro e não está diretamente ligado às técnicas e ferramentas de planejamento,[37] mas há duas outras condições intimamente relacionadas com as técnicas e ferramentas: o perfil de competências dos membros da equipe de projeto e o modelo de processo de negócio de desenvolvimento de produto utilizado.

Esses aspectos são críticos. Eles formam um conjunto de condições básicas que deve ser garantido para o sucesso do uso das técnicas de planejamento e controle. Trata-se de cada um dos assuntos separadamente as próximas seções: (1) escolher as pessoas certas para compor a equipe de projeto; (2) identificar os envolvidos no projeto; e (3) adaptar o processo de desenvolvimento e gerenciamento de projetos.

4.3.1 Escolha das pessoas certas para compor a equipe de projeto

Não há dúvida de que encontrar as pessoas certas para montar uma equipe de projeto, em especial em projetos inovadores, é essencial para o sucesso do projeto. A escolha das pessoas certas consiste em identificar aquelas com conhecimentos e habilidades técnicas e também com o comportamento (atitude) coerente com a autogestão e autodisciplina, além de motivadas para fazer parte da equipe de projeto.

Todo gerente de projetos que se preze busca montar a melhor equipe com pessoas talentosas e de alto potencial. Devem existir pessoas altamente especialistas em suas áreas, pessoas com competências gerenciais, pessoas que tenham perfil de liderança, sistemáticas, criativas, organizadas, divergentes, sendo contraprodutivo montar uma equipe com apenas competências essencialmente técnicas.

Outra questão importante é o nível de motivação. Se cada gerente de projeto pudesse montar a equipe com pessoas motivadas, não haveria problema. Na prática, os recursos são escassos, e o gerente precisa trabalhar com o que está à sua disposição. Assim, a questão não é só escolher, mas saber combinar os recursos da melhor maneira possível e aprender a desenvolver as pessoas, de modo a obter

---

[37] Elas foram citadas como alerta. O leitor interessado na implantação deve procurar observar essas duas condições. No caso da primeira, sugere-se que leia atentamente o Capítulo 2 do livro, que trata de inovação e que auxiliará na identificação. Para o segundo, sugere-se a busca de textos de gerenciamento de mudança organizacional.

uma equipe vencedora. É dever do gerente motivá-las e eliminar as barreiras que impedem um ambiente de projeto propício: com motivação, entusiasmo, senso de propósito, transparência e ética, tal que as pessoas possam contribuir com o máximo de suas capacidades e se sintam realizadas, pessoal e profissionalmente, com o empreendimento.

Algumas técnicas, como matriz de competências, entrevistas individuais com cada candidato à equipe de projeto, ajudam na identificação das expectativas pessoais dos membros da equipe. Identificar o grau de motivação dos membros da equipe e monitorar durante o ciclo de vida do projeto também são maneiras simples para melhorar a comunicação, integração e comprometimento com resultados. Além disso, é importante sempre pensar em recompensas e reconhecimento, pois um projeto inovador exige muita criatividade, ou seja, "pensar fora da caixa", trazer novas soluções para novos problemas, soluções criativas e inovadoras, principalmente em projetos inovadores e complexos. A remuneração e reconhecimento daqueles que participam de projetos desse tipo também devem ser diferenciados, pois exige maior esforço e comprometimento. Por fim, técnicas de *coaching* e *mentoring* podem auxiliar o gerente nessa tarefa.[38]

4.3.2 Identificação dos envolvidos no projeto

Identificar os envolvidos no projeto, ou aqueles mais conhecidos como *stakeholders*, é algo crucial e também importante, seja na abordagem ágil ou tradicional. No caso de projetos de produtos inovadores, porém, a participação dos envolvidos é mais intensa e fundamental. Mais do que avaliar os resultados, em grande parte das vezes eles influenciam decisões técnicas e estratégias para a condução do projeto. É um envolvimento maior que o papel de apoio político e de validação dos resultados, exercido nos projetos tradicionais.

Existem diversos tipos de participantes nos projetos; é preciso identificá-los e realizar o gerenciamento das expectativas. Assim como na abordagem de gerenciamento de projetos tradicionais, uma boa prática é criar uma lista com todos os participantes e envolvidos no projeto. Isto é, classificá-los de acordo com sua participação e influência no projeto, e criar um plano de comunicação e gerenciamento para cada grupo de participantes. O PMBOK[39] traz um conjunto de práticas que podem ajudar na definição desse processo.

---

[38] A descrição de tais técnicas é maior que o escopo do livro. Sugere-se a leitura de GOLDSMITH, M.; LYONS, L.; FREAS, A. *Coaching*: o exercício da liderança. Rio de Janeiro: Elsevier, DBM, 2003.

[39] PROJECT MANAGEMENT INSTITUTE, 2008.

No caso de projetos inovadores, as diferenças são:

- Patrocinador (Sponsor) – além das funções de prover o apoio político, físico e de recursos, como no tradicional, deverá se envolver mais com a equipe e participar das decisões. Constantemente, terá de ofertar requisitos e atuar como se fosse o "dono" do projeto realmente.

- Clientes e fornecedores – em projetos inovadores, além de validar, eles podem ser fundamentais na definição das estratégias e na escolha de soluções. Devem atuar mais próximos da equipe de projeto.

- Influenciadores – no caso de projetos inovadores, normalmente atua-se em áreas nas quais os produtos são dinâmicos e não há padrões estabelecidos de usabilidade, técnicos etc. Um desafio é identificar as pessoas e empresas que estão estabelecendo essas direções. Portanto, a tendência é a de haver mais influenciadores do que em projetos tradicionais.

O correto gerenciamento das expectativas dessas pessoas quanto aos resultados do projeto é fundamental para o envolvimento. Portanto, o passo inicial é o mesmo que o tradicional: estabelecer participação e responsabilidades, grau de dedicação ao projeto e definição de ferramentas de comunicação e planejamento do trabalho em equipe.

No caso de projetos inovadores com APM, porém, haverá o envolvimento dessas pessoas nas atividades do projeto e pressupõem-se a cooperação. Devem ser observados, portanto, os mesmos princípios de projetos colaborativos. Há, portanto, questões adicionais. As mais importantes são:[40]

1. confiança mútua;
2. compromisso;
3. flexibilidade das pessoas;
4. disposição para o aprendizado;
5. boas relações pessoais;
6. existência de um facilitador (membro com trânsito entre os envolvidos);
7. líder capaz de gerar a Visão do Projeto;
8. transparência (garantia de não existência de agendas ocultas);

---

[40] A lista foi elaborada a partir do trabalho de BARNES, T. A.; PASHBY, I. R.; GIBBONS, A. M. Effective university-industry interaction: a multi-case evaluation of collaborative R&D projects. *European Management Journal*, Oxford, v. 20, n. 3, p. 272-285, 2002, que compilaram melhores práticas para gerenciamento de projetos que envolveram colaboração e inovação.

9. garantia de igualdade (benefício mútuo, igualdade de poder/dependência e compatibilidade de contribuição);

10. acordos sobre o tratamento da propriedade intelectual que porventura seja gerada no projeto; e

11. experiência prévia em projetos colaborativos.

4.3.3 Adaptar o processo de desenvolvimento e o gerenciamento de projetos

As etapas e atividades realizadas e a maneira de conduzi-las, são outro aspecto relevante. Como discutido na Seção 2.1, toda empresa que desenvolve novos produtos deve possuir um modelo de referência de modo a garantir uma padronização mínima nos artefatos produzidos dentro de cada projeto. O modelo serve como guia para o desenvolvimento e gerenciamento de projetos. Padroniza, organiza e unifica a linguagem utilizada para facilitar o entendimento e o gerenciamento de projetos na organização.

No modelo referencial proposto neste livro, entende-se que o modelo de processo de desenvolvimento do projeto deve continuar existindo, adequado, porém, aos critérios de simplicidade, autogestão e iteração propostos na abordagem do APM. Isso requer um esforço conjunto do gerente de projetos e de toda a equipe, em dois momentos. Primeiro para adaptar o modelo existente ao contexto do APM. Depois, no início de cada projeto, para adaptar o modelo da empresa às especificidades do projeto.

O modelo referencial, proposto neste livro, vai auxiliar principalmente no primeiro desafio, de adaptar o modelo de uma empresa ao APM. Os profissionais da empresa responsáveis pelo processo de negócio de desenvolvimento de produto deverão estudar e compreender a essência dos APM, e elaborar uma visão conjunta de como e até que ponto ela deveria ser aplicada. As técnicas e ferramentas do APM, propostas neste livro, deveriam ser estudadas e verificadas quanto à sua adequação para o caso específico da empresa. Projetos pilotos devem ser conduzidos para testá-las em projetos específicos, amadurecendo os conceitos na equipe e comprovando na prática o seu benefício. Aos poucos, o modelo de referência de desenvolvimento de produtos da empresa deveria ser alterado para incorporá-las.

A adaptação do modelo de referência para um projeto específico deve incluir a adequação de atividades nas fases, a definição de critérios de qualidade para avaliar os resultados das fases, a definição de indicadores de desempenho específicos, a definição de modelos de documentos específicos, a adequação de modelos existentes etc.

As adaptações realizadas em um projeto específico podem ser aproveitadas e alteradas no modelo de referência geral da empresa. Este é o momento em que a inovação gerencial, realizada em um projeto, retorna para a empresa, economizando trabalho e esforço para o conjunto de projetos.

As adaptações do modelo de referência devem ser feitas pelas pessoas responsáveis pelo processo de negócio. Normalmente, um comitê, com pessoas das áreas envolvidas em desenvolvimento de produto. Em alguns casos, esse papel é do escritório de projetos (PMO – Project Management Office). Nesse caso, poderia ser um centro de excelência (COE – Center of Excelence)[41] em gerenciamento de projetos, ajudando na melhoria contínua do processo de gerenciamento de projetos, treinamento e acompanhamento de gerentes de projetos, adaptação do modelo de gerenciamento, *templates* e práticas que serão utilizadas durante o ciclo de vida do projeto. A questão de manter ou não um PMO com essas atividades ainda é uma discussão a ser realizada com mais propriedade pelos teóricos do APM.

4.4   Técnicas e ferramentas para planejamento no APM

Um dos autores que melhor descrevem técnicas e ferramentas para planejamento e controle no APM é Highsmith,[42] que apresenta modelos de documentos e exemplos. Os demais autores fazem recomendações gerais e fornecem exemplos, mas não oferecem técnicas, ferramentas ou métodos detalhados, com procedimentos e maneiras de empregá-los conjuntamente no contexto do APM.

Além disso, muitas das técnicas e ferramentas mencionadas nos livros-texto foram citadas por autores da área de software, o que requer adaptações para aplicação em outros segmentos e tipos de projetos.

O resultado é que não há muitas técnicas e ferramentas significativamente distintas das técnicas e ferramentas de planejamento e controle tradicionais. A diferença muitas vezes resume-se à maneira como são apresentadas as informações, com o acréscimo de elementos visuais, na tentativa de tornar a prática simples e flexível. As próximas seções descrevem as que mais se diferenciaram.[43]

---

[41] Ver mais detalhes em KERZNER, H. *Gestão de Projetos* – as melhores práticas. Trad. de Lene Belon Ribeiro. Bookman: Porto Alegre, 2006.

[42] HIGHSMITH, 2004 e COHN, 2005 também trazem interessante discussão sobre o tema.

[43] Nos textos dos autores como HIGHSMITH, 2004, CHIN, 2004 e outros, não há muita ênfase em como medir e controlar o projeto. Citam que o progresso deve ser avaliado em técnicas como: sessões de discussão com o cliente (*Customer Focus Group* – CFG); revisões técnicas; avaliação de desempenho da equipe de projeto; relatório de progresso dos projetos; relatório de progresso do escopo e valor agregado; relatório de progresso do cronograma; relatório de custo; e relatório de qualidade. Portanto, o texto foi complementado com experiências dos autores.

4.4.1 Criação do Escopo do Projeto – folha de dados do projeto

A fase de planejamento não deve ser entendida como algo estanque no processo de desenvolvimento de um projeto. É preciso desenvolver dois componentes primordiais, a Visão do Produto e o Escopo do Projeto. A Visão do Produto foi discutida em detalhes (Capítulo 3) e trata de uma descrição de primeiro nível do produto. Essa descrição deve acompanhar um esboço visual do produto que possibilite um entendimento comum de toda a equipe e cliente sobre o resultado final esperado, incluindo uma arquitetura inicial do produto, lista de funcionalidades do produto, critérios de qualidade, desempenho etc.

A Visão do Produto não substitui o Escopo do Projeto, que é a descrição de todo o trabalho necessário para entregar o produto do projeto. No caso de projetos de produtos inovadores, a Visão do Produto desempenha papel essencial para o desenvolvimento do Escopo do Projeto. Utilizam-se dentre outras ferramentas de apoio ao desenvolvimento da visão, prototipagem e modelagem virtual. Após a obtenção da visão, Highsmith[44] propõe a chamada folha de dados do projeto (Project Data Sheet – PDS).

A PDS, além de apoiar a descrição da visão, seria uma primeira documentação do planejamento, na medida em que ela estabelece resultados e metas a serem atingidos, em comum acordo e baseada na visão. Ela inclui dados como: objetivo do projeto, riscos e premissas, principais marcos do projeto (*milestones*), informações sobre o cliente, benefícios para o cliente, especificações primárias de desempenho do produto, um resumo com os principais componentes da arquitetura do produto. Deve apresentar, portanto, a essência, em termos de escopo, cronograma, custo, recursos e como o projeto será desenvolvido para atingir seus objetivos e metas.[45] Os detalhes da PDS são descritos na Seção 3.3.4.

4.4.2 Definição do plano de iterações e plano de entregas do projeto

Uma vez definida a primeira Visão do Projeto, por meio da folha de dados do projeto (PDS), o próximo passo é estabelecer as entregas e como serão desenvolvidas

---

[44] HIGHSMITH, 2004, p. 101.
[45] HIGHSMITH, 2004, p. 103.

ao longo do ciclo de vida do projeto. Essas entregas são distribuídas em um plano, evolutivo e cíclico, chamado plano de iterações, em que as entregas são previstas segundo uma priorização, considerando a fase do desenvolvimento do projeto, importância de determinada entrega e valor agregado para o cliente, e atendimento dos objetivos do projeto.

A Figura 4.1 apresenta um exemplo de cartão de entrega utilizado para descrever o que deve ser entregue. Nela, definem-se os relacionamentos com outras entregas, a variação de escopo, cronograma, recursos, em qual iteração está alocada essa entrega, indicadores utilizados para se medir o progresso dessa entrega, esforço etc. Todas as principais informações necessárias para planejar a entrega e alocá-la no plano de iterações.

O exemplo ilustra a utilização do cartão de entregas em um projeto de melhoria de processo em uma empresa que executa projetos inovadores. A entrega é uma Árvore de Causa e Efeito, uma adaptação da árvore da realidade atual.[46] As informações contidas no cartão são simples, porém atendem às necessidades de descrição da entrega para seu devido planejamento e inserção no plano de iterações, utilizando por exemplo um quadro visual.

Com o conjunto inicial de entregas do projeto descritas nos cartões, é possível criar o plano de iterações, que não deve ser confundido com os grupos de processos de gerenciamento de projetos, iniciação, planejamento, execução, controle e encerramento, conforme descritos pelo PMI.[47] Cada fase do projeto de desenvolvimento do produto pode conter uma ou várias iterações. A quantidade de iterações em determinada fase vai variar de acordo com o grau de complexidade e inovação, além de outros fatores como tempo, recursos disponíveis, objetivos da fase e entregas. A definição das fases de um projeto de novo produto é importante para melhor gerenciá-lo, especialmente quando se trata de projetos de longa duração e de grau de complexidade elevado. Portanto, a quantidade de iterações e duração de cada iteração deve ser definida levando em consideração diversos fatores. É importante compreender que cada projeto possui características distintas e que isso deve ser refletido na duração e quantidade de iterações.

---

[46] A técnica proposta por Goldratt ajuda na identificação de causas raízes para problemas e os relacionamentos entre essas causas e os efeitos percebidos no dia a dia da equipe de projetos. Mais detalhes em GOLDRATT, E. *Corrente crítica*. São Paulo: Nobel, 2005.

[47] PMBOK, 4. ed., 2008.

Figura 4.1 Exemplo de cartão de funcionalidade/entrega

Código: E3			Tipo: Documental
Nome: Árvore de Causa e Efeito			
Descrição da entrega: Documento contendo árvore de Causa e Efeito, desenvolvida com base nas entrevistas e coleta de informações da empresa.			
Esforço estimado: Árvore de C&E =12 (doze) horas/Validação no cliente = 4 (quatro) horas			
Matrix de trade-off:			
	Fixo	**Flexível**	**Aceitável**	**Meta**

	Fixo	Flexível	Aceitável	Meta
Escopo	X			Árvore Causa e Efeito
Cronograma		X		4 dias
Recursos		X		16 h/homem
Estabilidade			X	
Data final		X		a definir

Dependência com outras entregas: sim (Entregas E1 e E2).
Estratégias e métodos: Recados autoadesivos, impressão de painel visual.
Indicadores utilizados: Prazo de entrega, utilização das horas/recursos, qualidade.
Relatórios: Sim, indicadores de desempenho.
Riscos: Disponibilidade para agendamento de reunião para validação da árvore de C&E.
Testes e avaliação: Apresentação e validação da árvore de causa e efeito com os membros da equipe de projeto da empresa (entrevistados) com duração prevista de 4 (quatro) horas.

Fonte: Adaptada de HIGHSMITH, 2004.

A Figura 4.2 mostra um plano de iterações com os cartões de entregas distribuídas de acordo com a prioridade de execução e sequência lógica de execução. A partir desse ponto as estimativas de datas das entregas são elaboradas. São definidos os recursos, os custos e outras informações sobre as entregas.

O autor Highsmith propõe basicamente três maneiras de planejamento por iterações:

1. Um plano completo com todos os cartões de funcionalidades/entregas distribuídas em um número de iterações já definido;

2. Um plano com duas iterações apenas, executadas em forma de ciclos, de planejamento e outra de execução, sendo uma iteração com todas as entregas e outra com as entregas que serão executadas;

3. Um plano desenvolvido de maneira evolutiva, iteração após iteração.

Dependendo do nível de incerteza que existe quanto à definição das entregas, pode-se adotar uma das três opções. O exemplo da Figura 4.2 mostra um exemplo da primeira forma de planejamento com todas as iterações já definidas.

Figura 4.2   Plano de iterações e entregas do projeto

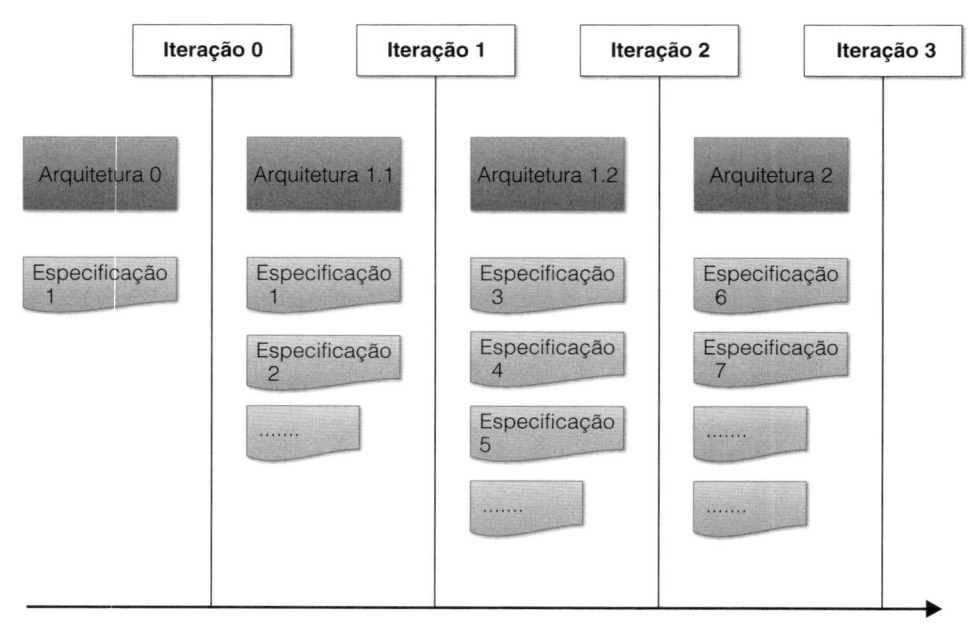

Fonte. Adaptada de HIGHSMITH, 2004.

Para projetos cujo fator de exploração é elevado, aqueles cujas incertezas e grau de inovação impactam na definição das entregas, são indicados o planejamento e a execução do projeto por iteração, uma de cada vez. Alocando as entregas nas iterações conforme a prioridade de execução e o aprendizado e conhecimento sobre o projeto, problemas e soluções evoluem.[48] Esse tipo é indicado, por exemplo, para projetos que envolvem pesquisa e novas tecnologias (P&D).

---

[48]   HIGHSMITH, 2004.

É importante enfatizar que as estimativas de prazo, custos e qualidade são difíceis de serem atingidas em projetos cujo fator de novidade é elevado, havendo muitas variáveis desconhecidas no início do projeto. Por esse motivo, a teoria do APM é mais indicada para projetos com alto fator de exploração, ou seja, requer um desenvolvimento evolutivo embasado por constantes atualizações no plano de iterações e entregas do projeto, ou seja, atualizar o escopo do projeto, monitorar custos, qualidade e prazo.[49]

Nessa forma de planejamento, por iterações e definição de entregas, os gerentes de projeto precisam aprender a fazer estimativas de prazo para as entregas ou funcionalidades do produto, de maneira progressiva, utilizando-se principalmente a experiência e o conhecimento adquirido em projetos anteriores ou durante a execução do próprio projeto. Mesmo as estimativas de prazo e custo podem sofrer alterações durante a execução do projeto. Em determinados tipos, realizados mediante contratos com escopo e valor de investimento fechado, essa abordagem apresenta desafios.

O planejamento, a execução e o controle do projeto segundo a abordagem do APM adotam um processo evolutivo e cíclico. A Figura 4.3 ilustra como, a partir da Visão do Produto, o projeto é planejado e executado. A maneira evolutiva tem como ponto de partida a Visão do Produto, em seguida o plano de iterações e entregas do projeto, que continuamente será revisto com base no escopo do projeto e Visão do Produto.

O autor indica ainda a adoção de "pulmão"[50] por meio da inserção de uma ou duas iterações vazias no plano de iterações, sem nenhum cartão de funcionalidade alocado, possibilitando acomodar mudanças nas funcionalidades, novas funcionalidades ou outras alterações no projeto.

A vantagem do planejamento iterativo e por entregas é a melhor integração e participação dos membros da equipe de projeto e a constante colaboração do cliente, juntamente com o foco em resultados, entregas, o que contribui para agregar maior valor para o cliente diante das dificuldades no desenvolvimento do projeto. Isso contribui ainda para sincronizar as expectativas do cliente com as entregas do projeto, focando naquelas de maior prioridade, evitando desperdício de tempo e recursos em entregas que não agregam valor.

---

[49] HIGHSMITH, 2004, traz uma discussão sobre o uso de iterações e revisões periódicas em sua obra.

[50] Segundo a Teoria das Restrições (do inglês *Theory of Constraints* – TOC), pulmão é a definição de um período de segurança inserido ao final do projeto, para eventuais contratempos. Em vez de superestimar a duração das atividades, adota-se um período único no prazo final do projeto que poderá ou não ser utilizado no decorrer do projeto, mas que já está incluso na data final do projeto.

Figura 4.3   Exemplo de integração entre Visão do Produto, Escopo do Projeto e Plano de Iterações

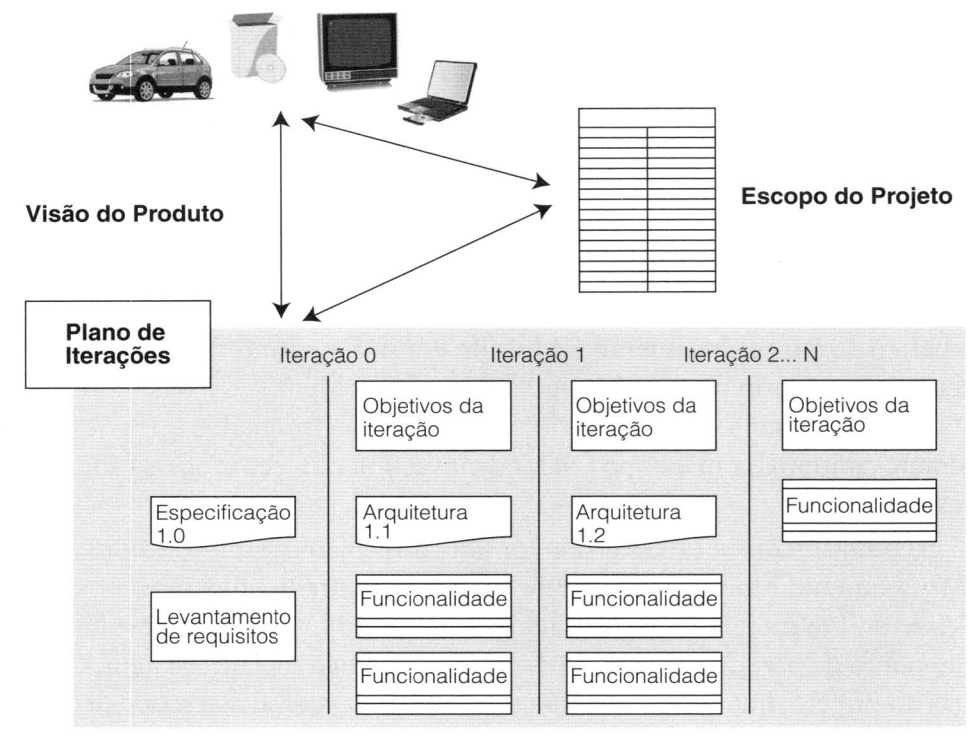

Fonte: Adaptada de HIGHSMITH, 2004, p. 91.

O enfoque está no equilíbrio da Visão do Produto e metas do projeto, forçando decisões conflitantes que contribuem para melhores resultados do projeto. Utilizar iterações com objetivos definidos e específicos, em curtos períodos, combinadas com revisões periódicas do projeto e monitoramento de seu desempenho proporciona uma visão realística dos desafios a serem vencidos, permitindo identificar e absorver mudanças no decorrer do ciclo de vida do projeto.[51]

Uma vez definidos o escopo e a equipe de projeto com as pessoas certas, identificados os envolvidos no projeto, adaptado o processo de gerenciamento, técnicas e ferramentas, e de posse do plano de iterações e entregas do projeto é o momento de monitorar e controlar a execução do plano, no caso de executar as iterações. A próxima seção apresenta as técnicas e ferramentas classificadas como "ágeis", propostas na abordagem do APM.

51   HIGHSMITH, 2004.

4.5 Técnicas e ferramentas para controle no APM

A diferença da maneira de controle no APM, perante a abordagem tradicional, está em repensar o que deve ser monitorado e controlado. No APM o foco deve estar na execução do trabalho, nos resultados. A meta é controlar a evolução, concentrando os esforços em atividades que agreguem valor para o cliente e para a própria equipe de projetos.

Como na seção anterior, algumas das técnicas e ferramentas apresentadas não trazem inovações de ruptura em termos de conceitos e metodologia. Em sua maioria, são simplificações de práticas existentes na literatura, mesmo em áreas além do GP.

4.5.1 Sessões de grupos de foco com o cliente

A participação e a colaboração do cliente no desenvolvimento de um produto inovador são fundamentais e dois dos pilares do APM. Uma técnica sugerida por Highsmith[52] é o uso de sessões de grupos de foco com o cliente (Customer Focus Group) – muito utilizadas na área de marketing e pregadas pela teoria de metodologia de projeto, para pesquisas de mercado com novos produtos, experimentação e testes de aceitação.

As sessões de grupos de foco seriam um meio de rever os resultados do projeto[53] junto ao cliente, e poderiam ser realizadas ao longo do desenvolvimento do projeto. Elas permitem que versões do resultado final (do produto) possam ser apresentadas e testadas, a fim de obter *feedback* constante, de maneira concreta. A equipe pode corrigir aspectos da visão e replanejar o projeto, incorporando mudanças capazes de solucionar problemas identificados.

Na área de software, há possibilidade, inclusive, de reuniões de revisão com o cliente, ao final de cada iteração. Highsmith[54] sugere que cada iteração tenha em torno de duas a quatro semanas. Um padrão fixo é questionável, principalmente no caso de produtos físicos e quando envolvem bens de consumo cujos clientes não são especialistas.

O número de reuniões e iterações com o cliente também seria limitado nestes casos. O uso dessa técnica depende, portanto, de um planejamento baseado na quantidade de iterações e tempo necessário para conduzir as sessões, no caso do produto e projeto.

52   HIGHSMITH, 2004.
53   HIGHSMITH, 2004.
54   HIGHSMITH, 2004.

Há dicas para condução dessas reuniões:[55] rever o produto e não a documentação gerada; e concentrar-se na identificação e documentação de mudanças desejadas pelo cliente, não apenas detalhar novos requisitos. Apesar das dicas apresentadas pelo autor, não há modelos para elaboração e condução da reunião, ou um procedimento para a sua execução, como definir critérios de avaliação ou modelo de documento para registro das informações geradas durante o CFG.

4.5.2 Reuniões periódicas da equipe de projeto (*technical reviews*)

A iteração entre os membros da equipe de projeto é tão importante quanto àquela realizada com o cliente. Para isso, propõe-se a realização de reuniões periódicas para revisão técnica do produto, ou *technical reviews*.[56] Tais reuniões devem possuir um caráter "leve" e informal, que motive a participação. Devem ser conduzidas periodicamente para garantir que avanços e alterações sejam continuamente compartilhados e alinhados entre os membros da equipe.

As reuniões proporcionam o *feedback* necessário para problemas técnicos e gerenciais, como falhas na arquitetura do produto, imprevistos, identificação de novas funcionalidades etc.

A adoção de reuniões rápidas e constantes é considerada uma boa prática no gerenciamento de projetos, mesmo para projetos tradicionais. Porém, nesse caso, supõem-se mecanismos de registros das reuniões como atas e documentos. Um dos diferenciais para o APM seria, portanto, maior grau de informalidade.[57] Isso contribui para a agilidade e o dinamismo do projeto. No entanto, pode prejudicar a elaboração de um histórico do projeto. Pode ser um problema, porém, no caso de alterações significativas, durante a execução do projeto.

O uso de registros rápidos é incentivado no APM. Mantém-se o histórico das ações tomadas, garante-se a visibilidade para o gerente do projeto e dispensa esforço extra na preparação de relatórios de progresso. Por exemplo, com um quadro visual de registro de problemas (*issues*) abertos a serem acompanhados.

---

[55] HIGHSMITH, 2004, p. 216.

[56] HIGHSMITH, 2004.

[57] HIGHSMITH, 2004, por exemplo, não deixa explícita a necessidade de se documentar os resultados dessas revisões técnicas e reforça a questão da informalidade.

4.5.3 Avaliações de desempenho e motivação da equipe de projeto

O enfoque da abordagem ágil está nas pessoas e nos resultados e, portanto, o desenvolvimento das competências individuais e motivação dos membros da equipe de projeto são fundamentais.[58] Recomenda-se a realização de avaliações dos membros em cada ponto de controle do projeto (*milestone*).[59] As avaliações devem cobrir desempenho, comportamento e motivação. Elas são úteis para garantir a auto-organização e autodisciplina, fornecendo indicações de disfunções e apoiando a tomada de decisões para solucioná-las.

Highsmith[60] sugere o uso de um gráfico conforme a Figura 4.4 para a avaliação do desempenho dos membros da equipe de projetos, considerando duas dimensões: desempenho *versus* comportamento.

Figura 4.4 Exemplo de quadro para a avaliação do desempenho *versus* comportamento dos membros da equipe de projetos

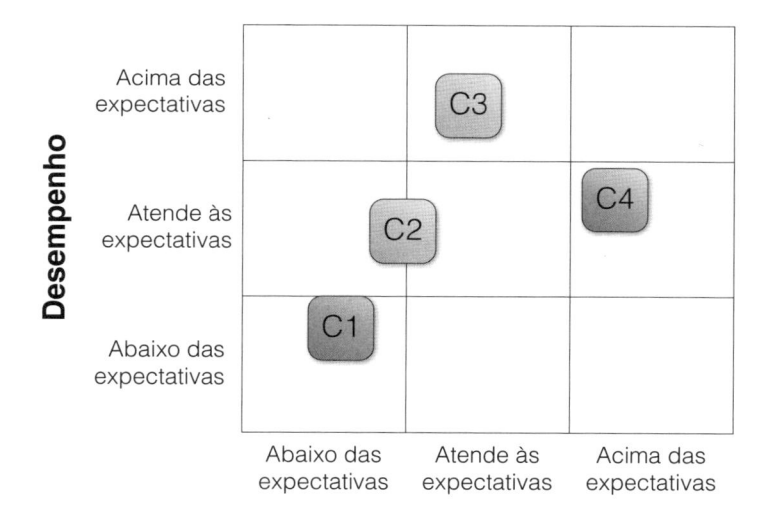

Fonte: Adaptada de HIGHSMITH, 2004, p. 221.

---

[58] HIGHSMITH, 2004.

[59] HIGHSMITH, 2004.

[60] HIGHSMITH, 2004, p. 221-222.

A Figura 4.4 serve de exemplo para uma avaliação simples do desempenho dos membros da equipe de projeto. Para realizar esse tipo de avaliação, é preciso criar uma lista de critérios e avaliar cada membro, por exemplo:[61]

- Todos os membros da equipe estão participando das discussões?
- Existe absenteísmo das reuniões diárias?
- Existe comprometimento com as entregas e resultados do projeto?
- As entregas estão sendo realizadas pelos indivíduos, no prazo e com qualidade?

Outra técnica é a avaliação do nível de motivação dos membros da equipe de projeto. Nesse caso, também é necessário criar um conjunto de critérios para que seja captado o nível de motivação por membro da equipe, com os resultados do projeto, forma de gerenciamento, ambiente etc. A Figura 4.5 apresenta um exemplo simples, por meio do uso de um quadro visual para a avaliação da motivação dos membros da equipe de projetos. Nesse exemplo, são considerados vários projetos no mesmo quadro. Pode ocorrer de um colaborador da empresa participar de vários projetos simultaneamente. Seriam necessários quadros separados, ou uma coluna adicional, para indicar qual projeto está sendo avaliado, considerando uma média das notas dadas pelos colaboradores que atuam em determinado projeto, assim como mostra o exemplo.

Para a criação desse quadro de motivação, é preciso elaborar um indicador. Um exemplo prático[62] é o caso de uma empresa de consultoria, que utiliza o indicador de ânimo, ou "animômetro", de forma estruturada de indicador de motivação dos envolvidos no projeto. O indicador é medido semanalmente durante uma reunião gerencial, com todos os membros da equipe de projeto, em que cada colaborador atribui uma nota, de acordo com o nível de motivação (ânimo) ante os desafios para a execução do projeto: entregas realizadas; ambiente organizacional etc.

Apesar de os benefícios que a técnica pode apresentar, é importante utilizá-la com cautela. Esse indicador pode refletir o sentimento momentâneo da equipe e não durante todo o projeto, ou mesmo ser mascarado pelos próprios respondentes para que as pessoas não sejam prejudicadas. Por esse motivo, é importante uma cultura "aberta" – um ambiente propício para *feedback*, em que as pessoas saibam tecer e receber críticas construtivas, haja confiança e meta comum de desenvolvimento pessoal, entre todos.

---

[61] Propostos por HIGHSMITH, 2004.

[62] KAWAMOTO, C. I. *Análise do gerenciamento de Projetos de uma empresa de consultoria à luz das metodologias ágeis.* Trabalho de Conclusão de Curso – Departamento de Engenharia de Produção da Escola de Engenharia de São Carlos. São Carlos: Universidade de São Paulo, 2009.

Figura 4.5   Exemplo de quadro para avaliação da motivação da equipe de projetos

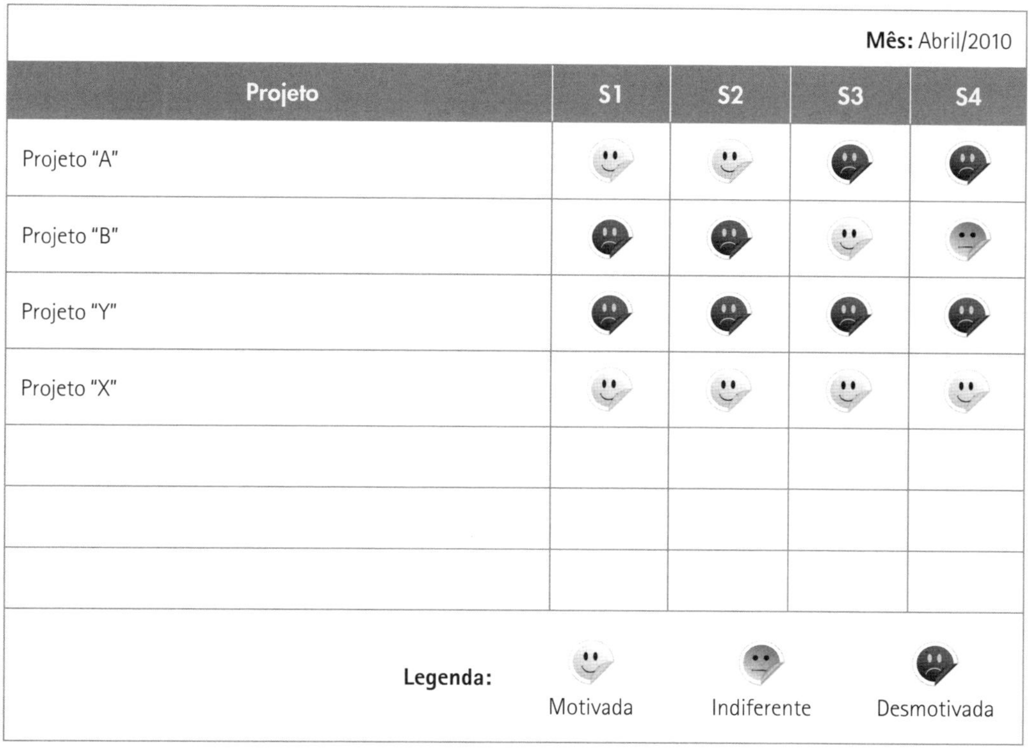

Projeto	Mês: Abril/2010			
	S1	S2	S3	S4
Projeto "A"	🙂	🙂	☹️	☹️
Projeto "B"	☹️	☹️	🙂	😐
Projeto "Y"	☹️	☹️	☹️	☹️
Projeto "X"	🙂	🙂	🙂	🙂

Legenda: 🙂 Motivada   😐 Indiferente   ☹️ Desmotivada

Fonte: KAWAMOTO, 2009.

4.5.4   Relatórios de acompanhamento simplificados

Muitos autores do APM mantêm a opinião de que os relatórios de acompanhamento ainda têm seu papel. Os relatórios de progresso do projeto são fundamentais para a identificação de progressos, tomada de decisões, identificações de riscos etc. Segundo esses autores, o problema da literatura de GP tradicional é a maneira como os relatórios de progresso de projeto são apresentados.[63]

Eles devem ser simples. A Figura 4.6 fornece um exemplo de relatório de progresso do projeto baseado em entregas, denominado *Parking Lot*. Foi originalmente proposto por Delucca,[64] e adotado por outros autores,[65] e consiste em pequenos quadros com o nome da entrega. Há uma barra de *status* para cada entrega

---

[63] KAWAMOTO, 2009.
[64] HIGHSMITH, 2004.
[65] HIGHSMITH, 2004 e COHN, 2006.

(% – porcentagem realizado) e uma data, prazo, final. Também pode ser dividido por departamento, área ou grupos de entrega.

Figura 4.6   Exemplo de relatório de progresso do projeto

Área/Departamento

Área/Departamento

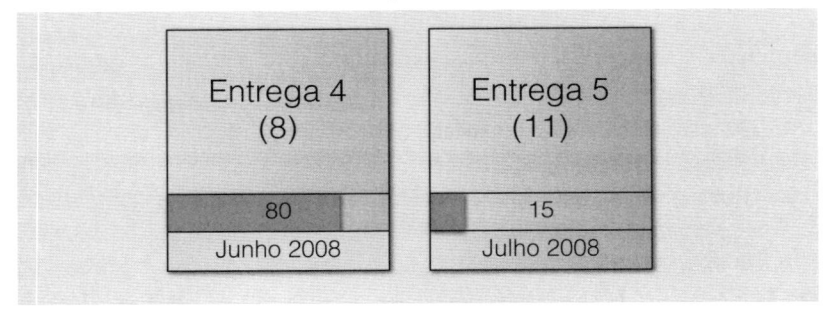

Fonte. Adaptada de HIGHSMITH, 2004, p. 224.

O relatório tem como foco os resultados. Ele mede o desempenho do projeto por meio da medição do escopo, mediante as entregas completas. Essa filosofia de gerenciamento baseado em entregas de valor é a base de outros instrumentos de controle, os relatórios conhecidos como *burn-down*, apresentados a seguir.

Gráfico de desempenho tipo *burn-in* e *burn-down*

São gráficos que medem o trabalho realizado *versus* o que foi planejado, por iteração. De acordo com a teoria do APM, desde que ocorram mudanças e elas sejam absorvidas no projeto, o que importa é medir o desempenho do projeto pela quantidade de entregas realizadas, por exemplo: se no plano de projeto estavam previstas 175 entregas, e a equipe de projeto completou 170, obtevê um bom desempenho, mesmo que aquelas entregas realizadas tenham sofrido mudanças se comparadas com o plano original. Uma definição clara de entregas[66] é fundamental para a empresa que adota o método.

A Figura 4.7 mostra um exemplo de gráfico do tipo *burn-in*. Esse relatório possui três variáveis: uma que indica o plano original, outra que apresenta o plano revisado e uma que aponta o trabalho atual realizado. Nesse gráfico, é possível identificar o desvio do plano original contra o revisado, e do revisado contra o que realmente foi entregue. No eixo "x" coloca-se a quantidade de iterações já realizadas; e, no eixo "y", mostra-se a quantidade de entregas acumuladas.

Figura 4.7   Exemplo de gráfico *burn-in* (desempenho do plano de entregas *versus* tempo)

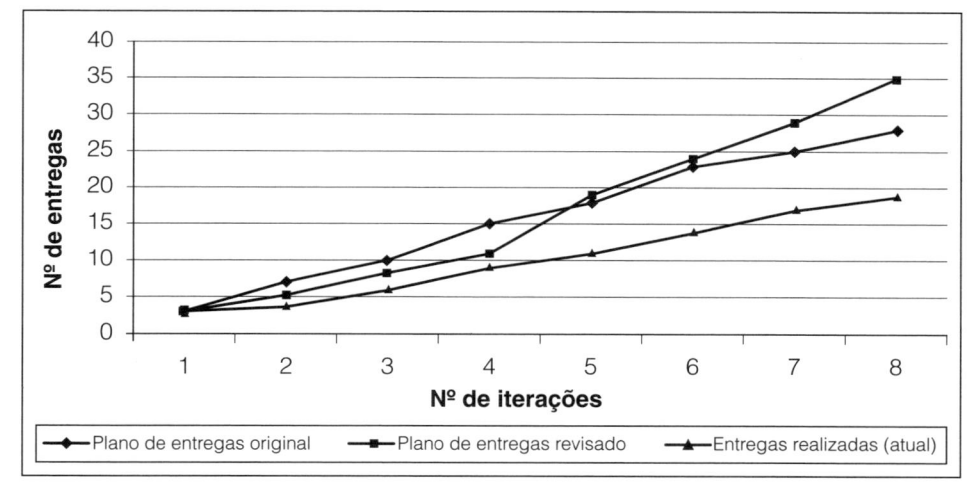

Fonte: Adaptada de HIGHSMITH, 2004, p. 226.

Esse tipo de controle pode ser utilizado para o planejamento de projetos com iterações do tipo 1-N (um para N), no qual são definidas e priorizadas as entregas para compor a iteração seguinte e todas as outras entregas são alocadas em uma iteração "virtual" ainda não definida, ou planejada.[67] Também pode ser utilizado para projetos que tenham todas as iterações definidas. É importante salientar que esse tipo de controle apresenta uma restrição quanto ao real valor ou "peso" de cada entrega. Seu planejamento é linear e constante, desconsiderando, por exemplo, a complexidade e importância de uma entrega para o projeto, alocada em

---

[66] Segundo o IPMA, 2006, entregas são representadas por desenhos, esboços, esquemas, descrições, modelos, protótipos e sistemas de vários tipos. Podem ser tangíveis ou intangíveis. No entanto, segundo a abordagem do APM, as entregas devem ser definidas a tal ponto que possam ser mensuradas e controladas.

[67] HIGHSMITH, 2004.

determinada iteração. Logo, é importante caracterizar cada uma das entregas, utilizando, por exemplo, um procedimento simples de atribuição de pesos.

Esse tipo de controle não deixa de ser uma maneira simplificada de monitorar planejado *versus* executado, por exemplo, a porcentagem de esforço em horas-homem realizado em comparação com o plano base do projeto (*baseline*). A diferença está no modo de apresentação e planejamento, que, nesse caso específico, é feito de forma evolutiva, em que o número de entregas aumenta conforme o projeto é desenvolvido.

Outro exemplo de técnica para o gerenciamento do escopo e entregas do projeto é o gráfico *burn-down*. Um exemplo apresentado por Cohn[68] mostra o progresso do projeto, em termos de escopo e tempo, relacionando a quantidade de entregas com as iterações planejadas, considerando o plano original *versus* o progresso atual do projeto (executado). O gráfico, conforme mostra a Figura 4.8, é chamado gráfico "burn-down". Esse modelo de gráfico é muito utilizado nas aplicações dos princípios do APM.

Ao contrário do controle apresentado na Figura, o gráfico *burn-down* é mais indicado quando se tem planejado as iterações do projeto e uma visão sobre a quantidade de entregas do projeto ou, no caso de software, funcionalidades do software (*features*). No decorrer do desenvolvimento do projeto essas entregas são finalizadas e a lista de entregas diminui, conforme mostra o exemplo da Figura 4.8.

Figura 4.8 Exemplo de gráfico *burn-down* (entregas *versus* iterações)

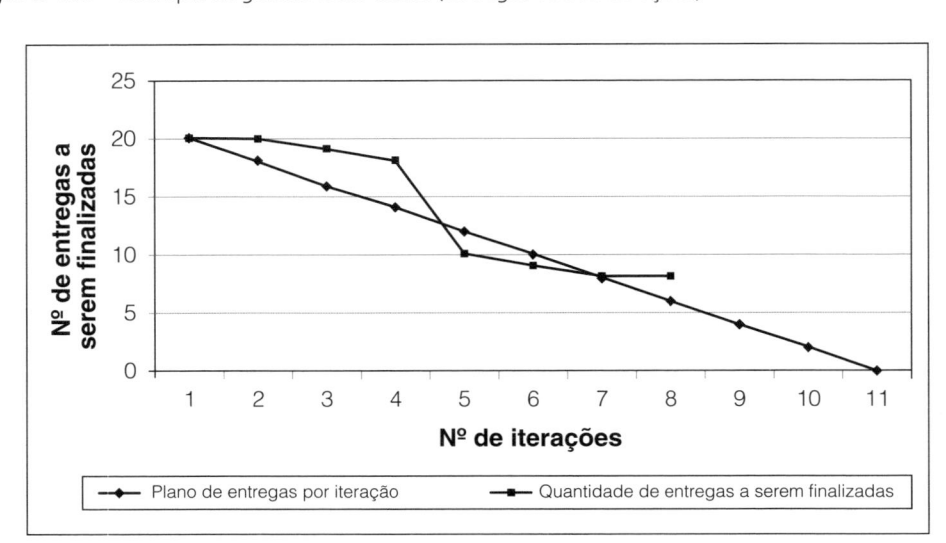

Fonte: Adaptada de COHN, 2005, p. 213.

68 COHN, 2005.

O funcionamento é simples. A linha "Quantidade de entregas a serem finaliza-das" é formada pelas entregas executadas ou, como é chamado na área de software, "backlog" de entregas. Nota-se que a linha do plano de entregas por iteração é linear, constante e decrescente. Não é comum; trata-se de exemplo didático para ilustrar o conceito. O plano de entregas pode variar e a quantidade de entregas não será igual-mente distribuída entre as iterações. Isso dependerá do tipo de projeto, quantidade de iterações, fase do projeto e deve estar de acordo com as mudanças realizadas.

No exemplo da Figura 4.8, nota-se que até a quarta iteração o projeto estava atrasado em número de entregas finalizadas, ante o que foi inicialmente planeja-do. Já na quinta iteração, a equipe de projetos recuperou esse atraso e superou o planejamento, finalizando mais entregas do que o previsto inicialmente. Existe ainda a possibilidade de adicionar outras variáveis no gráfico, como, por exemplo, recursos utilizados.

Apesar de o gráfico indicar atraso na quarta iteração, é preciso considerar o peso e a contribuição das entregas realizadas, da mesma maneira que o *burn-in*. Cada iteração possui um conjunto de entregas, e o conjunto total de esforço não é uniformemente distribuído entre as entregas. Por exemplo, caso uma entrega seja um modelo 3D detalhado do produto, e outra seja apenas um esboço ou especificação de uma parte do produto, ambas têm o mesmo peso na contagem total. Portanto, é preciso adotar mecanismos complementares de medição do desempenho. Uma saída é adotar pesos para as entregas, empregando-se critérios bem definidos, como recursos alocados na entrega, prazo de conclusão, nível de complexidade etc. O que, por sua vez, impacta na simplicidade e facilidade de uso do indicador.

Esse tipo de controle também pode ser realizado por meio do monitoramento do encerramento das entregas alocadas, em suas determinadas iterações, conforme plano de iterações definido no início do projeto. Existem outras formas de apre-sentação do gráfico *burn-down*, encontradas na literatura,[69] por exemplo, gráfico de barras. O conceito aplicado e o propósito, porém, permanecem os mesmos. Um dos autores[70] da teoria do APM argumenta que os gráficos do tipo *burn-down* são maneiras simplificadas e visuais para monitoramento, avaliação e apresentação do progresso do projeto utilizando duas variáveis principais: entregas (escopo) e iterações (tempo). O mesmo conceito pode ser utilizado para atividades e tarefas, subdivididos por fases do projeto, por exemplo.

[69] COHN, 2005, p. 215-217.
[70] COHN, 2005.

Gráfico de valor acumulado

Outro tipo de mecanismo de controle similar são os que mostram o número de entregas *versus* o valor acumulado dessas entregas. A equipe de projetos define com base no custo de cada entrega ou quanto de valor ela pode agregar para o cliente, baseando-se em estimativas e experiência profissional. Conforme as entregas são finalizadas, o valor acumulado é revisado. A Figura 4.9 mostra um exemplo de gráfico de valor acumulado *versus* entregas acumuladas. Note que o mesmo tipo de gráfico pode ser utilizado para custo das entregas, e não valor agregado.

Figura 4.9 Exemplo de gráfico mostrando o valor agregado acumulado *versus* a quantidade de entregas acumulada por iteração

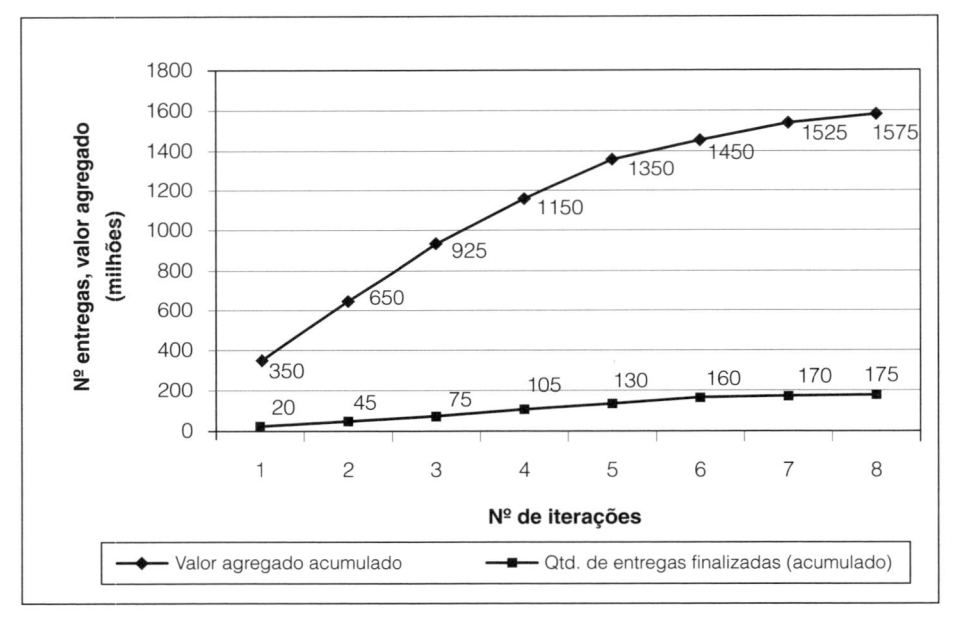

Fonte: Adaptada de HIGHSMITH, 2004, p. 226.

Esse conceito também não é novo ou exclusivo da abordagem do APM. Trata-se de uma representação diferente do conceito de valor agregado, que mede quanto de trabalho foi executado, o valor real desse trabalho comparando-se com o planejado em uma linha temporal.[71] É uma técnica muito utilizada pelas empresas que adotam gerenciamento de projetos. Vários autores como Highsmith e Chin sugerem o uso dessa técnica adaptada para os princípios do APM como forma de monitoramento do progresso do projeto e valor agregado das entregas finalizadas no projeto.

---

[71] PMBOK, 2008.

Gráfico de estimativa de prazo

Há várias propostas na literatura de técnicas para analisar as iterações previstas no início do projeto *versus* a quantidade de semanas (tempo) necessária para completar o projeto. Conforme as iterações são finalizadas, e as informações são mais precisas, o nível de incerteza diminui e o gráfico é atualizado. Nesse tipo de gráfico é possível criar variações, por exemplo, trocando-se as semanas por entregas, marcando-se o número de entregas totais previstas para se completar o projeto.

Utilizando o planejamento das entregas e mudanças no projeto, três cenários de duração do projeto são utilizados: um cenário com planejamento pessimista, em que o número de semanas é superestimado; um cenário de planejamento otimista, em que a quantidade de semanas que o projeto vai durar é subestimado; e um terceiro nível de planejamento mais provável, conforme ilustra a Figura 4.10.

Figura 4.10 Exemplo de gráfico para controle do tempo *versus* iterações

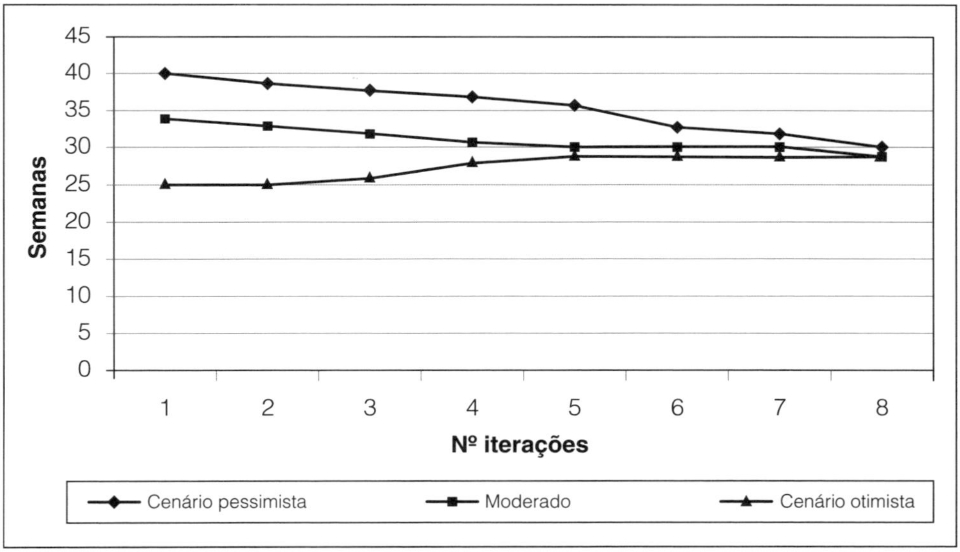

Fonte: Adaptada de HIGHSMITH, 2004, p. 228.

4.5.5 Painéis visuais de planejamento e controle de atividades

Uma maneira bastante simples para gerenciar entregas de um projeto é utilizar quadros visuais. Na área de desenvolvimento de software, esses quadros são conhecidos como *Task Board*[72] e são utilizados para programar a execução de tarefas usando pequenos pedaços de papel (cartões) ou até mesmo escrevendo em quadros brancos.

O quadro de tarefas serve a um duplo propósito. Proporcionar à equipe de projeto um mecanismo conveniente, simples e visual para organizar seu trabalho, permitindo uma visão geral do trabalho que precisa ser executado.[73] Melhorar a interação entre os membros da equipe e sua participação no planejamento e controle do projeto, descentralizando essa atividade do gerente de projetos.

A Figura 4.11 descreve esquematicamente um exemplo de quadro de tarefas.[74] O exemplo é direcionado para um projeto de desenvolvimento de um software fictício. A primeira coluna, "função", contém os requisitos do cliente em forma de funções que o cliente executa (uma forma de história baseada na percepção do usuário do sistema sobre como realizar uma ação ou tarefa utilizando o software). Essas histórias e todas as informações são inseridas no quadro de tarefas, utilizando recados autoadesivos (cartões). Esses cartões podem ser coloridos para chamar atenção ou destacar alguma informação no quadro.

Figura 4.11 Quadro de atividades (ou *task board*) para planejamento e controle de atividades

Função	Executar	Teste0 K	Em progresso	Verificar	Horas
Como usuário eu posso... 5	Programar... 8		Programar... SC 6	Código... LC 4	33
	Programar... 5	✓	Programar... DC 4		
	Programar... 6				
Como usuário eu posso... 2	Programar... 8				13
	Programar... 5				
Como usuário eu posso... 3	Programar... 3	✓	Programar... MC 4		13
	Programar... 6				

Fonte: Adaptado de COHN, 2005, p. 222.

---

[72] HIGHSMITH, 2004;COHN, 2005.
[73] COHN, 2005.
[74] Proposto por COHN, 2005.

Na segunda coluna ("executar") estão as atividades a serem realizadas, seguidas de uma coluna para indicação da realização de testes. A coluna "progresso" significa as atividades em execução, seguida de uma coluna "verificar" na qual estão as atividades que precisam ser revistas ou avaliadas e, por fim, uma coluna com o montante de horas dedicadas para atividades relacionadas ao desenvolvimento do trabalho ou entrega da funcionalidade.

Os cartões com as tarefas e atividades a serem desenvolvidas originam-se do plano de entregas e da decomposição das entregas. O uso do quadro de tarefas pode ser útil para decompor as entregas complexas em um subnível (atividade ou tarefa) ou até mesmo uma subentrega.

A Figura 4.12 é um exemplo real do uso do quadro visual para controle do projeto. O exemplo mostra um projeto de um veículo para uma competição entre alunos da área de engenharia, de determinada universidade. As atividades do projeto estão agrupadas por conjunto de sistemas do veículo, por exemplo: freio, chassi, suspensão etc.

Figura 4.12   Quadro visual de acompanhamento do projeto

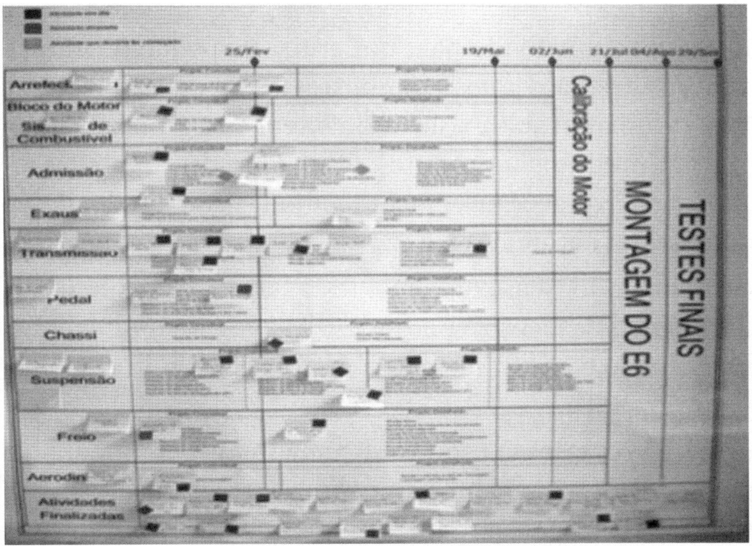

Fonte: KAWAMOTO, 2009.

4.6 Método para planejamento e controle no APM (IVPM2)

A descrição dos métodos evidencia a afirmação feita no início da seção de que não há técnicas e ferramentas realmente inovadoras na área. São simplificações dos controles tradicionais (cronograma, valor agregado e indicadores de desempenho) ou técnicas que existiam para outros fins (como é o caso dos grupos de foco e painéis).

Em comum, as técnicas apresentadas contemplam aspectos visuais e interativos em uma maneira de utilização simplificada, a um nível de complexidade útil para alguns tipos de projetos, conforme discussão dos princípios e modelos do APM.

Um dos problemas é que as descrições são isoladas; a maioria dos autores não mostra a relação e aplicação conjunta desses elementos. Faltam também procedimentos ou métodos para aplicação em projetos de desenvolvimento de produtos físicos.

Evitando incorrer na mesma deficiência, elaborou-se um método, um conjunto de passos, que faz parte do modelo referencial apresentado neste livro e que combina vários desses elementos. O método apresentado serve de referência para o leitor sobre como "orquestrar" ferramentas e técnicas para obter o gerenciamento conforme diretrizes do APM.

O método foi desenvolvido para um grupo de pequenas empresas de base tecnológica da região de São Carlos e combina as ferramentas apresentadas na seção anterior – fruto de uma pesquisa-ação de dois anos em empresas de alta tecnologia que desenvolvem produtos inovadores. O método desenvolvido foi intitulado Iterative and Visual Project Management Method (IVPM2) e foi desenvolvido no grupo de pesquisa dos autores do livro.[75]

Conhecer o método, seus componentes e etapas para utilizá-lo cumpre dois objetivos. O leitor pode fazer uso replicando-o na íntegra, com pequenas alterações. E serve como exemplo e inspiração para a personalização de um método próprio, específico para a empresa.

A Figura 4.13 representa esquematicamente os componentes e etapas do IVPM2. Juntos, estabelecem um procedimento para planejar e controlar projeto no APM, recorrendo às técnicas e ferramentas apresentadas na seção anterior.

---

[75] CONFORTO, 2009. O nome foi batizado quando da sua primeira publicação, na revista científica do PMI. Ver CONFORTO, E. C.; AMARAL, D. C. Evaluating na agile method for planning and controlling innovative projects. *Project management journal*. Disponível em: <http://dx.doi.org/10.1002/pmj.20089>. Consultado em: dez. 2009. A pesquisa que originou o IVPM2 é reconhecida mundialmente, tendo recebido três prêmios internacionais oferecidos pelas principais associações de gerenciamento de projeto do mundo, o Project Management Institute (PMI), com sede nos Estados Unidos, o International project management association (IPMA), com sede na Holanda, e o PMI Educational Foundation, mantida pelo PMI, e, por fim, o IIL – International institute for learning, dirigido pelo Dr. Harold Kerzner, um dos mais reconhecidos especialistas na área de gerenciamento de projetos.

Os componentes são cinco:[76]

- MFE – Modelo de Fases e Entregas;
- PVPCP – Painel Visual de Planejamento e Controle de Projetos;
- QPFS – Quadro de Planejamento Fino Semanal;
- SGP – Sistema para Gerenciamento de Projetos; e
- SID – Sistema de Indicadores de Desempenho.

Figura 4.13 Método para Gerenciamento Ágil de Projetos – IVPM2

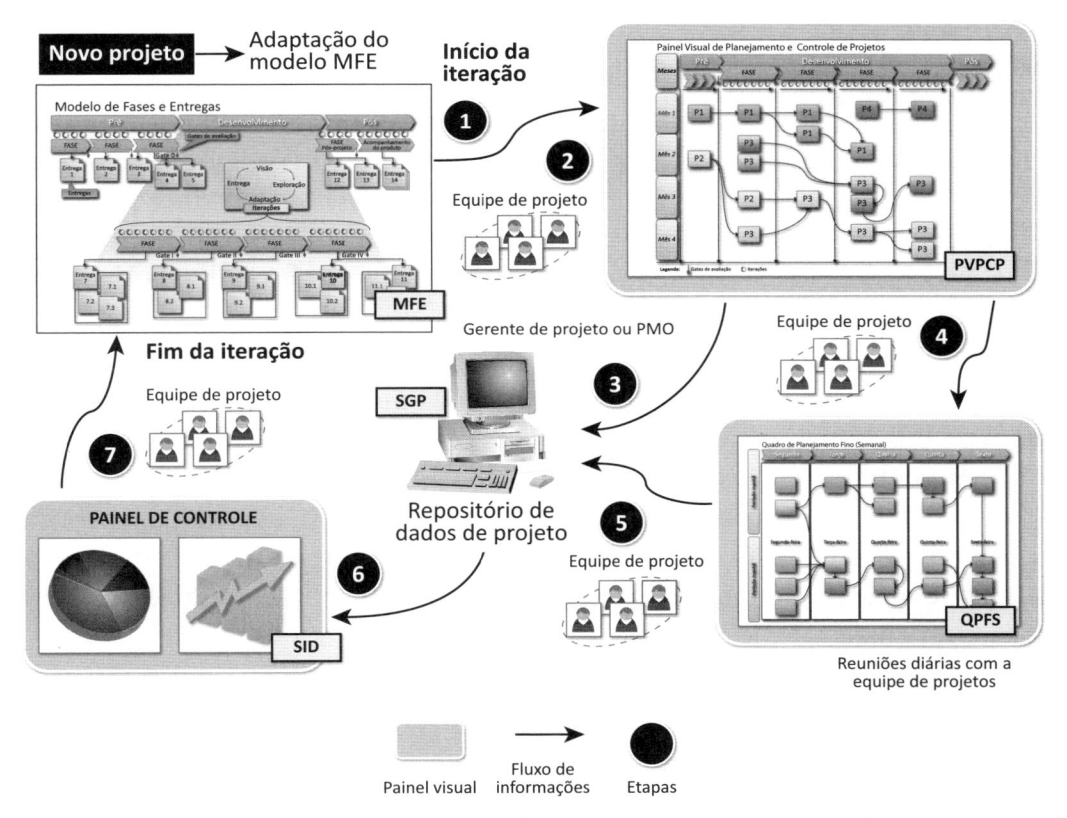

Legenda de siglas: MFE – Modelo de Fases e Entregas; PVPCP – Painel Visual de Planejamento e Controle de Projetos; SGP – Sistema para Gerenciamento de Projetos; QPFS – Quadro de Planejamento Fino Semanal; SID – Sistema de Indicadores de Desempenho.

Fonte: adaptado de CONFORTO e AMARAL, 2010.[77]

---

[76] Os componentes do método foram desenvolvidos a partir de múltiplas fontes e por meio de uma pesquisa-ação realizada em duas empresas de alta tecnologia, durante o período de um ano e meio.

[77] CONFORTO; AMARAL, 2009.

Para a utilização dos cinco componentes de maneira integrada e iterativa, foram definidas sete etapas que compõem o processo para planejamento e controle dos projetos. Estão numeradas de 1 até 7. Há ainda um conjunto modelos de documentos simplificados que exemplificam e apoiam sua adoção.[78]

4.6.1 Componentes

As próximas seções detalham cada um dos cinco componentes do método, bem como o procedimento para sua utilização. A apresentação em detalhes do método IVPM2 será feita por componente. Em seguida, o processo iterativo (conjunto de etapas necessárias para utilizá-lo).

Modelo de Fases e Entregas (MFE)

O componente básico no IVPM2 é o Modelo de Fases e Entregas (MFE), definido como um modelo do processo de negócio simplificado. Parte-se da premissa de que a empresa possua um conjunto mínimo e próprio de fases, atividades e artefatos, que integram o processo de desenvolvimento de produtos. Esses padrões precisam ser consolidados em uma maneira simples, organizados em fases, atividades e com artefatos mínimos. A referência simples é o MFE.

Um MFE permite uma descrição uniforme do processo de desenvolvimento de produtos na empresa. Muitas vezes cada departamento, ou equipe de projeto, possui uma visão própria sobre os objetivos do processo, resultados, e desempenho necessário para se alcançar as metas estratégicas do negócio.[79] Mas, para seguir as características da abordagem do APM, esse modelo precisa ser também simples. O diferencial para modelos de referência similares é a simplicidade. Deve conter um conjunto mínimo de padrões, suficientes para as entregas mais simples.

A Figura 4.14 sintetiza um Modelo de Fases e Entregas desenvolvido para servir de referência aos profissionais interessados em utilizar o IVPM2. Ele é composto por macrofases (Pré-desenvolvimento; Desenvolvimento e Pós-desenvolvimento) e fases. Essa proposta inicial permite aos profissionais da área compreender o que é um MFE e auxiliar os que desejam utilizá-los, pois serve como uma referência inicial para a adaptação. Foi elaborado a partir da simplificação dos métodos

---

[78] A descrição do método em detalhes, bem como os modelos de documentos, pode ser encontrada no site do método: HTTP://www.ivpm2.com.br. Outras informações sobre o método IVPM2 estão no portal de conhecimentos (http://www.portaldeconhecimentos.org.br) e também no site do livro.

[79] ROZENFELD et al. *Gestão do desenvolvimento de produtos* – uma referência para a melhoria do processo. São Paulo: Saraiva, 2006.

tradicionais, incorporações das técnicas e ferramentas do APM (apresentadas nas seções anteriores) e experiências conduzidas pela equipe de autores.[80]

Figura 4.14 Esboço do Modelo de Fases e Entregas (MFE)

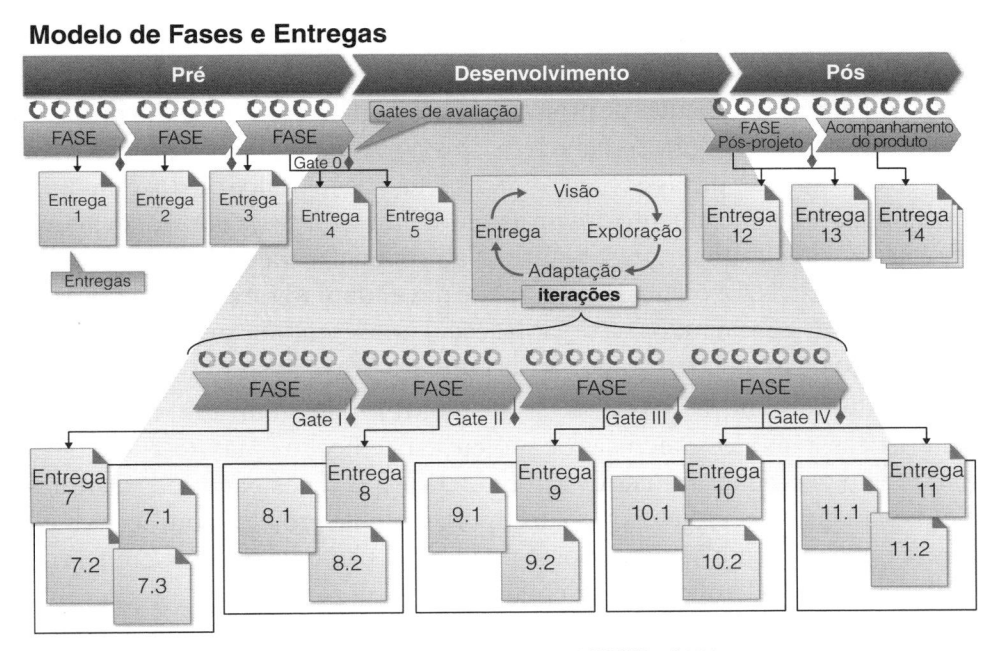

Fonte: Desenvolvida por CONFORTO, 2009. Baseada em COOPER, 2001 e 2008; HIGHSMITH, 2004 e ROZENFELD et al., 2006.

O modelo de fases e entregas foi adaptado a partir do modelo de referência para desenvolvimento de produtos proposto por Rozenfeld.[81] Utilizou-se, também, os conceitos de *Stage-Gates®* proposto por Cooper, desenvolvimento em espiral[82] e princípios da abordagem do APM, assim como experiências com implantação de métodos e ferramentas do APM.

O uso de um modelo de fases e entregas como componente do IVPM2 é de extrema importância, pois, mesmo nos casos de produtos inovadores, com mudanças constantes no escopo, é sempre possível estabelecer um vocabulário mínimo, facilitando a comunicação e interação entre os envolvidos. Poucos envolvidos no

---

[80] Esse conjunto de modelos de documentos (*templates*) foi elaborado a partir de múltiplas fontes: a literatura de gerenciamento ágil de projetos, a literatura de desenvolvimento de produtos e uma pesquisa-ação realizada em duas empresas, documentada em CONFORTO, E. C. *Gerenciamento ágil de projetos*: proposta e avaliação de método para gerenciamento de escopo e tempo. São Carlos, 2009. Dissertação (Mestrado). Escola de Engenharia de São Carlos, Universidade de São Paulo. Os modelos podem ser obtidos no site do livro e no endereço: http://www.ivpm2.com.br.

[81] Para uma descrição mais detalhada do modelo de referência para o desenvolvimento de produtos, bem como a descrição de suas macrofases e fases, ver: ROZENFELD et al., 2006.

[82] COOPER, 2008.

projeto de um novo produto possuem a visão do todo,[83] provavelmente gerentes de projeto, gerente de produto, dificultando o entendimento claro dos objetivos do projeto, ou seja, a "visão" de aonde se quer chegar com aquele empreendimento. A falta da visão dificulta não somente a definição dos objetivos e entregas na dimensão "produto", conforme discutido no Capítulo 3, mas também impacta negativamente na condução das negociações.

Por se tratar de um modelo de referência, adaptações serão necessárias para atender a diferentes ambientes de projetos, tipos de empresas e necessidade de maior grau de detalhes do modelo. As características do MFE, tais como uso de iterações, avaliação de transição de fases, *Stage-Gates*®,[84] uso de modelos de documentos padronizados para gerenciamento dos projetos, definição de fases e atividades comuns nos projetos, precisam ser preservadas. Na nomenclatura de fases e artefatos, a liberdade é maior. Não só é possível, como se deve adaptá-la ante as peculiaridades, cultura e termos consagrados na organização. Isso é comum e necessário, uma vez que o modelo deve refletir a realidade da empresa.[85]

Cada empresa deve, primeiro, criar seu MFE personalizado, incorporando características, métodos e técnicas de projeto específicos às suas necessidades. Poderá também personalizar mais de um modelo, específicos para tipos distintos de projeto: para grandes projetos, projetos incrementais, projetos com serviço etc. A empresa pode utilizar o MFE proposto no livro ou partir de outra referência como CMMI-dev, Modelo Unificado ou demais.

O MFE deve contemplar a definição de cada entrega padrão, em cada uma das fases do projeto. Cada entrega padrão descrita no MFE representa um resultado, que pode ser medido, avaliado; algo tangível. Ao se tornar padrão, permite que todos entendam de maneira mais clara o que deve ser feito. A maioria das entregas são documentos, relatórios, procedimentos, esboços ou esquemas, que representem algum resultado do projeto e que agreguem valor para o cliente e para a equipe de projeto.

Mesmo possuindo um MFE padrão para o desenvolvimento de produtos, é comum a necessidade de ajustes específicos para o projeto em si. A justificativa para esse ajuste é simples. O modelo de referência é a receita geral "do bolo", mas cada projeto contém variações. É como utilizar a mesma receita de bolo de chocolate para fazer um bolo de milho. Elas comungam características e ingredientes, contudo, a mudança no escopo, no objetivo, implica mudanças em ingredientes e passos para o usuário da receita. No caso de um projeto, o usuário é a equipe de projeto, que faz alterações em métodos, técnicas, recursos e etapas do MFE, conforme as condições específicas.

[83] ROZENFELD et al., 2006.

[84] COOPER, R. *Winning at New Products* – Accelerating the process from idea to launch. Perseus Publishing: Cambridge, 2001.

[85] ROZENFELD et al., 2006.

A atividade deverá ser realizada pelo Gerente de Projeto, que aprovará o resultado com a equipe. Pode também ser feita junto da equipe. Deve-se fazer uso dos modelos de documento (*templates*) que fazem parte de um MFE. A seguir, é apresentado um conjunto mínimo de documentos padronizados para aplicação do IVPM2.

Plano de Projeto Ágil (PPA)

O início de projetos de produtos inovadores é turbulento. O planejamento inicial requer organização das ideias e informações disponíveis para apoiar a equipe no planejamento e execução do projeto. No IVPM2, propõe-se a realização de um Plano de Projeto Ágil. Ele deve conter apenas informações úteis e relevantes, organizadas de uma forma simples e visual, e que agreguem real valor para a equipe de projetos. Trata-se de um documento interno para planejamento, acompanhamento e controle do projeto. A inserção de conteúdo nesse documento deve ser realizada de forma evolutiva, permitindo o aprendizado e assimilação por parte da equipe de projeto.

A Figura 4.15 apresenta um exemplo ilustrativo da estrutura do documento PPA. O objetivo aqui não é descrever o conteúdo do documento, pois este poderá variar de empresa para empresa. Nosso objetivo principal é mostrar visualmente que esse modelo deve ser simples.

Figura 4.15 Exemplo ilustrativo da estrutura do modelo de documento PPA

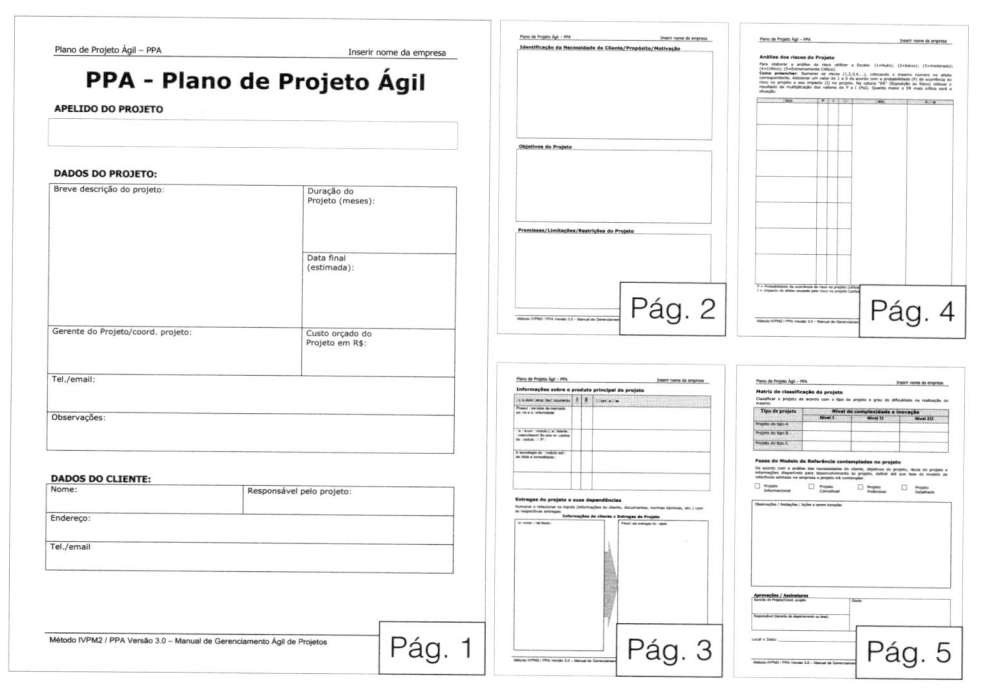

Fonte: Adaptada de CONFORTO, 2009.

No PPA também devem estar resumidas as informações básicas sobre o produto a ser desenvolvido. Em conjunto com os documentos gerados na fase de "visão" do produto, o PPA pode incluir uma matriz de relacionamento entre as entregas do projeto, informações de responsabilidade do cliente, premissas e restrições do projeto. Nesse documento podem ser acrescidos itens como matriz de classificação do tipo de projeto, grau de inovação e complexidade do projeto, ou seja, o que for necessário para cada um dos projetos da empresa. O PPA é um documento dinâmico, e, por esse motivo, seu padrão deve ser avaliado constantemente pela organização, inserindo novos campos e informações. Basicamente, o PPA pode incluir:

- Um espaço para inserir dados do projeto, como: apelido do projeto; breve descrição; data de início e fim; valor total estimado para investimento; equipe do projeto; identificação das necessidades do cliente, propósito e motivação para execução do projeto; descrição dos objetivos do projeto; premissas, limitações e restrições;

- Um campo para identificação de informações sobre o produto do projeto; documentos existentes como pesquisa de mercado, análises técnica e econômica etc.;

- Um campo para definição das principais entregas do projeto: modelos virtuais; protótipos; documentos e relatórios etc. Juntamente com as dependências de informações do cliente, e a participação da equipe do cliente. Em projetos cujo cliente participa ativamente no desenvolvimento da solução é importante deixar bem explícito quais são as responsabilidades do cliente e como ele vai participar no projeto;

- Um campo para análise de riscos do projeto: em projetos de cunho inovador é fundamental realizar uma análise de risco, mantê-la atualizada e definir ações para mitigá-los. Nesse mesmo campo é possível inserir uma análise de oportunidades de novos negócios, produtos ou serviços ou até melhorias no projeto em execução que possam ocorrer durante o ciclo de vida do projeto. Em ambos os casos, o acompanhamento deve ser uma rotina e o detalhamento e a compreensão dos riscos e ações a serem tomadas devem servir como aprendizado para a equipe de projetos, cliente e empresa executora do projeto;

- O PPA deve possuir um campo para definição e classificação do projeto segundo uma tipologia, definida pela empresa. É importante possuir uma lista de critérios para classificação dos tipos de projetos para que o modelo seja adaptado da melhor maneira possível, permitindo melhor gerenciamento do projeto e consequentemente melhores resultados.

O PPA pode ser criado imediatamente após a obtenção da Visão do Produto. A empresa pode decidir incorporá-lo no mesmo conceito de quadro visual da visão, apresentado no Capítulo 3. Sua função é concentrar as informações relevantes do plano do projeto, como definição das principais entregas, prazos, identificação dos riscos etc. As entregas serão extraídas do documento chamado "Matriz Item-Entrega", resultado final do método para a criação da "visão" em projetos inovadores.

O PPA requer atualização constante: a cada transição de fase (segundo o MFE) ou sempre que houver alguma alteração relevante no projeto. Alguns casos em que o documento deve ser atualizado: identificação de novos riscos no projeto; identificação de um novo requisito que afetará alguma entrega do projeto; identificação de uma nova entrega etc.

Documento para Avaliação de Transição de Fases (ATF)

O modelo utilizado para Avaliação de Transição de Fases é resultado da adaptação de conceitos da abordagem do gerenciamento ágil e da sistemática de Gates proposta por Rozenfeld et al. (2006). O ATF serve para autoavaliação e também para a avaliação de transição de fases. O cabeçalho do documento contém campos para inserir informações sobre o projeto, como apelido, participantes da reunião de avaliação e *status* do documento.

O documento está dividido em três seções. A primeira apresenta os critérios de aprovação relacionados ao produto do projeto e gerenciamento do projeto. Aqui, é importante destacar que, para cada projeto e fase do MFE, existirá um conjunto específico de critérios de aprovação. Podem existir critérios padronizados conforme aqueles propostos no modelo disponibilizado juntamente com o IVPM2, mas a equipe deverá criar critérios específicos, e retirar aqueles que não atendem às características peculiares de cada projeto.

Na segunda seção do documento, existem campos para avaliação do projeto, tendo como base as informações inseridas na primeira seção do documento. Deverá haver um consenso a respeito da aprovação ou não do projeto para prosseguir no MFE e adentrar a próxima fase. Caso existam problemas no projeto, este poderá ser redirecionado ou, ainda, aprovado com ressalvas. As ações corretivas, ou aquelas preventivas, deverão estar descritas no documento, havendo concordância da equipe e gerente de projetos, e também do cliente, sobre os rumos do projeto para a próxima fase. A terceira seção do documento traz um *checklist* para a verificação de documentos necessários para avaliação da fase, que deve ser preenchido antes da realização da reunião de transição de fases.

A Figura 4.16 mostra um exemplo ilustrativo do modelo para Avaliação de Transição de Fases (ATF). Na página 1, temos os critérios de aprovação do projeto para a primeira fase; na página 2, um campo para descrever se o projeto foi: aprovado para a próxima fase, redirecionado ou aprovado com ressalvas; e um campo para descrição das ações de melhoria a serem tomadas.

Figura 4.16 Exemplo ilustrativo do modelo para Avaliação de Transição de Fases (ATF)

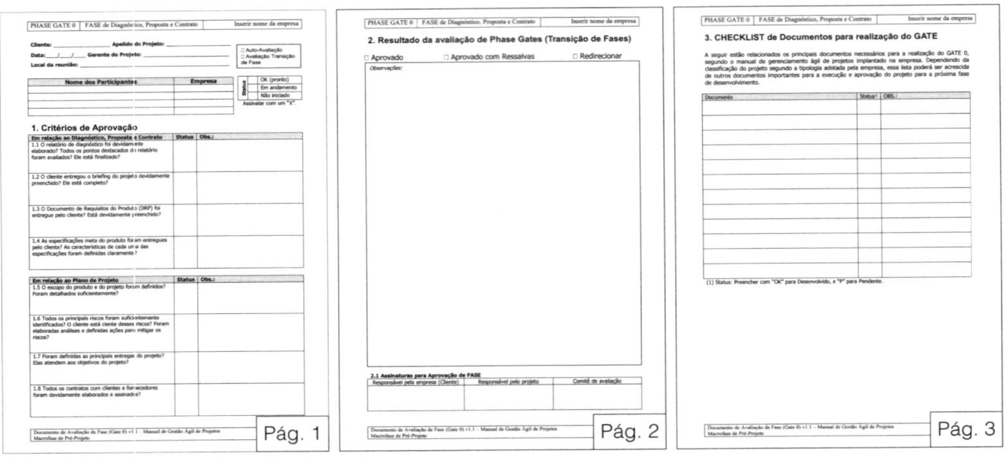

PHASE GATE 0	FASE de Diagnóstico, Proposta e Contrato	Inserir nome da empresa

Cliente: ______ **Apelido do Projeto:** ______
Data: __/__/__ **Gerente do Projeto:** ______
Local da reunião: ______

□ Auto-Avaliação
□ Avaliação Transição de Fase

Nome dos Participantes	Empresa

Status		
		OK (pronto)
		Em andamento
		Não iniciado

Assinalar com um "X".

1. Critérios de Aprovação

Em relação ao Diagnóstico, Proposta e Contrato	Status	Obs.:
1.1 O relatório de diagnóstico foi devidamente elaborado? Todos os pontos destacados do relatório foram avaliados? Ele está finalizado?		
1.2 O cliente entregou o briefing do projeto devidamente preenchido? Ele está completo?		
1.3 O Documento de Requisitos do Produto (DRP) foi entregue pelo cliente? Está devidamente preenchido?		
1.4 As especificações meta do produto foram entregues pelo cliente? As características de cada uma das especificações foram definidas claramente?		

Em relação ao Plano de Projeto	Status	Obs.:
1.5 O escopo do produto e do projeto foram definidos? Foram detalhados suficientemente?		
1.6 Todos os principais riscos foram suficientemente identificados? O cliente está ciente desses riscos? Foram elaboradas análises e definidas ações para mitigar os riscos?		
1.7 Foram definidas as principais entregas do projeto? Elas atendem aos objetivos do projeto?		
1.8 Todos os contratos com clientes e fornecedores foram devidamente elaborados e assinados?		

Documento de Avaliação de Fase (Gate 0) v1.1 – Manual de Gestão Ágil de Projetos
Macrofase de Pré-Projeto

Pág. 1

PHASE GATE 0	FASE de Diagnóstico, Proposta e Contrato	Inserir nome da empresa

2. Resultado da avaliação de Phase Gates (Transição de Fases)

□ Aprovado □ Aprovado com Ressalvas □ Redirecionar

Observações:

2.1 Assinaturas para Aprovação de FASE

Responsável pela empresa (Cliente)	Responsável pelo projeto	Comitê de avaliação

Documento de Avaliação de Fase (Gate 0) v1.1 – Manual de Gestão Ágil de Projetos
Macrofase de Pré-Projeto

Pág. 2

PHASE GATE 0	FASE de Diagnóstico, Proposta e Contrato	Inserir nome da empresa

3. CHECKLIST de Documentos para realização do GATE

A seguir estão relacionados os principais documentos necessários para a realização do GATE 0, segundo o manual de gerenciamento ágil de projetos implantado na empresa. Dependendo da classificação do projeto segundo a tipologia adotada pela empresa, essa lista poderá ser acrescida de outros documentos importantes para a execução e aprovação do projeto para a próxima fase de desenvolvimento.

Documento	Status[1]	OBS.:

(1) Status: Preencher com "OK" para Desenvolvido, e "P" para Pendente.

Documento de Avaliação de Fase (Gate 0) v1.1 – Manual de Gestão Ágil de Projetos
Macrofase de Pré-Projeto

Pág. 3

Fonte: Adaptada de CONFORTO, 2009 e ROZENFELD et al., 2006.

Modelo para Atas de Reunião do Projeto (ARP)

O modelo de documento para Atas de Reunião do Projeto, ou registro das informações provenientes das reuniões, segue a filosofia anterior: possui campos para identificação dos participantes, principais assuntos, campo para registro dos resultados obtidos e um campo para ações a serem tomadas (Figura 4.17).

A última parte do documento é uma tabela para a descrição das próximas entregas do projeto, caso haja alguma alteração ou inclusão. Os resultados descritos nesse documento deverão ser utilizados para atualizar o Plano de Projeto Ágil (PPA). Esse tipo de documento somente é usado em reuniões formais, com a participação do cliente, não sendo utilizado em reuniões de curta duração. No caso dessas reuniões rápidas, ou "quick meetings", semanais ou diárias, podem ser utilizados os quadros visuais (PVPCP e QPFS, descritos nas próximas seções) como apoio para registro das decisões a respeito das entregas e atividades semanais da equipe de projeto.

Figura 4.17 Exemplo ilustrativo de modelo para Atas de Reunião do Projeto (ARP)

Ata de Reunião

Data		Local	
Duração			
Participantes			
Assuntos Discutidos *(Pauta, com indicação numérica para cada item discutido)*			
Resultados *(Os resultados de cada item discutido estão indicados com o número correspondente na pauta)*			
Próximas Ações *(As ações recebem a mesma numeração do item da pauta que gerou esta ação)*			
Observações			

Plano de Atividades e Entregas

Nome da entrega	Data	Responsável

Modelo padrão para documentação de reuniões (versão 1.1)   1
Manual de Gestão Ágil de Projetos

Fonte: Adaptada de CONFORTO, 2009.

Modelo para Capa de Pasta de Projeto (CPP)

Uma maneira simples e eficiente de compartilhar os documentos oficiais do projeto, em versão impressa, é acondicioná-los em pastas. No IVPM2, utiliza-se esse procedimento, e um componente importante é o uso dessas pastas para registrar também a situação do projeto.

Para isso, desenvolveu-se um modelo de capa de pastas. Ele gera uma "capa padrão" para todas as pastas de projeto, contendo os documentos do projeto, como o Plano de Projeto Ágil, Atas de Reunião, Matriz Item-Entrega etc. As informações são agrupadas em três partes principais.

A primeira parte inclui informações sobre o projeto. É o cabeçalho do documento, ou seja, dados gerais do projeto (apelido, cliente, responsável, telefone, e-mail, duração do projeto e data de início e término atualizados). A segunda parte do documento traz informações sobre a equipe de projeto, nomes, especialidade e função no projeto, e-mail, telefone etc., bem como nome, telefone e e-mail do gerente do projeto.

A terceira parte da CPP é, sem dúvida, a que mais agrega valor para a equipe de projetos, e é considerada muito importante. Foi nomeada Agile Project Status (*Status* Ágil do Projeto). Contém uma figura das fases conforme o MFE desenvolvido na empresa, um campo para adicionar as datas dos "Gates", ou transição de fases, considerando a data planejada e realizada, e uma lista de documentos do projeto e do produto, que serve como um *checklist* dos principais documentos a serem produzidos durante o projeto.

Nos campos que representam as fases do modelo é possível preencher, utilizando lápis ou caneta, conforme a porcentagem estimada concluída daquela respectiva fase. Essa informação pode ser extraída do Sistema de Gerenciamento de Projetos (SGP), que possui as porcentagens de conclusão das entregas e fases, seguindo o MFE. A pasta pode ser facilmente transportada e consultada quando necessário, nas reuniões importantes, em que participam toda a equipe, e nas reuniões de avaliação de transição de fases com clientes. Evita-se a dependência única e exclusiva de dispositivos computacionais.

A CPP pode ser construída a partir de uma folha branca de tamanho A4, e deve ser afixada como capa da pasta de projeto que vai armazenar os arquivos (em cópia física) do projeto. Ela serve como um resumo do conteúdo do projeto e sua atual situação, de fácil entendimento e visualização. O objetivo desse documento é proporcionar um resumo objetivo e simples do andamento do projeto (fases, avaliações já concluídas e entregas realizadas).

A Figura 4.18 contém um exemplo do modelo CPP preenchido, com dados de um projeto fictício.

Figura 4.18 Exemplo preenchido do documento CPP/IVPM2

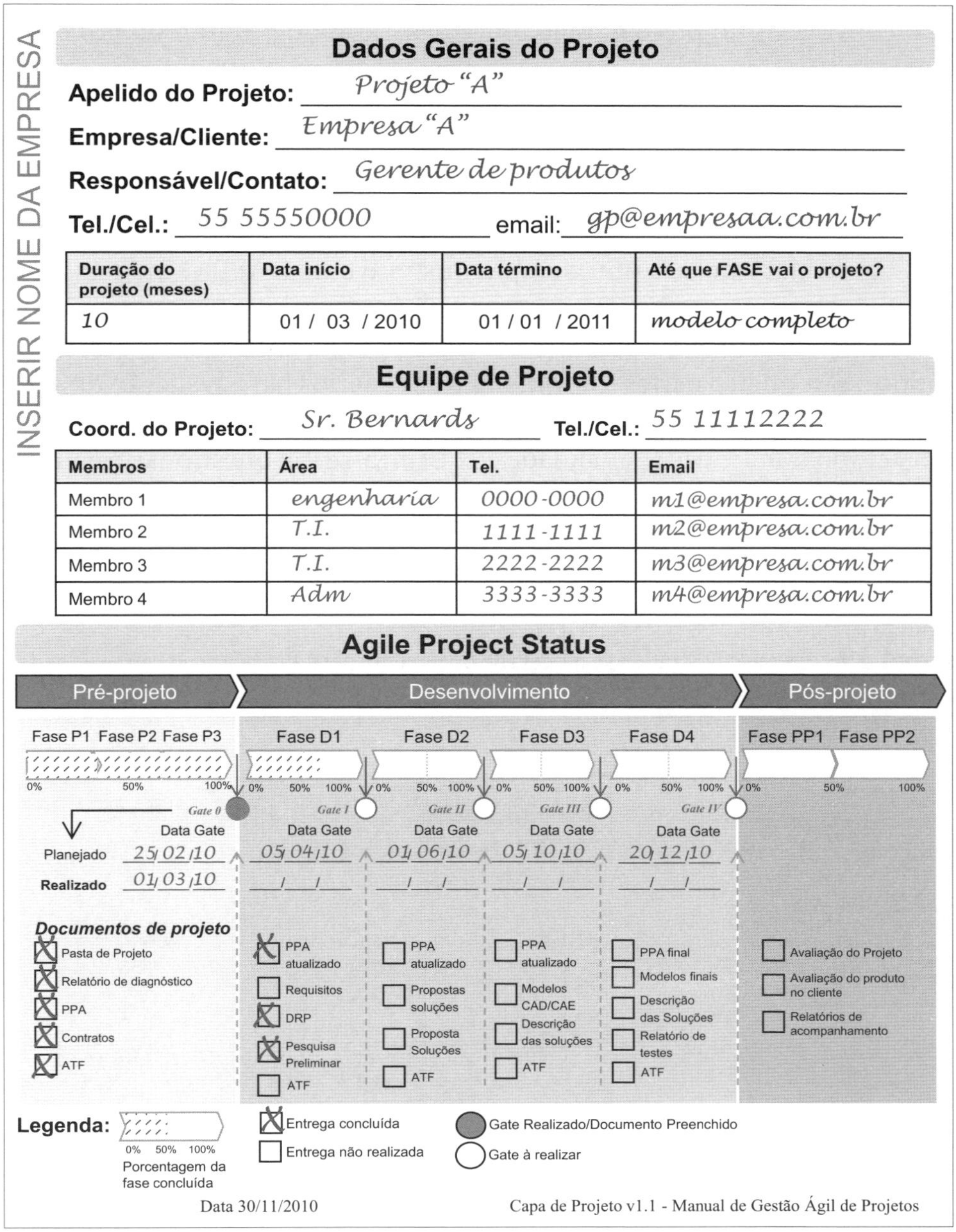

INSERIR NOME DA EMPRESA

Dados Gerais do Projeto

Apelido do Projeto: Projeto "A"

Empresa/Cliente: Empresa "A"

Responsável/Contato: Gerente de produtos

Tel./Cel.: 55 55550000 email: gp@empresaa.com.br

Duração do projeto (meses)	Data início	Data término	Até que FASE vai o projeto?
10	01 / 03 / 2010	01 / 01 / 2011	modelo completo

Equipe de Projeto

Coord. do Projeto: Sr. Bernards **Tel./Cel.:** 55 11112222

Membros	Área	Tel.	Email
Membro 1	engenharia	0000-0000	m1@empresa.com.br
Membro 2	T.I.	1111-1111	m2@empresa.com.br
Membro 3	T.I.	2222-2222	m3@empresa.com.br
Membro 4	Adm	3333-3333	m4@empresa.com.br

Agile Project Status

Data 30/11/2010 Capa de Projeto v1.1 - Manual de Gestão Ágil de Projetos

Fonte: Adaptada de CONFORTO, 2009.

Modelo de Documento para Avaliação e Encerramento do Projeto (DAEP)

O modelo de Documento para Avaliação e Encerramento do Projeto foi criado para avaliação periódica e final do projeto. Ambas seguem as mesmas diretrizes e os mesmos objetivos. O modelo busca a mesma simplicidade, objetividade e linguagem visual dos outros modelos do MFE. Constitui-se de um cabeçalho inicial com dados do projeto, uma breve descrição do produto do projeto, nomes dos participantes da reunião de avaliação, devendo ser indicada a fase em que está o projeto no momento da avaliação. A avaliação utiliza questões com respostas fechadas "sim" (atende ao critério) e "não" (não atende ao critério), e também questões com escala Likert de 1 a 5 em que: 1 (Discordo plenamente) e 5 (Concordo plenamente).

A Figura 4.19 mostra um exemplo ilustrativo do DAEP. O modelo contém três páginas e deve ser simples com poucos critérios para avaliação, contudo, eles também devem ser objetivos e simples de ser avaliados. Basicamente é composto por quatro partes. A primeira traz critérios para avaliação do projeto em si, ou seja, aspectos relacionados ao gerenciamento do projeto, como prazo, custo, tempo transcorrido, qualidade etc. Utiliza-se um questionário com questões fechadas, (respostas "sim" ou "não") para dizer se atendeu àquele critério ou não (exemplo: O projeto está dentro do prazo? Está atendendo às metas de custo?).

Figura 4.19   Exemplo ilustrativo do modelo de Documento para Avaliação e Encerramento do Projeto (DAEP)

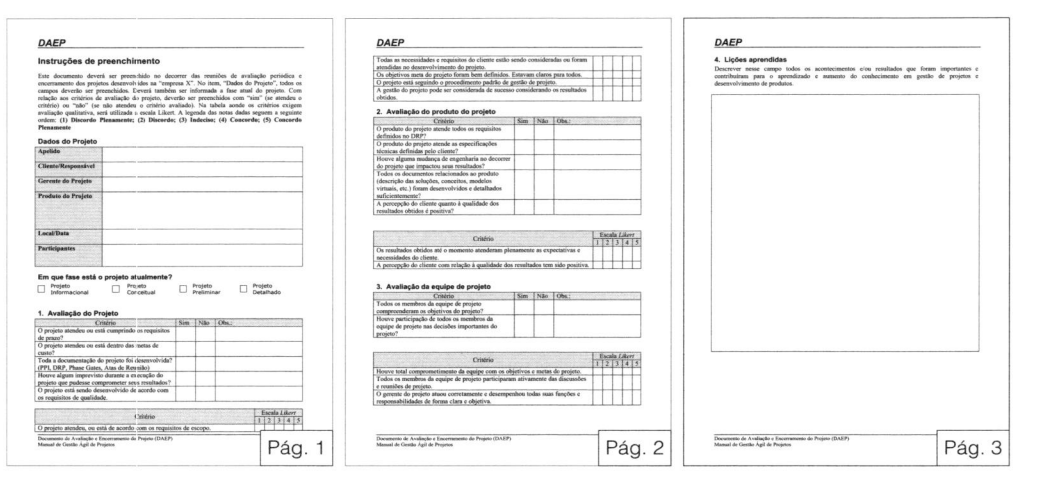

Fonte: Adaptada de CONFORTO, 2009.

A segunda parte trata da avaliação segundo os critérios de sucesso relacionados ao produto do projeto, por exemplo, mudanças de engenharia documentadas durante a avaliação de transição de fases, elaboração e entrega de documentos relacionados ao produto, relatórios, propostas de soluções, modelos virtuais, e, ainda, avalia a satisfação do cliente e suas expectativas. Nessa segunda parte é importante o apoio da documentação gerada na fase de Visão do Produto, mais especificamente o documento que capta as necessidades do cliente, desdobrando em pré-requisitos, concepções do produto, e, por fim, o documento Matriz Item-Entrega.

A terceira parte do documento apresenta campos para avaliação da equipe de projeto, segundo aspectos de comprometimento, entendimento dos objetivos do projeto etc. A quarta parte traz um quadro para registro das lições aprendidas até o momento da avaliação, considerando o projeto, o produto e a satisfação do cliente. É importante destacar que os critérios de avaliação são definidos pelo gerente de projeto em conjunto com a equipe de projetos, uma prática que envolve a equipe na definição de como todos serão avaliados e cobrados pelos resultados, e também como serão recompensados.

Painel Visual de Planejamento e Controle de Projetos (PVPCP)

O Painel Visual de Planejamento e Controle de Projetos (PVPCP) foi desenvolvido a partir de múltiplas fontes, mesclando teoria tradicional e ágil, e busca integrar conceitos de processo de desenvolvimento de produtos,[86] revisão de fases,[87] uso de iterações e planejamento por entregas.[88]

Trata-se de um painel visual físico que contempla o planejamento e controle das entregas do projeto, ou seja, aquelas definidas no documento Matriz Item-Entrega e no Plano de Projeto Ágil. Os nomes das fases devem seguir o padrão definido no MFE. Em cada fase do MFE podem ocorrem várias iterações, seguindo um ciclo evolutivo (Visão, Exploração, Adaptação e Entrega).[89]

No final de cada iteração, existe uma entrega, mesmo parcial, de uma parte do produto final, um relatório, um esboço ou até mesmo protótipos. A entrega poderá evoluir para outras versões, ou ser complementada com partes faltantes, quando não há a possibilidade de fazer versões. Ao final das várias iterações, os resultados somados resultarão em evolução significativa do produto, avaliadas nos *Gates*, transições de fase.

---

[86] ROZENFELD et al., 2006.

[87] COOPER, 2001, 2008.

[88] CHIN, 2004; HIGHSMITH, 2004.

[89] Esse ciclo evolutivo possui uma das características inovadoras da abordagem ágil, conforme discutido. Vem sendo pregado por teóricos também do desenvolvimento de produtos e é uma tendência. Consulte COOPER, 2008.

O PVPCP é composto pelo conjunto de fases descrito no MFE, mais a indicação das avaliações de transição de fases (Phase Gate Review), distribuído segundo uma escala de tempo, mensal ou anual, dependendo das necessidades e tipos de projetos desenvolvidos. Sua construção é simples, podendo variar de tamanho conforme as necessidades da empresa, disponibilidade de recursos para compra de quadro branco, recados autoadesivos, ímãs etc.

No interior do painel, no espaço delimitado para cada fase, são afixados os denominados cartões, ou recados autoadesivos. São pedaços de papel com fita autocolante, podendo ser utilizados também pequenos pedaços de papel com ímã, ou recados autoadesivos. Cada cartão deve representar uma entrega do projeto. Não existe um padrão de informações a serem colocadas nos cartões. Uma sugestão seria:

- Apelido do projeto (no caso de haver mais de um projeto);
- Responsável pela entrega;
- Nome da entrega e código (exemplo: Plano de projeto, E1);
- Data para conclusão da entrega (estimada e mais provável);
- Tempo estimado para conclusão, podendo ser em dias, semanas, ou meses.

A Figura 4.20 mostra um exemplo do Painel Visual de Planejamento e Controle de Projetos (PVPCP), contendo quatro projetos com entregas planejadas. Há linhas que interligam uma entrega à outra. Elas representam o relacionamento de dependência entre as entregas de um mesmo projeto. Também podem ocorrer relacionamentos entre entregas de projetos distintos.

No caso de haver uma divisão por área, ou havendo múltiplos projetos inseridos no PVPCP, recomenda-se o uso de cartões coloridos para melhor diferenciação entre as entregas dos projetos. Em outros casos, a cor pode representar subprojetos ou grupos de entregas de um mesmo projeto. Essa estratégia melhora a visualização das entregas, facilitando o gerenciamento visual. Essa estratégia pode ser mais útil para empresas que trabalham com multiprojetos, ou seja, vários projetos desenvolvidos simultaneamente, com o PVPCP aplicado para um portfólio de projetos, ou programa, com projetos condensados.

As configurações de comprimento e largura do painel deverão ser definidas levando-se em conta as necessidades da empresa, quantidade de projetos e estratégia adotada. Poderá, por exemplo, utilizar um PVPCP para cada projeto, ou um único para vários projetos, com grandes entregas do projeto. A escala de tempo deverá ser ajustada para atender ao conjunto de projetos inseridos no PVPCP ou um único projeto.

Figura 4.20 Painel Visual de Planejamento e Controle de Projetos (PVPCP)

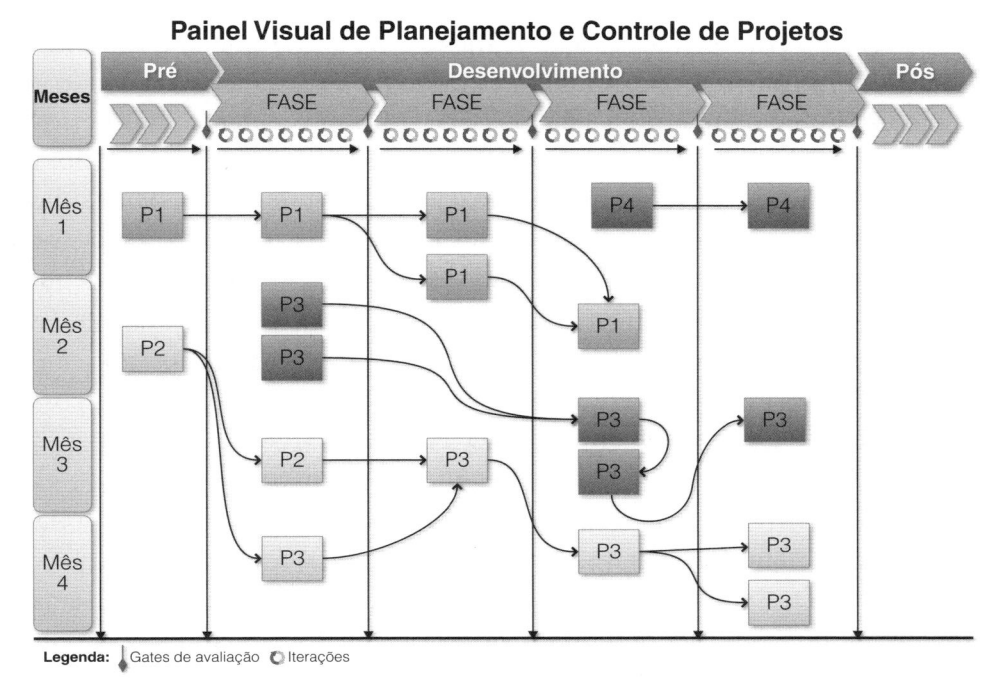

Fonte: Adaptada de CONFORTO, 2009.

É importante que o PVPCP seja afixado em local de fácil acesso a todos do projeto, de preferência com espaço suficiente para realizar reuniões com a equipe de projeto, em pé, de frente para o painel. Outros fatores a considerar são: tipos de projetos desenvolvidos, duração do projeto e complexidade. Tanto para um único projeto ou múltiplos projetos, o PVPCP poderá ser impresso, pintado manualmente sobre um quadro branco (lousa com pincel atômico), ou até mesmo desenhado sob algum tipo de lona que permita aderência dos recados autoadesivos. Há casos de uso da própria parede para afixar os cartões. Importante é que haja a indicação das fases definidas no MFE no painel.

Não há receita única para criar um PVPCP. O conceito é simples: divisão do projeto por fases, considerando um modelo para desenvolvimento de produtos, utilização de cartões (recados autoadesivos), realizar iterações dentro das fases, realizar "Gates", e, acima de tudo, utilizar os aspectos visuais e interativos da ferramenta para melhorar a comunicação, discussão sobre o andamento do projeto e participação da equipe de projetos na tomada de decisão, planejamento e controle do projeto voltado às entregas.

Quadro de Planejamento Fino Semanal (QPFS)

O Quadro de Planejamento Fino Semanal (QPFS), conforme Figura 4.21, foi desenvolvido para planejar as atividades e pacotes de trabalho durante um espaço de tempo curto. Considera-se o período de uma semana, chamado aqui de Ciclo de Desenvolvimento Semanal (CDS), que ocorre dentro das iterações. Isso está diretamente relacionado com o nome do componente. Então, por que chamá-lo de quadro e não de painel, como o anterior? A resposta é o tamanho. O QPFS deve ser menor em dimensões do que o PVPCP, permitindo que possa ser afixado próximo à equipe de projeto ou na área de trabalho do membro da equipe.

O QPFS é um elemento adicional que, integrado com o PVPCP, contribui para melhorar a interação entre os membros da equipe de projeto e decomposição das entregas definidas no PVPCP em atividades ou pacotes de trabalho que possam ser concluídos no intervalo de uma semana. Por esse motivo, o QPFS serve como agenda semanal das atividades do projeto para cada membro da equipe.

Outro aspecto é que ele ajuda na obtenção de resultados a cada semana. Assim, é um elemento que ajuda a orientar a equipe para resultados. As atividades ou pacotes de trabalho devem ser estimados para serem concluídos dentro de uma semana, ou menos tempo, conforme acordo prévio da equipe. Caso a atividade leve mais tempo, deve-se indicar o que será entregue naquela semana, e deixar o restante da atividade para a próxima semana, separando-a em dois cartões distintos.

O QPFS é uma ferramenta simples. É composto por um quadro cujo tamanho poderá variar de empresa para empresa, não existindo um padrão, em que são inseridos os dias da semana na parte superior, e na lateral esquerda está o período do dia (manhã e tarde).

Cada cartão inserido no QPFS deve conter o nome da entrega relacionada, conforme inserida no PVPCP, o nome da atividade ou pacote de trabalho, nome do responsável, e data prevista para sua finalização, sempre dentro do período de uma semana. Por exemplo, se uma atividade leva quatro dias para ficar concluída e tem seu início na segunda feira, deverá ser afixado um cartão na quinta-feira, indicando que aquela atividade se encerra naquele dia. Destaca-se que a utilização do QPFS requer o desenvolvimento da autogestão e auto-organização dos membros da equipe. Cada semana pode ser considerada um ciclo de desenvolvimento dentro de uma iteração maior cujos resultados rápidos contribuem para a conclusão de entregas definidas no PVPCP, adicionando valor para o cliente e para a equipe de projeto. Por esse motivo, os membros da equipe serão corresponsáveis pelo planejamento e controle das atividades e tarefas semanais do projeto.

Figura 4.21 Quadro de Planejamento Fino Semanal (QPFS)

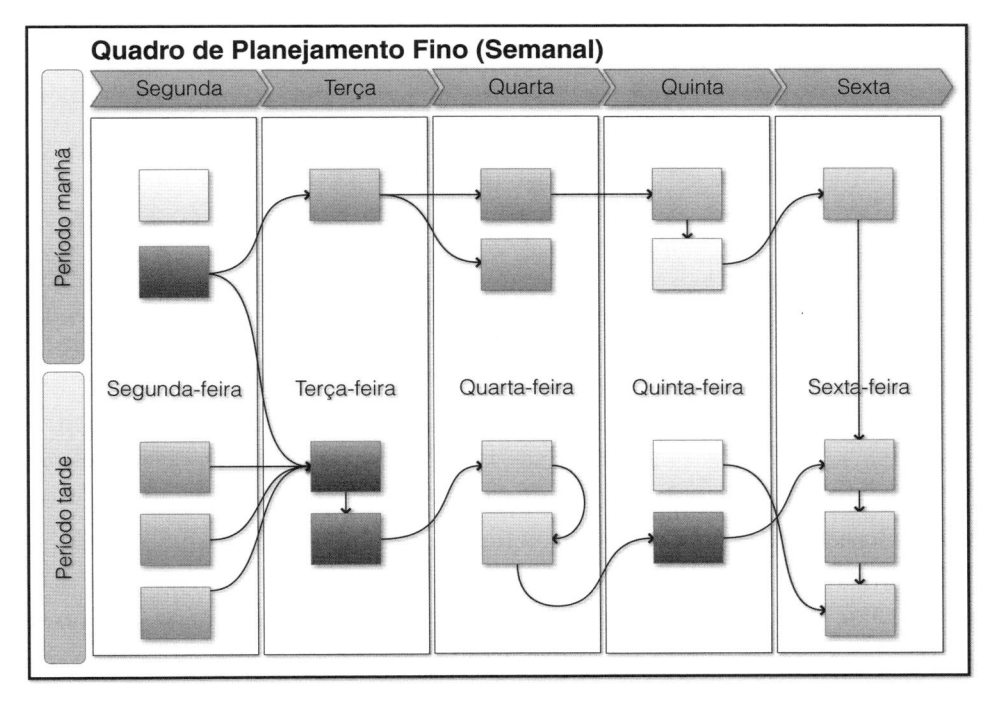

Fonte: Adaptada de CONFORTO, 2009.

O QPFS possibilita resultados rápidos e atua na microgerência do projeto, por meio de ciclos de desenvolvimento com duração de uma semana, voltado para as atividades que devem ser realizadas naquele período para que, ao final da iteração, a entrega definida no PVPCP seja finalizada com sucesso.

Sistema para Gerenciamento de Projetos (SGP)

O quarto componente do IVPM2 é um sistema para gerenciamento de projetos. Um diferencial do IVPM2 é a combinação de ferramentas simples e visuais com sistemas de informação. Distancia-se assim de outros métodos fundamentados na abordagem do APM, que não deixam clara a importância do uso da tecnologia de informação. A razão dessa opção é a crença de que o problema não está nos softwares atuais, mas, principalmente, na maneira como eles são utilizados.

Os métodos da abordagem do APM exigem interação, autogestão e participação dos membros da equipe de projetos. A responsabilidade do gerente é ampliada, com enfoque na liderança. Ele deve atuar como um "orquestrador", canalizando ideias, cuidando para que o ambiente de projetos seja um ambiente de aprendizado contínuo, assessorando e desenvolvendo as pessoas até tornarem-se autogerenciáveis e formarem uma equipe de alto desempenho. É preciso, portanto, estar mais atento e em contato mais frequente com a sua equipe.

Os gestores vão se deparar, desse modo, mesmo no APM, com as questões clássicas, carga e uso de recursos. Os métodos simplificados e visuais da abordagem do APM, com cartões e formulários para preenchimento em quadros, são eficazes para compartilhar informações entre a equipe, no âmbito específico de um projeto. Não permitem, porém, a geração de informações históricas ou a criação de bases de dados sobre os projetos. Informação imprescindível no momento de analisar a capacidade da organização nas decisões estratégicas sobre alocação de recursos e mesmo na decisão *GO/No-go* em projetos.

A solução encontrada no IVMP2 é combinar informações do mundo *soft*, quadros visuais, cartões etc. com informações concretas e objetivas do mundo *hard*, como indicadores e dados de andamento do projeto – a combinação entre softwares de gerenciamento de projetos e os artefatos visuais (quadro, relatórios etc.).

Os artefatos visuais auxiliam a equipe na rotina, durante a realização das atividades, e geram os registros, alimentados no software. O software armazena os dados históricos dos projetos, gera relatórios de desempenho e fornece dados para acompanhamento de um projeto e múltiplos projetos, conjuntamente. Sua principal função é ser um repositório de dados dos projetos para geração de indicadores de desempenho e gerar dados para a análise do progresso dos projetos.

O software, produto, ferramenta computacional em si não importa. Acredita-se que as ferramentas tradicionais disponíveis sejam suficientes para essa aplicação. No Capítulo 5, discute-se especificamente a questão. Além de esmiuçar as funcionalidades dos softwares de Gerenciamento de Projetos (GP) disponíveis e úteis na abordagem do APM, apresenta-se, ao final, uma série de requisitos importantes para que o software seja útil nesse contexto. Portanto, para o IVPM2, basta que o software atenda a tais requisitos.

O enfoque, portanto, não está no uso do software para o planejamento e controle do escopo e tempo dos projetos, mas, sim, no armazenamento de dados históricos para tomar decisões estratégicas: planejamento da capacidade, controle de custos, identificação de problemas e disfunções, escolha de novos projetos etc.

Alia-se, portanto, a alta capacidade de armazenamento e a busca de um sistema computacional com a facilidade de planejamento e com a alteração que um método baseado em painéis visuais pode oferecer. Seu papel e uso ficarão mais evidentes adiante na apresentação das etapas para aplicação do IVPM2.

Sistema de Indicadores de Desempenho (SID)

O quinto e último componente do IVPM2 é o Sistema de Indicadores de Desempenho. Como o IVPM2 adota um software de gerenciamento para armazenamento de dados dos projetos, existem indicadores de desempenho clássicos mais comumente utilizados. Além desses indicadores clássicos, propõem-se o desenvolvimento de métodos de controle (sistema de indicadores de desempenho), seguindo os princípios do Gerenciamento Ágil de Projetos. Como a proposta do método é ser simples, flexível e visual, os indicadores de desempenho utilizados são poucos, mas atendem às necessidades básicas do projeto, como prazo, custo, qualidade e escopo, avaliação dos membros da equipe de projeto etc.

A proposta SID no IVPM2 é analisar, do ponto de vista quantitativo, entregas no prazo determinado. Será analisado se as datas das entregas definidas no PVPCP estão dentro do prazo estipulado no plano de entregas. Para isso, será utilizado um plano base, com as datas definidas no PVPCP. Considerando o plano base do projeto com datas previstas, as entregas serão avaliadas segundo a data real da finalização das atividades e entregas do projeto. Ainda em relação aos indicadores quantitativos, serão utilizadas as datas das avaliações de transição de fases, contidas na Capa da Pasta de Projeto, e os relatórios padrão gerados pelo Sistema de Gerenciamento de Projetos (SGP).

Do ponto de vista qualitativo, os indicadores utilizados incluem a satisfação do cliente, que está relacionado com a qualidade das entregas, e, para isso, um questionário pode ser desenvolvido com questões qualitativas. O questionário pode ser usado nas reuniões de avaliação de transição de fases, ou em determinadas fases do projeto, e no final do projeto. As avaliações do desempenho do projeto e da equipe podem utilizar um documento simples, conforme apresentado anteriormente, o DAEP. É importante acompanhar o desempenho e a motivação dos membros da equipe de projeto quando se aplica práticas de Gerenciamento Ágil de Projetos, devido ao esforço necessário para desenvolver a autogestão e a autodisciplina dos membros da equipe.

Para aplicação do IVPM2, é importante que o SID atenda às necessidades e aos requisitos do ambiente de projetos da empresa, ou seja, não existe uma receita correta; cada empresa deverá desenvolver a sua. O importante é manter o alinhamento com os princípios do método desenvolvido, aplicando técnicas de gerenciamento visual, poucos indicadores, simplificados e objetivos, em que todos os membros da equipe poderão consultar e discutir os indicadores com o gerente de projetos. O próprio PVPCP é um componente que permite a análise do desempenho, pois oferece uma visão ampla do projeto, em que estão as principais entregas, que fases o projeto já passou no MFE, qual é a iteração atual e quais são as próximas entregas. O restante dos indicadores pode ser extraído do SGP que possui relatórios pré--formatados, o que agiliza a consolidação de dados, permitindo melhor análise do conjunto de projetos ou de um único projeto.

4.6.2 Etapas

Todos os elementos apresentados anteriormente são exemplos. Cada empresa possui suas necessidades e requer ajustes. O gerente de projeto e sua equipe devem compreender as necessidades e características do projeto e organização e criar artefatos similares, porém adaptados à sua situação.

Resta combiná-los de maneira a proporcionar um processo de gerenciamento compatível com a abordagem do APM. A característica principal é o desenvolvimento iterativo, com foco no aprendizado e nos resultados de valor obtidos continuamente. As mudanças no projeto poderão ser percebidas antecipadamente, possibilitando maiores chances de sucesso em um projeto inovador.

O processo iterativo para aplicação do IVPM2 é baseado em ciclos de desenvolvimento inseridos em um processo iterativo com sete etapas, conforme veremos posteriormente. O número e a duração das iterações vão depender do tipo de projeto e suas características: objetivos, recursos alocados, prazos, riscos, grau de inovação, complexidade etc. Em cada fase do desenvolvimento, pode-se ter uma ou várias iterações. O ideal é que uma iteração não seja tão longa (por exemplo, seis meses) e também não muito rápida (por exemplo, uma semana), pois cada iteração deverá resultar em uma ou mais entregas que, juntas, serão o principal resultado de uma fase do MFE. Os Ciclos de Desenvolvimento Semanal (CDS) são aplicados no nível de atividades e pacotes de trabalho, com o apoio do componente QPFS, como será descrito mais à frente na etapa 5 do processo iterativo para aplicação do IVPM2.

Uma iteração em um projeto que tenha a duração de 12 meses pode variar entre 15 e 45 dias. Isso vai depender da duração de cada fase do desenvolvimento do produto do projeto, definido no início do projeto, durante a adaptação do MFE. Portanto, cada projeto deverá ser cuidadosamente analisado; e o IVPM2, adaptado para as suas necessidades, incluindo a definição da quantidade de iterações por fase e sua duração, antes do início da primeira iteração. O conceito é ter iterações com maior duração para as entregas e ciclos de desenvolvimento semanal para as atividades e pacotes de trabalho estabelecidos no Quadro de Planejamento Fino Semanal (QPFS).

Cada iteração deve ter um objetivo, ou seja, um resultado tangível e que agregue valor ao cliente, seja na forma de relatório ou esboços visuais, protótipos etc. A quantidade de iterações variará durante a execução do projeto. Caso uma nova entrega seja identificada, e o plano de entregas precise ser atualizado, uma nova iteração pode ser necessária e deve ser incluída no plano de iterações. É importante reconhecer que, em alguns tipos de projetos, não é possível definir todas as iterações no início do projeto, sendo necessário adotar uma estratégia baseada na definição de uma iteração por vez.

Seguindo o preceito de flexibilidade da abordagem do APM, as etapas que compõem uma iteração não são um conjunto de atividades rígidas e devem ser continuamente repensadas. Do ponto de vista didático, porém, é preciso explicar o funcionamento de uma maneira lógica. Nas próximas seções, descreve-se o uso do método com um conjunto de sete etapas, precedidas por uma ação de preparação da organização para o uso do IVMP2. Trata-se de uma explicação didática e, na prática, elas poderão ser também adaptadas. Inicia-se com a preparação para a adoção do IVPM2 e, em seguida, adotam-se as etapas:

1. Início da iteração – definir plano de iterações e entregas do projeto;
2. Inserir as entregas no PVPCP, utilizando os cartões autoadesivos;
3. Inserir os dados das entregas no SGP;
4. Decompor as entregas do PVPCP em pacotes de trabalho e atividades;
5. Executar os pacotes de trabalho e atividades e atualizar o SGP;
6. Gerar relatórios de desempenho do projeto utilizando o SGP;
7. Analisar resultados da iteração, verificar aprendizado e progresso do projeto.

Preparação para o uso do IVPM2

Antes da implantação do IVPM2, tem início a preparação da empresa. Existem algumas condições básicas para aplicação do IVPM2 que precisam ser observadas. Valem as proposições apresentadas na Seção 4.3, de escolha da equipe correta, identificações dos envolvidos no projeto e adaptação do MFE.

Em seguida, o gerente de projeto deverá verificar a Visão do Produto. Ela precisa ser suficientemente robusta, conforme explicado no Capítulo 3. Ela vai ser a base fundamental para o planejamento. Da visão, serão identificadas as entregas necessárias, presentes na Matriz Item-Entrega. Juntamente com o MFE e essa matriz, o gerente de projeto poderá estabelecer metas para as fases e, assim, planejará as entregas no PVPCP.

O gerente e sua equipe deverão discutir o intervalo de tempo da iteração, baseados nestes dados: entregas, fases e prazos finais a serem atendidos no projeto; esse último também presente na visão. A escolha correta dependerá de experiências prévias do gerente e da equipe. É um processo contínuo de experimentação, exploração, adaptação e entrega de resultados, tal que, ao longo de vários projetos, é que a equipe vai se aprimorar, identificando os prazos coerentes às suas necessidades.

A preparação estará completa quando a visão estiver devidamente definida (Matriz Item-Entrega estabelecida), os envolvidos estiverem identificados devidamente, o MFE devidamente personalizado, o intervalo de iterações definido e o horário de reuniões periódicas estabelecido. A equipe está, então, pronta para dar início ao planejamento.

ETAPA 1 – Definir plano de iterações e entregas do projeto

A etapa inicial requer a participação integral da equipe de projeto. Todos os membros participam da definição do plano de iterações e da organização e alocação das entregas por iteração. Nesse momento, é preciso uma visão holística do processo de desenvolvimento de produtos, com o apoio do MFE, que apresenta as fases, atividades comuns aos projetos, documentos padrão, testes, critérios de sucesso etc.

O IVPM2 pode ser utilizado de duas maneiras no planejamento das iterações, conforme apresentado em seções anteriores.[90] Pode-se definir um número de iterações e alocar as entregas por iteração e por fase, como indicado no MFE desenvolvido pela empresa. Ou também é possível trabalhar com uma iteração de cada vez. Neste texto, vamos explicar a aplicação do IVPM2, seguindo a estratégia de definição de um número aproximado de iterações para todo o projeto, em que são inseridas todas as entregas do projeto no PVPCP, respeitando as fases do MFE.

O plano de iterações deve conter uma quantidade aproximada de iterações necessária para finalizar o projeto, a duração de cada iteração, e, nesse caso, cada iteração poderá ter uma duração específica, bem como seus objetivos e suas metas. Cada iteração deve ser objetiva, entregar um resultado ou um conjunto de resultados. Ao final da fase, várias iterações poderão entregar vários resultados, que, juntos, representam a conclusão de uma fase. Esses resultados serão avaliados e validados no momento de passagem para a próxima fase. Isso não significa que o desenvolvimento seja linear e sequencial. As iterações proporcionam o desenvolvimento simultâneo, em que uma iteração da segunda fase do modelo poderá ser executada com uma iteração da primeira fase, ou vice-versa, e também permear várias fases do modelo.

---

[90] As duas estratégias foram propostas por HIGHSMITH, 2004.

O processo de desenvolvimento simultâneo das iterações requer a priorização das entregas e iterações e uma boa avaliação das dependências entre as iterações e suas respectivas entregas, que deverão ser criadas nessa etapa. Analisando-se os resultados das iterações, é possível criar vínculos entre as iterações. Aquelas que não possuírem vínculos de dependência poderão ser executadas isoladamente, desde que sejam priorizadas. Definido o plano de iterações, chega o momento de inserir as entregas no PVPCP.

ETAPA 2 – Inserir entregas no PVPCP

As entregas extraídas da Matriz Item-Entrega e do PPA, alocadas nas iterações, deverão ser inseridas no Painel Visual de Planejamento e Controle de Projetos (PVPCP) utilizando cartões (recados autoadesivos).

É indispensável que haja consonância entre as iterações e as fases de desenvolvimento. A organização dos cartões no PVPCP deverá seguir a fase que pertence à entrega e o mês previsto para finalização ou o prazo de início e finalização da iteração. Na última opção, não é necessário inserir uma linha do tempo no PVPCP, pois cada iteração possui uma data de início e de término previsto, duração estimada e está alocada em uma fase do MFE. Outra informação importante, no momento de organização das entregas no PVPCP, é a prioridade de execução, da entrega ou conforme sua iteração, a qual pode ser definida pelo posicionamento das entregas, colocando-as de cima para baixo no quadro, ou destacando-se uma iteração com cartões coloridos. Cada conjunto de cartões da mesma cor poderá representar uma iteração, no caso do PVPCP ser aplicado em um único projeto; ou também um projeto, no caso de um ambiente multiprojetos, conforme mostra o exemplo da Figura 4.22.

A atividade de afixar os cartões no PVPCP deve ser colaborativa. Todos os membros da equipe de projeto devem participar. Isso contribui para o comprometimento dos membros e alcance das metas e objetivos do projeto. O processo de inserção das entregas no PVPCP proporciona um ambiente para discussões sobre o projeto, extremamente importante no início do projeto, e em todo início de uma nova iteração. Cada cartão de entrega deve possuir um responsável, a data final e o tempo necessário para sua execução. Esse planejamento é realizado considerando o conhecimento e a experiência dos membros da equipe de projetos, podendo ser consultados especialistas e consultores externos, e ainda dados históricos dos projetos já realizados para aumentar a acurácia das estimativas.

As informações são descritas da seguinte maneira: apelido do projeto, nome da entrega, código da entrega, responsável pela entrega e data prevista para sua finalização, e, ainda, é preciso reservar um espaço para inserir a data em que realmente foi finalizada. Pode-se adicionar a iteração à qual aquela entrega pertence, porém a ligação entre as entregas e suas respectivas iterações está no plano de iteração.

Figura 4.22   Preenchimento do PVPCP

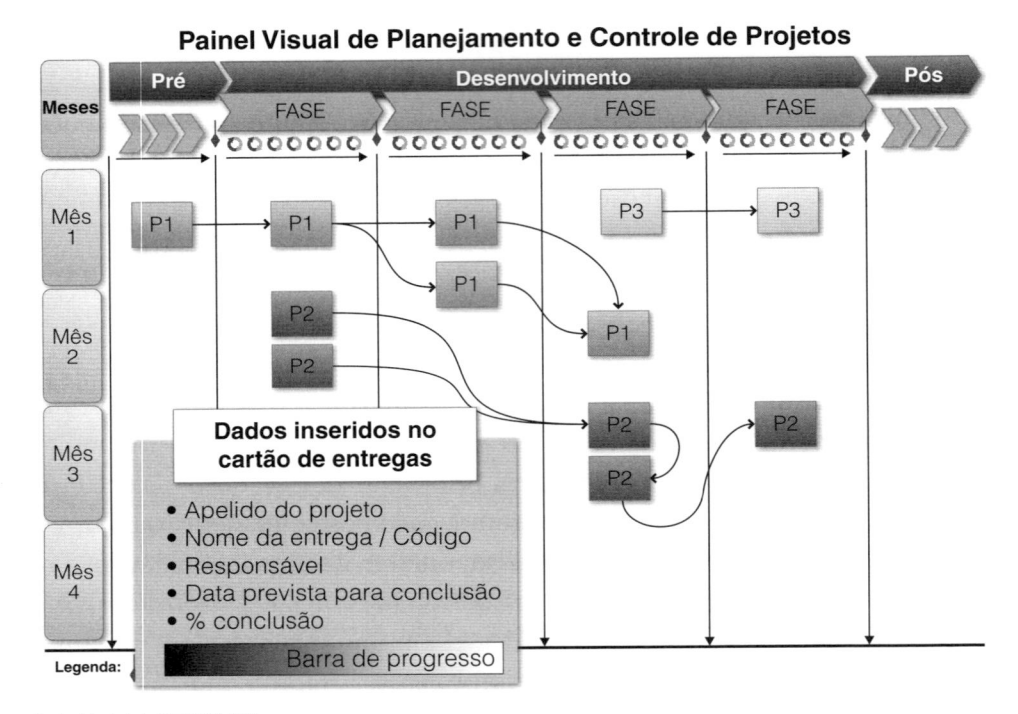

Fonte: Adaptada de CONFORTO, 2009.

No caso de a empresa optar pelo uso do PVPCP em mais de um projeto, os cartões coloridos facilitam a visualização e a organização. No caso de um único projeto, pode-se optar por apenas uma cor de recado autoadesivo ou adotar cores para destacar iterações ou responsáveis.

Pode-se adotar o uso de pequenos adesivos em forma de "bolinhas" coloridas para facilitar a visualização do progresso das entregas, assim como cores amarela e vermelha para indicar se a entrega está próxima da data final (bolinha amarela) ou atrasada (bolinha vermelha) e até mesmo utilizar canetas marcadoras de texto para indicar atraso ou atenção.

O exemplo da Figura 4.22 também é útil para ilustrar como ficariam as entregas organizadas por iteração, no caso de utilizar um PVPCP para um único projeto.

Cada conjunto de entregas pertencente a uma iteração poderá permear várias fases do modelo ou concentrar-se em uma única fase. No caso de multiprojetos, ou mesmo um único projeto de longa duração com várias iterações, pode-se optar por utilizar várias cores de cartões. Deve-se atentar para a restrição de espaço do painel, que deve ser suficiente para inserir todas as entregas do projeto ao mesmo tempo. Nesse caso, pode-se optar pelo uso de mais de um PVPCP simultaneamente, dividindo a quantidade de projetos entre os quadros ou um para cada projeto.

A conclusão dessa etapa não significa que a programação, prevista no PVPCP, estará finalizada e as iterações serão executadas exatamente conforme planejado. Na verdade, deve-se observá-la como um ponto de partida. As modificações devem ser feitas a qualquer momento pelos membros da equipe durante as diversas reuniões e interações.

ETAPA 3 – Inserir dados das entregas no Sistema para Gerenciamento de Projetos (SGP)

A próxima etapa compreende o registro dessas informações no Sistema para Gerenciamento de Projetos (SGP). Utilizam-se sistemas tradicionais de Gerenciamento de Projetos. Cada entrega será armazenada como um item da WBS(EAP) – exemplificando: no MSProject, uma tarefa. Prazos de entrega e quantidade de pessoas na equipe são também alocados.

Ao iniciar o software, é preciso cadastrar usuários, criando perfis de acesso, com permissões para adicionar, editar e até mesmo apagar informações. A partir da criação de um novo projeto, as entregas inseridas no PVPCP precisam ser adicionadas no SGP, indicando nome e código da entrega, iteração a que pertence, fase, data de início e data prevista para encerramento do projeto. A equipe responsável pode pedir informações adicionais, como duração em horas, custo etc. E também inserir informações gerais sobre o projeto, como equipe, uma breve descrição sobre o projeto, seus objetivos e suas metas, para fins de registros históricos.

Recomenda-se que a parametrização seja feita da maneira mais simples possível, com a menor quantidade de atributos, evitando a todo custo a complexidade. Por exemplo, não se identifica recurso. Sugere-se colocar a equipe e a quantidade de pessoas. Essas informações já seriam suficientes para calcular o esforço desprendido na tarefa e, portanto, os cálculos históricos e de capacidade.

Um dos desafios de implementar essa prática não é a implementação do software, pois há atualmente muitas opções, pagas ou livres. O grande problema a ser enfrentado é estabelecer um procedimento simples e prático que garanta a atualização, sincronização, de quadro físico para software.

Há duas alternativas. Cada membro da equipe insere no quadro e no software ou os membros da equipe atualizam o quadro e identifica-se uma pessoa de nível operacional, secretária ou membro júnior da equipe de projeto, para realizar a sincronização periodicamente.

A primeira alimentação deve ser feita pelo gerente do projeto e pela pessoa responsável por essa atividade, se houver. Devem-se inserir as entregas no SGP a partir dos cartões distribuídos no PVPCP.

Sempre que houver uma nova iteração com a definição de novas entregas, ou atualização esporádica realizada pelos membros das equipes no PVPCP, na iteração anterior, o SGP deverá ser atualizado, preservando o plano-base do projeto. Qualquer que seja a atualização no quadro: alocação da entrega em outra iteração, mudança de datas, quantidade de horas estimadas, custo e responsáveis por entrega, o SGP deverá ser atualizado.

Deve-se encontrar uma maneira simples de garantir essa atualização. Como o sistema é alimentado com poucas informações, se comparado com o planejamento tradicional, a tarefa normalmente vai gerar uma carga de poucas horas a cada semana. O mais recomendado é que essa atividade seja feita por uma secretária administrativa ou pessoa de nível operacional, pois se trata de algo simples.

As mudanças são anotadas pela equipe com caneta ou troca dos cartões (recados autoadesivos) no quadro. O responsável, após a reunião de cada iteração, atualiza o sistema e pode fazer marcações nos novos cartões para indicar que foram atualizados.

ETAPA 4 – Decompor as entregas do PVPCP em pacotes de trabalho e atividades

Nesta etapa são definidas as atividades ou pacotes de trabalho relacionados às entregas inseridas no PVPCP. Utilizam-se ciclos de desenvolvimento em escala semanal, em que a cada semana novas atividades são definidas e os resultados obtidos na semana anterior são revistos e avaliados. É importante definir atividades ou pacotes de trabalho que possam ser concluídos ao final de uma semana, caso contrário deverão ser desmembrados em duas atividades ou em dois pacotes de trabalho e alocados no próximo ciclo de desenvolvimento semanal. Cada entrega definida no PVPCP poderá ser desdobrada em atividades e pacotes de trabalho e estes serem planejados e executados durante a semana. Significa, portanto, que se tem resultados concretos sobre as entregas a cada semana.

Os cartões inseridos no QPFS deverão possuir um responsável, código ou nome da entrega vinculado ao PVPCP, resultado esperado, conforme definição no PVPCP e no SGP. A Figura 4.23 apresenta a sistemática para preencher o QPFS e as convenções adotadas. No QPFS cada recado autoadesivo poderá representar um membro da equipe de projeto; dessa maneira, se houver três cartões da cor azul, significa que um membro da equipe possui três atividades alocadas naquela semana.

Figura 4.23   Preenchimento do QPFS

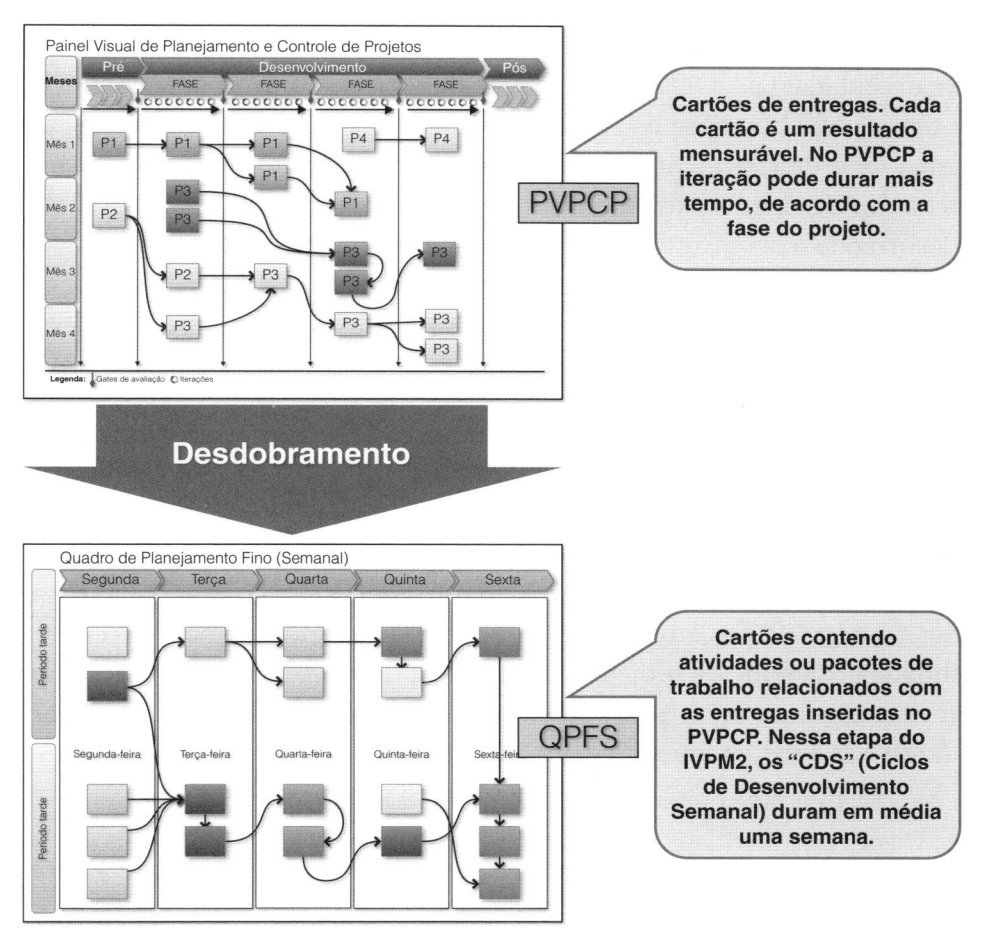

Fonte: Adaptada de CONFORTO, 2009.

O QPFS preenchido passa a ser uma ferramenta da equipe de projeto. Ele permite o acompanhamento diário. Recomenda-se o uso de reuniões rápidas e diárias nas quais os membros da equipe de projeto informam a situação das entregas, atividades e pacotes, relatando problemas prioritários e trocando sugestões. As reuniões diárias são importantes para interação entre os membros da equipe de projeto e o gerente ou coordenador do projeto. Nas aplicações realizadas, o QFPS era preenchido no início ou no término da semana, quando os resultados eram avaliados.

Nos dias restantes, entre um planejamento e outro, a equipe mantinha o acompanhamento com as reuniões diárias.[91]

Existem exceções. Algumas atividades podem durar mais, ou menos, que uma semana para serem finalizadas. Nada impede que outro dia seja utilizado como base para o planejamento. Nesses casos, é importante apontar as datas de início e de fim no cartão. Por exemplo, na segunda-feira, existem duas atividades para serem executadas (A1 e A2), mas o gerente de projetos com a equipe definiu que o foco deverá ser a atividade A1. Desse modo, o cartão com essa atividade ficará na segunda-feira, de acordo com o período que será finalizado o trabalho. O cartão com a atividade A2 poderá ficar em espera, e ela ser planejada para a semana seguinte. No decorrer da semana, se a atividade A1 ainda não foi finalizada, poderá migrar de um dia para o outro, até que seja encerrada. Essa evolução deverá ser acompanhada pelo gerente de projeto por meio das reuniões diárias com a equipe.

ETAPA 5 – Executar as atividades e pacotes de trabalho

Nessa etapa do procedimento, os membros da equipe de projeto executam as atividades e pacotes de trabalho definidos no QPFS. Nesse ponto, o fator exploração é extremamente importante; não basta apenas a execução da atividade propriamente dita. Deve-se estar atento para mudanças e melhorias que possam ocorrer durante a execução. Por esse motivo é importante a realização das reuniões diárias de *status* do projeto, com os membros da equipe. Esse papel é de responsabilidade do gerente de projeto. É importante desenvolver um comportamento de autogestão e autodisciplina na equipe para torná-la capaz de reconhecer a mudança e se auto-organizar para responder a ela, caso seja necessário.

A cada atividade ou pacote de trabalho finalizado, o membro da equipe responsável por essa atividade deverá atualizar a entrega relacionada àquela atividade (segundo PVPCP) no sistema para o gerenciamento de projetos (SGP).

Uma possibilidade é a de que cada membro da equipe seja responsável por atualizar as entregas no SGP, colocando a porcentagem de conclusão da entrega, após a finalização de mais uma atividade ou pacote de trabalho, referente àquela entrega, a quantidade de horas trabalhadas etc. Ao final de cada atividade ou pacote de trabalho, o cartão físico (recado autoadesivo) de papel é retirado do QPFS e reutilizado, ou jogado fora; por isso é muito importante documentar essas informações no SGP. Veja que, neste momento, estamos trabalhando em um nível maior de detalhes que não foi previamente planejado no PVPCP.

---

91 A exemplo do que ocorre na metodologia Scrum, ver SCHWABER, K. *The enterprise with scrum*. Washington: Microsoft, 2007.

Além da atualização da entrega correlacionada no PVPCP, deve-se colocar uma breve descrição da atividade e como esta foi realizada, se houve problemas ou imprevistos durante sua execução, quais soluções foram adotadas, se surgiu uma nova ideia ou se houve algum acontecimento que possa influenciar a entrega, sua qualidade, prazo ou custo.

ETAPA 6 – Gerar relatórios de desempenho com o SGP

Os relatórios pré-formatados do SGP permitirão acompanhar o progresso do projeto. Os indicadores para o gerenciamento de projetos utilizando o IVPM2 podem ser qualitativos ou quantitativos: entrega no prazo, adequação ao custo, qualidade (a partir dos critérios definidos no MFE), atendimento aos objetivos do projeto, valor agregado para o cliente, satisfação do cliente, quantidade de mudanças no projeto etc. O conjunto de indicadores deverá ser definido de acordo com o ambiente de projetos e tipos de projetos executados na empresa. É importante que esses indicadores estejam alinhados com as metas e os objetivos estratégicos da empresa.

É importante definir um conjunto de indicadores padrão para todos os projetos da organização. Além disso, indicadores específicos poderão ser desenvolvidos para cada tipo de projeto. O SGP poderá ser customizado, criando-se, por exemplo, relatórios de desempenho específicos. O software desempenha um papel diferente no IVPM2. Serve como um repositório de dados do projeto, armazenando informações, permitindo sua recuperação e reutilização de maneira rápida e precisa. Note que o software não é o único componente utilizado para apoiar o planejamento e controle do projeto. No IVPM2, o SGP é coadjuvante. O gerenciamento do projeto é realizado principalmente com o apoio dos painéis visuais (PVPCP e QPFS), utilizando conceitos de gerenciamento visual, possibilitando o gerenciamento compartilhado e colaborativo, em que cada membro da equipe de projeto é corresponsável por planejar, executar e controlar seu trabalho, entregas e atividades sob sua responsabilidade.

Além dos relatórios pré-formatados, é possível implantar outras maneiras de avaliação, principalmente as voltadas para avaliação do desempenho individual dos membros da equipe e, também, os indicadores para medir o valor agregado para o cliente e sua satisfação com os resultados obtidos no projeto.

ETAPA 7 – Avaliação dos resultados, tomada de decisão, aprendizado

Nesta etapa, os resultados de uma ou mais iterações são avaliados com o apoio dos relatórios de desempenho do projeto. É o momento de avaliar o que deu certo e o que não deu certo, discutir problemas e desafios enfrentados, resultados alcançados e soluções criativas adotadas que poderão ser úteis em outras iterações e situações.

É o momento de rever os riscos e oportunidades do projeto. Esta é a última etapa antes do encerramento da iteração, que termina com a avaliação do desempenho da equipe e do projeto cujo resultado são ações para a próxima iteração.

No caso do surgimento de novas entregas ou mudanças, o PVPCP e o SGP deverão ser atualizados até a finalização oficial da fase, que se dá durante a reunião de transição de fases, ou reunião de "Gate". Com o MFE, é possível definir as iterações por fases do desenvolvimento do produto, podendo também permear mais de uma fase. Cada iteração seguirá o ciclo exploração, adaptação e entrega.

Desse modo, é possível desenvolver o projeto por meio de um planejamento evolutivo, tornando o plano de projeto mais flexível, possibilitando adaptar e absorver mudanças durante o desenvolvimento e proporcionando um ambiente de projetos que favorece o desenvolvimento da criatividade, inovação e interação entre os membros da equipe.

4.6.3 Características do IVPM2

O IVPM2 foi desenvolvido para atender aos princípios do APM e faz uso das ferramentas e técnicas propostas pelos autores do Gerenciamento Ágil, apresentados na parte inicial deste capítulo. Ele também adapta tais técnicas e ferramentas para produtos físicos, por meio de inovações, como a inclusão de registros de acompanhamento em softwares de gerenciamento de projetos. No caso de produtos físicos, esse artifício ajuda a lidar com o aumento da complexidade dos produtos que envolvem hardware e software e comumente têm, por exemplo, mais de uma equipe no projeto.

Os aspectos relevantes do IVPM2 são descritos nos itens a seguir:

- **Gerenciamento visual das entregas do projeto.** As entregas são organizadas no Painel Visual de Planejamento e Controle de Projetos (PVPCP), a partir das definições da Matriz Item-Entrega (Capítulo 3), Visão do Produto, somadas às entregas padrão definidas no MFE;

- **Flexibilidade do processo de gerenciamento.** Aplicando-se conceitos e técnicas simples, a equipe de projetos será capaz de absorver mudanças durante o projeto sem a alocação e desperdício de recursos com burocracia e atividades que não agregam valor para o resultado final do projeto;

- **Simplicidade das técnicas.** A simplicidade é um princípio importante no gerenciamento de projetos. Os processos, técnicas e ferramentas de gerenciamento são fundamentais para aumentar as chances de sucesso no projeto, contudo, não garantem 100% de sucesso. Desse modo, os processos, as técnicas e ferramentas representam o meio pelo qual a equipe vai obter maior sucesso, mas não devem estar no centro das atenções da equipe. O foco está nos resultados e valor agregado para o cliente;

- **Aprendizado contínuo.** O elemento mais importante no gerenciamento de projetos é o conhecimento. O conhecimento está nas pessoas, não em processos, técnicas ou ferramentas. É importante que o ambiente de projetos proporcione e motive o comportamento de "querer aprender", para que melhores resultados sejam alcançados. Não basta anotar as lições aprendidas, pois, para que essas lições sejam reutilizadas, o envolvimento e participação das pessoas são fundamentais;

- **Motivação e reconhecimento.** Como membro de uma equipe de projetos, o indivíduo espera contribuir o máximo com o projeto, independentemente do seu cargo e atribuições, e, acima de tudo, deseja ser reconhecido por suas conquistas e metas alcançadas. Se um projeto é diferente de operações, a forma de motivação, remuneração e reconhecimento devem ser diferenciados também. No IVPM2, o membro da equipe é participante ativo de decisões, é responsável por seus resultados e planejamento do seu dia a dia, e é chamado a participar do projeto, criticar e questionar o planejamento, a forma de execução, os resultados obtidos, na busca pela melhoria contínua.

Por fim, foi observado que o método depende de uma série de adaptações em seus componentes: MFE, quadros e intervalo de iteração e acompanhamento. Apresentam-se, então, casos de implantação que podem auxiliar o leitor a compreender o uso do método com mais detalhes.

4.7 Aplicações do IVMP2

Nesta seção, vamos apresentar dois casos práticos de aplicação do IVPM2. Ambos são de empresas inovadoras que desenvolvem produtos. A primeira atua diretamente no desenvolvimento de produtos tecnológicos e será chamada empresa "X". O IVPM2 foi implantado em um único projeto de longa duração. A segunda empresa atua na prestação de serviços na área de design industrial para empresas de alta tecnologia que desenvolvem produtos, sendo nomeada de empresa "Y". Nesta, o IVPM2 foi implantado em vários projetos sendo executados de maneira simultânea.

Para cada um dos casos, vamos apresentar como foram realizadas adaptações no IVPM2, e, por fim, apresentaremos quais foram os principais benefícios do IVPM2 para o gerenciamento de projetos em ambos os casos.

4.7.1 Projeto único e complexo

A empresa X pode ser classificada como uma empresa de base tecnológica[92] e atua no segmento de desenvolvimento de produtos e prestação de serviços tecnológicos que integram hardware e software. Seus produtos, em geral, possuem elevado grau de inovação e integram soluções tecnológicas com base em software e hardware para atender a diversos mercados como segurança, saúde, energia e entretenimento.

O projeto piloto no qual o IVPM2 foi implantado tinha como objetivo desenvolver uma plataforma robótica para atender a universidades e institutos de pesquisa, em que os usuários da solução seriam capazes de programar, fazer testes e experimentos, utilizando um robô móvel inteligente. O projeto tinha a duração estimada de dois anos e possuía vários aspectos críticos, como o desenvolvimento de tecnologia específica e solução de problemas complexos envolvendo hardware e software.

Antes da implantação do IVPM2, a empresa enfrentava diversos desafios no gerenciamento de seus projetos, tais como: dificuldade em atender a prazos e custo; e dificuldade em absorver mudanças no escopo do projeto e desperdício de recursos. Além disso, foram percebidas barreiras, como: ausência de um modelo de referência para desenvolvimento de produtos e técnicas de gerenciamento adequadas ao ambiente de inovação da empresa; dificuldade no gerenciamento da informação e conhecimento gerado nos projetos; desmotivação da equipe de projetos; resultados dos projetos não robustos; ausência de uma sistemática para avaliação do desempenho dos projetos etc.

A implantação do IVPM2 teve início com a adequação do MFE e do PVPCP para atender a características do ambiente de projetos da empresa e, mais especificamente, o tipo de projeto em desenvolvimento. No caso do Modelo de Fases e Entregas (MFE) definiu-se um modelo geral que pudesse atender a todos os projetos com algumas adaptações segundo o tipo, grau de complexidade e grau de inovação do projeto. A Figura 4.24 mostra o MFE implantado na empresa X com suas devidas adaptações.

---

[92] TORKOMIAN, A. L; FERRO, J. R. A criação de pequenas empresas de alta tecnologia. *Revista da Administração de Empresas*, Rio de Janeiro, n. 28, v. 2 abr. / jun. p. 43-50, 1988; TORKOMIAN, A. L. Estrutura de pólos tecnológicos. São Carlos: Edufscar,1996; KRUGLIANSKAS, I. RIMOLI, C.A; SBRAGIA, R. Investigando a gestão tecnológica e o desempenho de MPEs de setores tradicionais. Encontro da Associação Nacional de Programas de Pós-graduação em Administração, v. 20, Angra dos Reis – R.J, p. 23-25. Anais... XX ENANPAD,1996; HICKS, D; HEDGE, D. Highly innovate small firms in the markets for technology. *Research Policy*, v. 34.p. 703-716, 2005.

As entregas definidas no MFE da empresa X são padrões para todos os projetos, independentemente da aplicação ter sido realizada em um único projeto. O detalhamento do conteúdo e o nível de detalhe a serem utilizados foram definidos de acordo com o tipo de projeto. Um conjunto padrão de documentos (modelos) foi definido, como: plano de projeto, plano de entregas e documento para análise de riscos. Além disso, no MFE apresentado, existem entregas relacionadas ao produto, como BOM, relatório de testes, mas, também, entregas e documentos para o gerenciamento de projetos, como plano de projeto, plano de entregas etc.

Figura 4.24 Implantação do MFE na empresa X

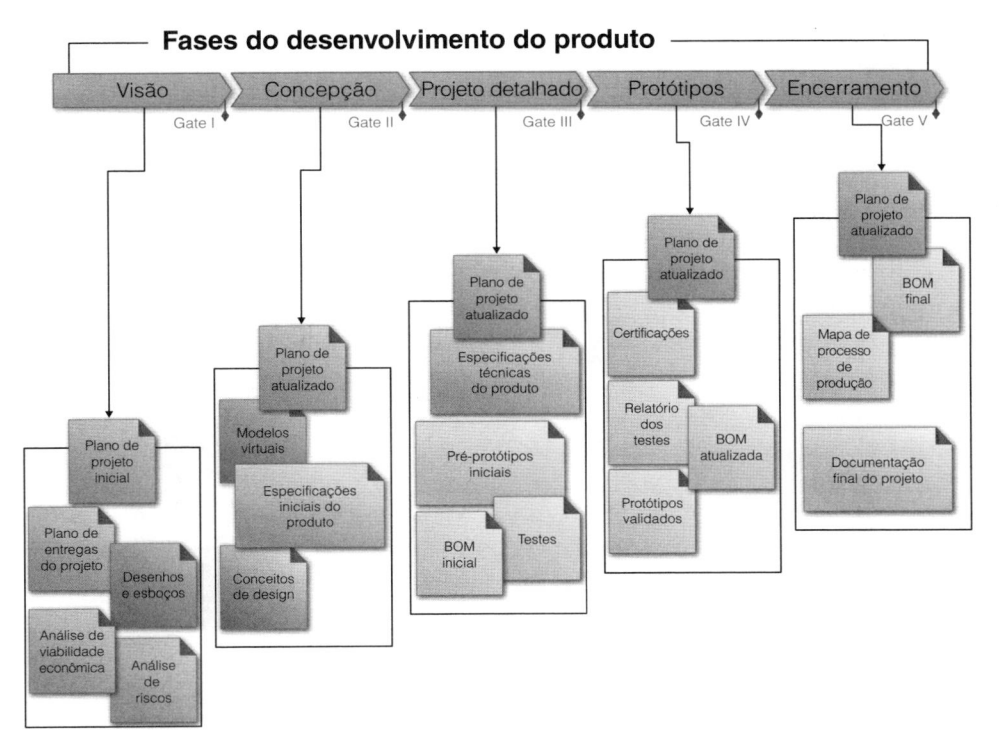

Fonte: Adaptada de CONFORTO, 2009.

Ao final de cada uma das fases existe um "Gate". Trata-se de uma avaliação formal dos resultados do projeto obtidos na fase anterior. São definidos critérios de qualidade e aprovação genéricos para todos os projetos, mas também critérios específicos para atender a características específicas de determinado tipo de projeto. A definição desses critérios se dá no início do projeto, na fase de visão.

Já o PVPCP foi adaptado para atender a um único projeto ao qual seria implantado. Adotou-se uma linha de tempo horizontal no quadro, conforme a duração das fases do projeto, respeitando-se o prazo máximo de dois anos para sua conclusão. A Figura 4.25 mostra o PVPCP implantado na empresa X. A linha de tempo foi definida com base em meses e inserida horizontalmente na base do painel. Com base nessa linha de tempo, as fases foram planejadas, e em cada fase foram inseridas suas respectivas entregas. O projeto foi dividido em quatro áreas, isto é, quatro equipes distintas voltadas para a entrega de uma parte do produto: mecânica (a parte estrutural do robô), elétrica (a parte de eletrônica e as demais dos componentes elétricos) e software (responsável pelo software para o funcionamento do hardware). Cada cor de cartão representa uma área do projeto.

Figura 4.25   Implantação do PVPCP na empresa X

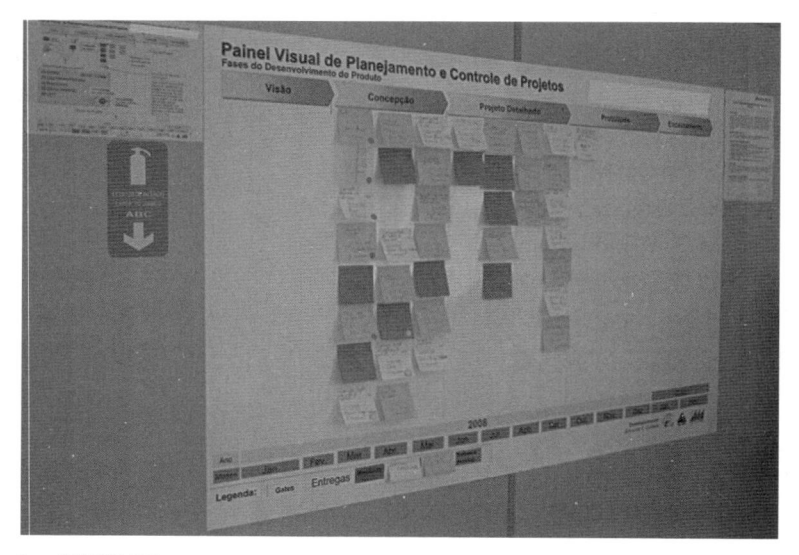

Fonte: CONFORTO, 2009.

O PVPCP foi moldado especificamente para atender às necessidades de um projeto, dado que foi aplicado em apenas um dos grandes projetos da empresa. O Quadro de Planejamento Fino Semanal (QPFS) foi adaptado de maneira a atender às entregas específicas desse projeto. A Figura 4.26 traz o QPFS implantado na empresa X.

As reuniões eram realizadas semanalmente com o coordenador do projeto para a definição das atividades semanais da equipe. Não havia reuniões diárias com frequência; existiam reuniões de acompanhamento individual, realizadas duas vezes por semana.

Após a implantação e utilização do IVPM2 na empresa X por alguns meses, a equipe de projetos e o coordenador relataram as contribuições do IVPM2 para a melhoria do processo de gerenciamento de projetos em vários aspectos. Por exemplo, o MFE ajudou na padronização das fases e algumas entregas do projeto, juntamente com a definição de modelos de documentos, melhorando a comunicação entre os membros da equipe de projeto, o registro e recuperação de informações dos projetos, provando que, mesmo em ambientes de inovação e constantes mudanças, um mínimo de padronização é necessário.

Figura 4.26 Implantação do QPFS na empresa X

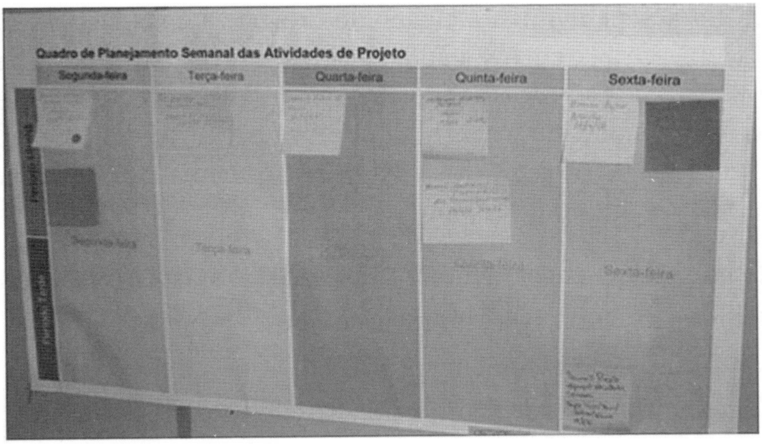

Fonte: CONFORTO, 2009.

O Sistema de Gerenciamento de Projetos (SGP) foi utilizado para registrar os dados sobre as entregas do projeto, inseridas no PVPCP, conforme definido no IVPM2. As informações sobre as atividades e pacotes de trabalho realizados eram inseridas no SGP, atualizando-se datas e quantidade de horas consumidas, para a geração dos indicadores de desempenho. O SGP também contribuiu para o armazenamento das informações do projeto, uma vez que os cartões eram retirados do PVPCP e as informações sobre as entregas eram registradas no software. O Sistema de Indicadores de Desempenho (SID) ajudou a equipe a tomar decisões baseada em dados reais do projeto, como quantidade de horas consumidas nas atividades. Apesar de utilizarem medidas de desempenho simples, a equipe foi capaz de melhorar os resultados do projeto, reduzindo atrasos e custos com atividades que não agregavam valor para o projeto e melhorando a qualidade das estimativas no planejamento das entregas do projeto.

Os painéis visuais, PVPCP e QPFS, juntamente com o processo iterativo para utilização do IVPM2, contribuíram para desenvolver a autogestão e a autodisciplina da equipe, melhorando o comprometimento dos membros da equipe com os resultados. Além disso, foi importante para melhorar a tomada de decisão, em que os membros da equipe participavam das reuniões de planejamento, opinando e contribuindo com ideias e sugestões para melhorar o desempenho e resultados do projeto. Ambos os painéis foram considerados componentes importantes para melhorar a interação entre os membros, a comunicação interna e o comprometimento dos membros da equipe com resultados.

As iterações ocorriam dentro de cada fase do MFE, conforme descrito no método. Os painéis PVPCP e QPFS, alinhados com o Modelo de Fases e Entregas, permitiram um desenvolvimento cíclico do projeto. A cada fase, várias iterações eram realizadas, com foco em resultados rápidos, para que, no final da fase, todos os critérios de aprovação e entregas do projeto fossem concluídos. O processo iterativo, definido no IVPM2, contribuiu para que a equipe fosse capaz de absorver mudanças durante a execução do projeto. Além disso, outros benefícios da implantação do IVPM2 observados pela equipe de projeto foram:

- Melhoria do gerenciamento utilizando ciclos iterativos e entregas parciais;
- Melhoria da auto-organização da equipe de projetos;
- Contribuição do gerenciamento visual proporcionada pelos painéis;
- Melhora na qualidade das informações do projeto;
- Aumento do comprometimento da equipe com resultados de valor para o cliente;
- Planejamento e replanejamento do projeto de maneira descomplicada e rápida;
- Desenvolvimento de uma linguagem única de gerenciamento de projetos;
- Melhora no acompanhamento do progresso dos projetos por meio do uso integrado de software de gerenciamento e dispositivos visuais (painéis visuais).

A integração de um software de gerenciamento de projetos com dispositivos simples e painéis visuais de planejamento e controle impactou positivamente o desempenho do projeto, melhorando a visibilidade e agilizando o acompanhamento do progresso. Embora sejam muitos os benefícios da integração de técnicas simplificadas e visuais, são necessárias uma mudança de comportamento e a quebra de paradigmas, para adoção de tais técnicas, que exigem elevado nível de comprometimento, autogestão e responsabilidade compartilhada com todos os membros da equipe de projeto. A equipe é participante ativa e corresponsável pelos resultados do projeto.

O nível de interação entre os membros da equipe e a participação do cliente no desenvolvimento requerem mudança de hábitos e exigem trabalho colaborativo.

Note que o uso de técnicas simples exige maior comprometimento, principalmente com os detalhes relacionados ao planejamento e controle do projeto. As atividades eram de responsabilidade de cada um dos membros da equipe de projeto. A mudança no comportamento da equipe foi fundamental.

4.7.2 Ambiente multiprojetos

O segundo caso apresentava o desafio de ser um ambiente tipicamente multiprojetos. Será chamada de empresa Y. Trata-se de uma empresa especializada na prestação de serviços de design industrial para o desenvolvimento de novos produtos. Atende principalmente às empresas de base tecnológica, *start-ups*, incubadoras de empresas e institutos de pesquisa.

Diz-se ambiente multiprojetos porque, no momento da implantação do IVPM2, a carteira de projetos em execução na empresa Y era de 130 projetos desenvolvidos por ano, com períodos de execução que variavam entre um e 18 meses, e diferentes níveis de complexidade e inovação. Os membros das equipes participavam de mais de um projeto ao mesmo tempo e era comum um gerente coordenando mais de um projeto – quase a totalidade requerendo inovação e criatividade. Nesse ambiente, foram encontrados diferentes tipos de projeto, com diferentes níveis de complexidade e inovação.

Os tipos de projetos realizados pela empresa são também executados de maneira colaborativa com o cliente, pois existe intensa comunicação, bem como troca de informações sobre uma série de questões, tecnologia, produto, mercado etc., para que sejam criados conceitos, protótipos e especificações detalhadas do produto.

Destacam-se dois aspectos: a quantidade de projetos em execução simultânea e o dinamismo do ambiente de negócios da maioria de seus clientes, que influenciavam diretamente os resultados dos projetos. Isso resultava em atrasos, desperdício de recursos, dificuldade no gerenciamento multiprojetos, dificuldade na comunicação com o cliente, parceiros e fornecedores e falta de interação entre os membros da equipe de projeto.

Foram identificados alguns fatores que contribuíam para esse cenário, tais como: ausência de um modelo para desenvolvimento de produtos adequado ao ambiente de projetos da empresa; dificuldade na aplicação de técnicas tradicionais de gerenciamento de projetos; dificuldade de acompanhar o progresso dos projetos; dificuldade no relacionamento com clientes, devido às constantes mudanças nos projetos.

Devido a essas características encontradas na empresa Y, o IVPM2 precisou ser adaptado. A implantação do IVPM2 foi realizada em sete projetos simultaneamente. Esses projetos foram considerados projetos críticos para a equipe, o que exigiu adaptar todos os componentes do IVPM2, com exceção do procedimento iterativo mantido original. Por exemplo, o Modelo de Fases e Entregas (MFE) foi expandido, com a definição de outras fases e entregas para atender, de modo geral, a todos os tipos de projetos desenvolvidos na empresa Y. A quantidade de documentos padronizados também aumentou, conforme mostra a Figura 4.27.

Figura 4.27 Modelo de Fases e Entregas implantado na empresa Y

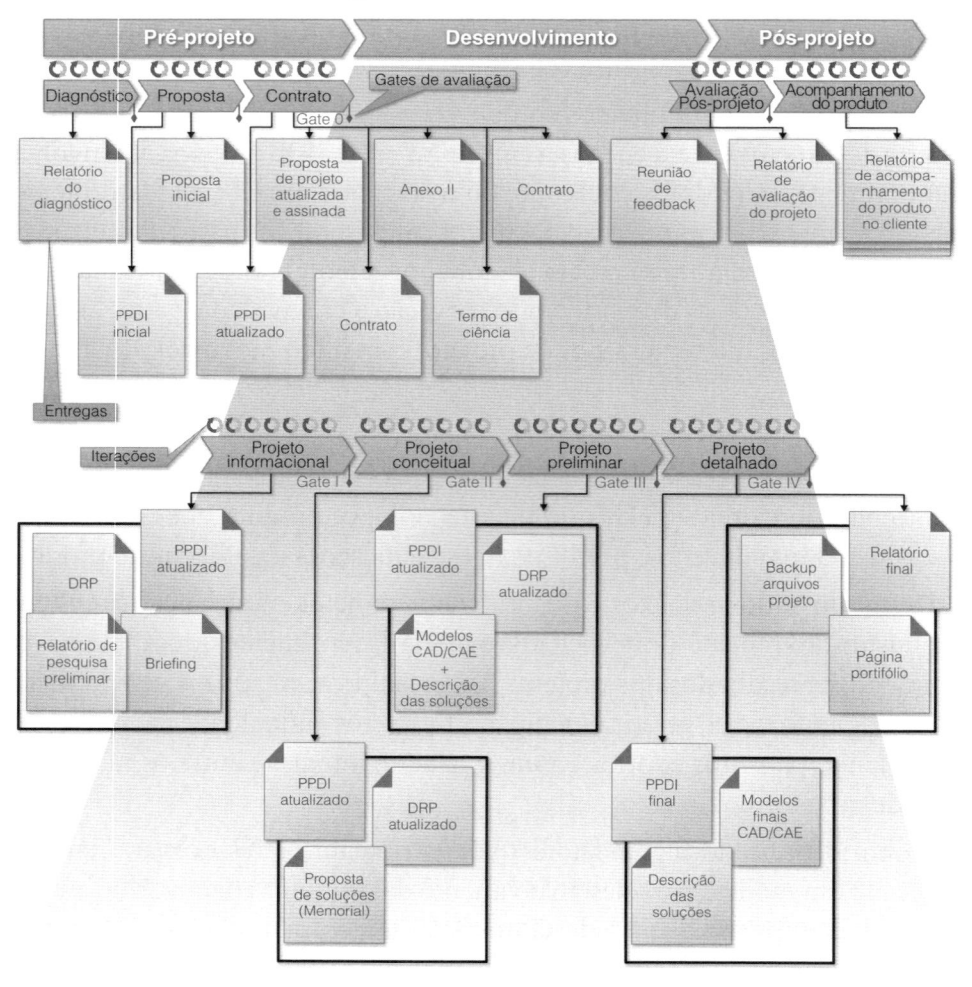

Fonte: Adaptada de CONFORTO, 2009.

Um conjunto de modelos de documentos (*templates*) também foi desenvolvido para apoiar o MFE na empresa Y. O MFE foi reconhecido pela equipe de projetos como um componente-chave do sucesso. Esse reconhecimento demonstra um aspecto importante. A padronização das informações, por si só, é capaz de gerar benefícios em ambientes multiprojetos, demonstrando que a padronização é fundamental, mesmo na abordagem do APM.[93]

A linguagem unificada do modelo facilitou o trabalho das equipes e a criação da Visão do Produto, contribuindo para institucionalizar alguns conceitos importantes da área de desenvolvimento de produtos. Por exemplo, o uso de modelos de documentos associado aos "Gates", no final de cada fase do projeto, melhorou o relacionamento com os clientes, melhorando a qualidade percebida e a satisfação do cliente com as entregas do projeto.

A Figura 4.28 apresenta fotos da documentação dos projetos antes e depois da implantação do IVPM2. A padronização e a organização dos documentos e informações do projeto contribuíram para melhorar o registro e a recuperação de dados dos projetos durante sua execução. As pastas de projeto guardavam todos os documentos e podiam ser levadas para as reuniões com os clientes, permitindo a consulta rápida ao histórico do projeto, as decisões tomadas em reuniões passadas e as mudanças no escopo solicitadas pelo cliente.

Figura 4.28   Modelos de documentos – pasta de projeto – empresa Y

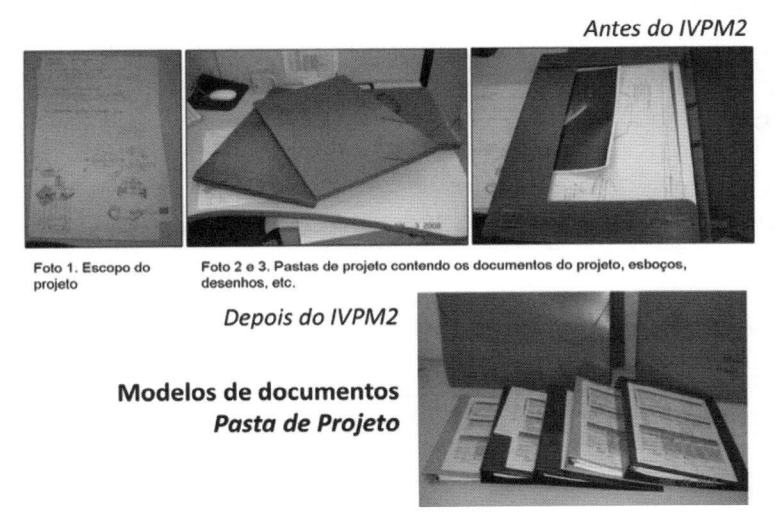

Fonte: CONFORTO, 2009.

---

[93]   Conforme discutido no Capítulo 2 e já citado por outros autores como BOEHM, B.; TURNER, R. *Integrating agile and plan-driven methods, in '26th International conference on software engineering, ICSE*. Proceedings', 2004, p. 718-719.

O Painel Visual de Planejamento e Controle de Projetos (PVPCP) também foi adaptado para o ambiente multiprojetos. A Figura 4.29 mostra o quadro com a linha de tempo na vertical no canto esquerdo. O posicionamento e a escala utilizados podem ser alterados de acordo com as necessidades da equipe de projeto.

As fases estão alinhadas com o MFE, e a linha de tempo é diferente da aplicação anterior. O tamanho do quadro e a nomenclatura das fases também se alteram. O quadro teve de ser ampliado devido à quantidade maior de cartões colocados. É importante destacar que, dependendo do ambiente de projetos no qual se deseja implantar o IVPM2, talvez não seja necessário colocar uma linha do tempo no PVPCP, pois as informações de datas de início e término de cada entrega podem estar no cartão afixado no painel e também no SGP, em que o controle é por meio de relatórios de progresso.

Por se tratar de um ambiente multiprojetos, a quantidade de cartões aumenta consideravelmente. Nesse caso, houve uma restrição de espaço no quadro. A empresa optou por colocar apenas as entregas principais, com um nível de detalhes menor. Em outras palavras, ela utilizava o SGP para detalhar as entregas.

No caso da empresa Y, cada cor de recado autoadesivo (cartão de entrega) inserido no PVPCP foi utilizada para diferenciar um projeto. Desse modo, cada conjunto de cartões da mesma cor representava um projeto distinto. Uma segunda restrição foi identificada: a quantidade de cores para recados autoadesivos disponíveis para a compra, pode ser menor que o número de projetos.

A solução pode ser a de adotar apenas uma cor e diferenciar os projetos de outra maneira, com caneta colorida, código ou até mesmo agrupando os cartões de entregas por meio de seus relacionamentos de dependência.

Figura 4.29 Implantação do PVPCP na empresa Y

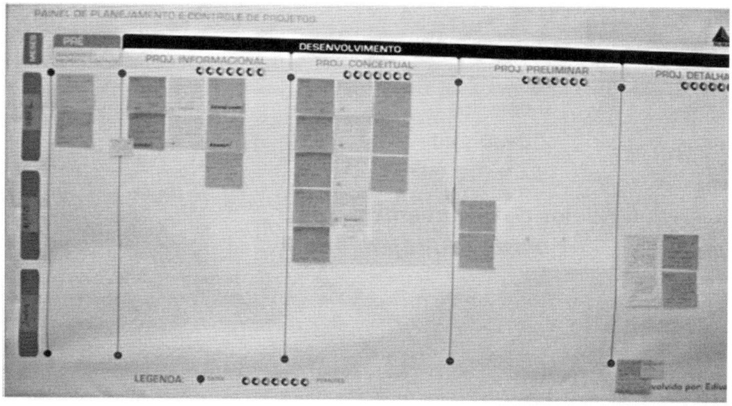

Fonte: CONFORTO, 2009.

A implantação do segundo dispositivo visual do IVPM2, o Quadro de Planejamento Fino Semanal (QPFS), deu-se por meio de um *flip chart* adaptado para a colagem dos cartões contendo as subentregas, atividades ou pacotes de trabalho a partir das entregas inseridas no PVPCP. Note que o conceito é o mesmo. Realizar iterações com duração de uma semana e ter um resultado ao final desse período. O importante desse componente é o apoio às discussões sobre o andamento do projeto, com base no que foi definido para ser executado naquela semana, sempre com o acompanhamento diário, com o apoio de reuniões de curta duração.

As discussões sobre as atividades semanais aconteciam em grupo, com a participação do gerente de projetos. Foram estimuladas reuniões entre os membros da equipe para garantir a comunicação e interação entre os membros – fator crucial para a utilização do IVPM2.

É importante destacar que as atividades e os pacotes de trabalho definidos no QPFS, nesse caso, não foram obrigatoriamente incluídos no Software de Gerenciamento de Projetos (SGP). Devido ao dinamismo dos projetos nas empresas, as informações principais do QPFS somente eram incluídas no SGP após sua realização. O SGP servia apenas ao escritório de projetos da empresa para o acompanhamento do conjunto total de projetos, isto é, para obter uma "foto" atual das entregas já realizadas em cada projeto, o que permitia uma avaliação do grau de evolução de cada um deles.

Isso era possível porque cada membro da equipe era responsável, ao final da atividade, ou ao final da iteração, por inserir no SGP as informações de duração e os resultados obtidos naquela semana em suas respectivas atividades. Enfatiza-se que as atividades ou os pacotes de trabalhos realizados durante a semana estão relacionados a uma ou mais entregas definidas no PVPCP; e isso deve ser claro quando for atualizar o SGP.

O planejamento, a execução e o controle de atividades na maneira colaborativa exigem da equipe o desenvolvimento da autogestão e autodisciplina para obter melhor desempenho e resultados nos projetos sem inibir a criatividade e contribuição de cada membro no compartilhamento de conhecimentos e experiências. A Figura 4.30 apresenta o QPFS implantado na empresa Y, utilizando um *flip chart* como apoio para colocar os cartões.

No ambiente multiprojetos encontrado na empresa Y, o SGP teve um papel de apoio para armazenar o histórico do projeto, permitindo uma visão consolidada e por projeto, facilitando a geração de relatórios com indicadores de desempenho específicos, para a tomada de decisão e apoio da equipe no controle do desempenho do projeto.

Nesse caso, o software SGP não era utilizado para planejamento, função compartilhada com uso dos painéis visuais, PVPCP e QPFS.

Figura 4.30   Implantação do QPFS na empresa Y

Fonte: CONFORTO, 2009.

Na empresa Y, por ser um ambiente multiprojetos, o SGP desempenhou um papel fundamental para o escritório de projetos. Além de armazenar o histórico dos projetos e as informações dos cartões de entregas inseridos nos painéis visuais, o SGP gerava relatórios de desempenho com indicadores de progresso do projeto e prazo, suficientes para uma análise inicial do projeto. Outras avaliações eram realizadas seguindo os critérios definidos para a aprovação do projeto utilizando o MFE e os conceitos de "Gates" e também os próprios painéis visuais.

De modo geral, a equipe e o coordenador de projetos da empresa Y reconheceram a melhora no desempenho dos projetos na empresa Y a partir da implantação do IVPM2. Os atrasos nos projetos foram reduzidos e alguns projetos até finalizaram antes do prazo. A padronização do processo de desenvolvimento de produtos, por meio do MFE, como um modelo de referência, contribuiu para melhorar o registro das informações dos projetos, e a recuperação e reúso dessas informações para a tomada de decisão. Aliado a esse benefício, estão as contribuições dos painéis visuais. Apesar de serem ferramentas simples, proporcionam um grande benefício para a equipe. Comunicação, iteração, discussão em grupo, tomada de decisão participativa são algumas das áreas impactadas positivamente pelo uso desses componentes do IVPM2.

A empresa também reconheceu os benefícios do IVPM2 em outros aspectos críticos do gerenciamento de projetos em um ambiente de inovação, tais como:[94]

- Gerenciamento por ciclos iterativos e entregas parciais;
- Melhora nos resultados dos projetos em termos de prazo e qualidade;
- Melhora na capacidade de absorção de mudanças solicitadas pelos clientes;
- Apoio na formação de equipes autogerenciáveis;
- Apoio no gerenciamento visual dos projetos;
- Aumento da qualidade das informações sobre os projetos;
- Aumento do comprometimento da equipe com resultados e metas;
- Melhora no planejamento e replanejamento do projeto de maneira rápida e concisa;
- Melhora no alinhamento do gerenciamento de projetos com a estratégia da empresa;
- Melhora no acompanhamento do progresso dos projetos, por meio da integração de software de gerenciamento de projetos com dispositivos visuais (painéis).

---

[94] Detalhes sobre como foi realizada essa avaliação e os resultados podem ser consultados em CONFORTO, E. C.; AMARAL, D. C.; BREFE, M. Gerenciamento ágil em ambientes multiprojetos de inovação: reflexões de um caso de organização de serviços de design industrial. In: *Seminário internacional de gerenciamento de projetos*, 9, 2009. São Paulo. Anais. São Paulo: PMI, 2009. 1 WEB.

Implantando sistemas de informação ágeis

No Capítulo 4 afirmamos que os softwares podem ter um papel fundamental no Gerenciamento Ágil de Projetos. Essa afirmação não é trivial e pode contrariar o senso comum do Gerenciamento Ágil de Projetos.

Nas experiências de campo realizadas pelos autores ficou evidente que os sistemas de informação podem ter um papel importante, principalmente no caso do uso do APM em produtos que envolvam hardware, além de software. A conclusão é que o uso de sistemas depende da maneira como os softwares são empregados, customizados e utilizados. Para demonstrar a questão, é preciso entender o papel dos Softwares de Gerenciamento de Projetos, quais suas principais funcionalidades e como os princípios do gerenciamento ágil podem influenciá-las ou exigir novas funcionalidades – tópicos apresentados neste capítulo.

5.1 Definição e papel dos Softwares de Gerenciamento de Projetos

O gerenciamento de projetos inclui uma mistura complexa de atividades de planejamento, avaliação e tomada de decisões. As informações geradas no decorrer do projeto são fundamentais para o sucesso. Elas precisam ser coletadas, atualizadas e apresentadas de maneira correta a todos os envolvidos no projeto. Para auxiliar nesse gerenciamento, tornou-se importante o uso de softwares específicos, chamados Softwares de Gerenciamento de Projetos (SGP). No PMBOK,[1] define-se SGPs como:

> aplicativos de software especificamente projetados para auxiliar a equipe de gerenciamento de projetos no planejamento, monitoramento e controle do projeto, inclusive: estimativa de custos, elaboração de cronogramas, comunicação, colaboração, gerenciamento de configuração, controle de documentos, gerenciamento de registros e análise de risco.

---

[1] PROJECT MANAGEMENT INSTITUTE – PMI. PMBOK Guide. A Guide to the Project Management Body of Knowledge. Pennsylvania: Project Management Institute, 4. ed., 2008.

Um conjunto de funcionalidades típicas que pode ser observado para os SGPs é apresentado nos itens a seguir:[2]

- Gerenciamento de Atividades: registro, visualização e organização das atividades do projeto. Envolvem várias definições, tais como de precedência, de duração, de esforço, gráfico de Gantt e WBS;

- Gerenciamento de Calendário e Agenda: organização e programação de um ou mais calendários para o projeto, recursos ou tarefas;

- Gerenciamento de Recursos: gerenciamento das pessoas e materiais necessários para o projeto. Envolve funções de análise de alocação de recursos e seu nivelamento;

- Gerenciamento de Custos: ajuda na preparação do orçamento e acompanhamento dos gastos do projeto;

- Ferramentas de Monitoramento: funções para acompanhamento do projeto, como armazenamento de linhas de base e comparações entre parâmetros de planejamento atual com os parâmetros das linhas de base, bem como análise do valor agregado;

- Gerenciamento de Múltiplos Projetos: funções para análise do portfólio da empresa e compartilhamento de dados entre os projetos.

Muitas vezes é difícil entender o porquê, mas o Gerenciamento de Projetos talvez seja uma das áreas com maior quantidade de propostas de soluções de software. Para verificar essa afirmação, basta procurar uma das bases de dados eletrônicas de ferramentas abertas e consultar o tipo Gerenciamento de Projetos.

Antes de abordar os desafios ante o Gerenciamento Ágil de Projetos, gostaríamos de descrever uma visão geral da situação atual das ferramentas existentes. Os SGPs podem ser classificados em três grandes categorias, segundo o modo de comercialização: código fechado, código aberto e propostas científicas.

5.1.1 Os softwares de código fechado

Entende-se como software de código fechado aqueles distribuídos com o código inacessível ao usuário final. O que caracteriza esse tipo de software é que ele não é distribuído com seu código-fonte, e, para alterá-lo, seria necessário utilizar a prática da engenharia reversa, o que costuma ser dificultado seja pelo uso de

---

[2] ROZENFELD, H et al. *Gestão de desenvolvimento de produtos*: uma referência para a melhoria do processo. São Paulo: Saraiva, 2006. p. 175.

licenças, distribuição apenas de arquivos compilados e/ou outros mecanismos de segurança como Hard-Keys.[3]

Geralmente utilizam licenças de comercialização tradicionais, isto é, por meio da compra do código por pacote, número de usuários ou acesso. A Licença Comercial pode reservar também direitos de uso, como suporte, atualização periódica e acesso à documentação e outros materiais. Outro modelo de software que se encaixa na categoria de código fechado é o denominado "freeware", que também não apresenta o código-fonte, apesar de sua utilização não implicar o pagamento de licenças de uso.

Em uma avaliação de softwares, costuma-se dividi-los em categorias. A avaliação do Gartner Group[4] é uma das mais respeitadas. Ela classifica os softwares em: Líderes, Desafiantes, Visionários e Nichos.

Os dados do relatório de 2009 e as informações disponíveis na internet sobre os sistemas demonstram que os Líderes e Desafiantes oferecem funcionalidades semelhantes, conforme as funcionalidades resumidas na seção anterior.

Os Visionários são aqueles, segundo a pesquisa, que possuem funcionalidades e ou configurações alternativas. O resultado identificou poucas funções diferenciadas, descritas a seguir:

- **Uso de *Dashboard* (Painel de Indicadores):** proporcionando uma visão geral do projeto. Os relatórios apresentados nesses softwares contêm informações similares como próximas atividades a serem desenvolvidas e últimas mudanças que ocorreram no projeto;

- **Planejamento por entregas:** utilizam como principal ideia um planejamento inicial simplificado (*Workitem Planning*) e iterações (*Sprints*) dentro do projeto. Dentro de cada iteração são registradas as entregas que devem ser realizadas e seu prazo. Cada entrega pode ser detalhada em subentregas, que também possuem prazo estipulado;

- **Variedade de gráficos:** o tradicional gráfico de Gantt não é utilizado, mas existem outras ferramentas para acompanhamento visual do andamento do projeto, como *status* de cada iteração, entrega, subentrega e relatórios

---

[3] WIKIPEDIA, 2009. Sobre Had-Keys. Disponível em: <http://pt.wikipedia.org/wiki/Software_protection_dongle>. Acesso em: abr. 2009.

[4] A avaliação do Gartner Group é uma das mais difundidas no mercado de software. Aqui, citamos o Magic Quadrant for IT Project and Portfolio Management. Ela classifica os softwares em grupos de quatro, o Quadrante Mágico, com dois eixos: habilidades para executar e abrangência da visão. O eixo "Habilidade para Executar" refere-se ao desenvolvimento e desempenho do fornecedor de software (*vendor*) e incluiu os critérios: lucratividade; nível e crescimento dos rendimentos da empresa; equipe de gerenciamento do *vendor*; integridade; aprofundamento (detalhamento) das funcionalidades das ferramentas de aplicação; serviço e suporte; vendas e marketing. Já o eixo "Abrangência da Visão" inclui critérios relacionados às funcionalidades dos softwares como Abrangência, são eles: compatibilidade com plataformas; colaboração; funcionalidades específicas; tecnologia e mercado; gerenciamento de recursos e serviços de suporte.

"Burndown", isto é, que descrevem o progresso de uma equipe; e o denominado "Roadmap", relacionado ao escopo do projeto e suas mudanças ao longo do projeto;

- **Maneiras de comunicação e de interação:** disponibilidade de troca de mensagens assíncronas entre os membros, bem como notificações de estado e condições de disparo de e-mails configurados pelo usuário especificamente para cada projeto. Como nova maneira de interação, alguns softwares agregaram a facilidade de inclusão de documentos no projeto utilizando função *drag-and-drop* (arrastar e soltar) nas janelas.

A análise indicou que os Visionários e Nicho não apresentam funcionalidades tão distantes dos softwares tradicionais. A diferença está principalmente na inclusão de ferramentas de troca de mensagens e relatórios de acompanhamento mais avançados, explorando os recursos visuais. Nota-se que são avanços na direção do APM, como melhoria nas comunicações, iterações e relatórios (*burn-down* e *burn-in*).

5.1.2 Os softwares de código aberto

Um software de código aberto é todo e qualquer programa de computador cuja licença de direito de autor concede aos utilizados as seguintes quatro liberdades:[5] a liberdade de executar o programa, para qualquer propósito (liberdade nº 0); a liberdade de estudar como o programa funciona e adaptá-lo para as suas necessidades (liberdade nº 1); a liberdade de redistribuir cópias de modo que você possa ajudar ao seu próximo (liberdade nº 2); e a liberdade de aperfeiçoar o programa e liberar os seus aperfeiçoamentos, de modo que toda a comunidade se beneficie (liberdade nº 3).

As licenças de softwares livres permitem que eles sejam comercializados. Mas, uma vez que o comprador do software livre tem direito às quatro liberdades listadas, ele pode redistribuí-lo gratuitamente ou mesmo por um preço menor que o preço pago.

Há muitos softwares de código aberto voltados para o gerenciamento de projetos. Uma busca nos diretórios que divulgam os projetos de código livre vai mostrar que essa categoria está entre as com maior número de projetos.[6]

---

[5] WIKIPEDIA, 2010. Sobre as quatro liberdades do software livre: <http://pt.wikipedia.org/wiki/Software_livre.>. Acesso em: abr. 2010.

[6] Um diretório é um site que registra projetos de software livre. Eles permitem que os usuários encontrem e vejam as informações sobre os projetos, incluindo *downloads*. Os mais famosos são *freshmeat* (http://freshmeat.net/) e *sourceforge* (http://sourceforge.net/).

Um estudo realizado em 2004 analisou os softwares para gerenciamento de projetos.[7] Avaliaram-se os softwares utilizando-se critérios que mediam as funcionalidades segundo os padrões existentes nos softwares comerciais PRIMAVERA e MSProject. O quadro final é apresentado na Tabela 5.1, em que 100% significaria o atendimento a todas as funcionalidades presentes nos softwares PRIMAVERA e MSProject.

A ferramenta que recebeu a melhor pontuação na análise encontrava-se em nível de sofisticação inferior aos softwares proprietários utilizados como base para os critérios. Não foram encontradas funcionalidades inovadoras, diferentes das existentes nos sistemas tidos como padrão para a extração dos critérios.

Tabela 5.1   Avaliação dos softwares de código aberto

	TUTOS	PHProjekt	PHPcollab	Dotproject	Planner	Open Workbench
Banco de dados	100%	100%	100%	90%	25%	5%
Calendário e agenda	23%	13%	3%	13%	37%	37%
Gerenciamento de atividades	38%	36%	30%	42%	46%	64%
Gerenciamento de recursos	36%	32%	10%	14%	22%	32%
Gerenciamento de custos	30%	10%	0%	10%	15%	55%
Gerenciamento de documentos, relatórios e impressão	33%	40%	27%	27%	27%	33%
Ferramentas de monitoramento	10%	3%	10%	10%	3%	50%
Gerenciamento de múltiplos projetos	4%	4%	4%	4%	0%	36%
Ferramentas de comunicação e integração	38%	65%	75%	65%	3%	13%

Fonte: RORIZ, JUCÁ JUNIOR e AMARAL, 2004.

[7]   RORIZ, J. H. R.; JUCÁ JUNIOR, A. S.; AMARAL, D. C. Avaliação de ferramentas de gestão de projetos de código aberto. In: *12º Simpósio Internacional de Iniciação Científica*, 2004, São Paulo. Resumos... São Paulo: USP, 2004, realizaram um estudo dessas ferramentas de código aberto e encontraram mais de cinquenta softwares. O método empregou as seguintes etapas: (1) Análise da ferramenta MSProject 2002 e Primavera para a elaboração dos critérios de análise das funcionalidades; (2) Criação dos critérios de análise das funcionalidades do GP, gerando uma lista com 58 critérios, divididos em nove categorias; (3) Depois de uma primeira seleção dos softwares disponíveis, que descartou as ferramentas com funcionalidades específicas ou com graves limitações, obteve-se uma lista com 25 softwares. Mediante consultas a duas listas de discussões de gerentes de projeto, foram selecionados os seis mais citados (TUTOS, 2008; PHPROJEKT, 2008; PHPCOLLAB, 2008; DOTPROJECT, 2008; PLANNER, 2008; OPEN WORKBENCH, 2008), que foram analisados segundo os 58 critérios.

A conclusão foi a de que os softwares dessa área se guiam pelas funcionalidades presentes nos sistemas de código fechado, convencionais e mais difundidos. Também foi visto que eles apresentariam implementações parciais. O estudo demonstrou ainda que havia perfis distintos. Alguns focavam na distribuição web e, portanto, nas funcionalidades de comunicação e distribuição de documentos, e outros com foco em funcionalidades de controle e planejamento. Ou seja, são comuns sistemas que não implementavam todas as funcionalidades, mas se especializavam em parte delas.[8]

5.1.3 Protótipos científicos

Se o objetivo é verificar tendências, devemos considerar também os protótipos de softwares propostos em estudos acadêmicos, que testam novos conceitos e funcionalidades. Esses modelos visam a avanços científicos, solucionando os problemas apresentados nos sistemas de código fechado e/ou aberto pelas necessidades do mercado ou para viabilizar prova de conceito de alguma teoria. A principal característica é que são protótipos, softwares em estudo, não sendo acessível para o mercado.

Empreendeu-se uma pesquisa sobre esses sistemas em 2007.[9]

O levantamento identificou que, entre 15 propostas na literatura, apenas duas são voltadas especialmente para apoiar o gerenciamento de projetos. Trata-se de um número modesto em comparação ao número de SGPs de códigos aberto e fechado disponíveis.

Os artigos foram analisados em seu conteúdo e classificados segundo as áreas do PMBOK. A classificação envolveu o seguinte procedimento. Identificaram-se quais as funcionalidades eram propostas no software. Em seguida, foi feita uma análise de cada funcionalidade de modo a verificar que tipo de atividade de gerenciamento de projeto ela apoiava e qual a respectiva área de apoio estava relacionada a essa atividade. A mesma funcionalidade de um software proposto pode, portanto, ser classificada em mais de uma área.

---

[8] Uma comparação atual entre funcionalidades de software "Open Source" e de Proprietários pode ser vista em: <http://en.wikipedia.org/wiki/Comparison_of_project_management_software>. Acesso em: abr. 2010.

[9] O período de pesquisa foi de seis anos, compreendendo os anos de 2001 a 2007, tendo como base principal dois periódicos: *International journal of project management e Computers & Industry*. Dos artigos desses periódicos que estavam relacionados com o Gerenciamento de Projetos, foi possível identificar que as principais palavras-chave eram: *collaborative engineering, collaborative design, project management* e *product development*. Obteve-se, assim, uma base de dados de artigos, palavras-chave e periódicos principais. Os artigos encontrados nessa base principal permitiram identificar outros periódicos, são eles: *International Journal of Computer Integrated Manufacturing* e *Concurrent engineering: research and applications*. Realizou-se, então, uma busca detalhada em todos os números desses periódicos no período citado para a pesquisa (de 2001 até 2007). Em cada número analisado procurou-se por artigos que satisfizessem dois critérios: (a) apresentar uma proposta de software; e (b) ao menos parte das funcionalidades do sistema pudesse apoiar funções de gerenciamento de projetos.

Dentre os trabalhos propostos, pode-se observar que o foco das funcionalidades está nas comunicações. A Figura 5.1 deixa isso bem evidente. Trinta e sete por cento (37%) de todas as ocorrências de funcionalidades propostas são voltadas para apoiar a comunicação, isto é, são ferramentas para distribuição de informações. Elas são seguidas, respectivamente, pelas funcionalidades de definição de escopo (21%), integração de dados (17%), estimativas de tempo (13%), colaboração (10%), aquisições (2%). As áreas de custo, qualidade, recursos humanos e riscos não foram encontradas nos artigos pesquisados. Assim, é evidente a necessidade de propostas que englobem essas áreas.

Figura 5.1 Distribuição dos trabalhos nas áreas

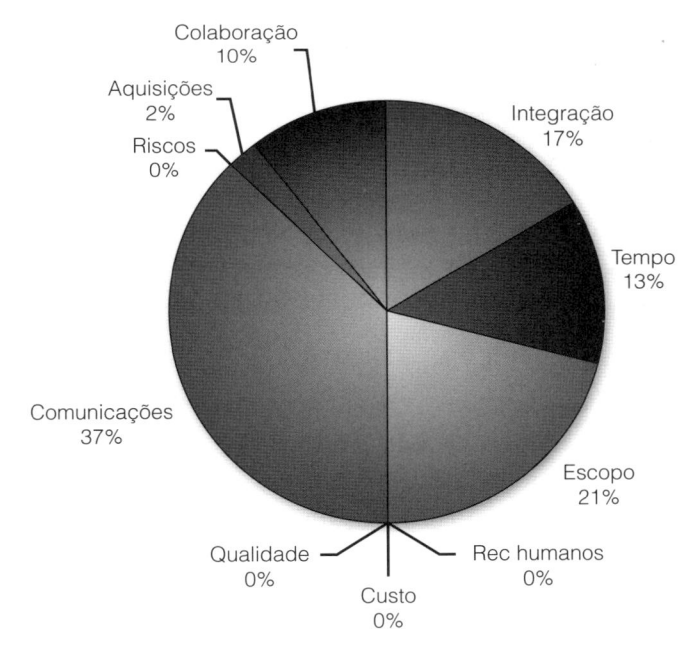

Fonte: ARAUJO, 2008, p. 103.

5.2 Softwares para Gerenciamento Ágil de Projetos

Existem alguns softwares voltados para a abordagem ágil de GP. Identificamos três softwares voltados especificamente para o projeto de desenvolvimento de softwares. As ferramentas encontradas são de código fechado, comercializadas por meio de licenças. Há também paralelos de código aberto, mas que ainda não se consolidaram.

Realizamos uma análise para verificar as funcionalidades que diferiam dos sistemas comerciais tradicionais.[10] Os softwares avaliados, com seus respectivos sites, foram:

- VersionOne – http://www.versionone.com;
- Target – http://www.targetprocess.com; e
- Rally – http://www.rallydev.com.

Quanto às diferenças dos SGPs tradicionais, as funcionalidades diferenciadas encontradas são as citadas na Seção 5.1.1: Uso de *Dashboard*, Planejamento por entregas e Variedade de gráficos. Não foram encontradas funcionalidades associadas a novas maneiras de comunicação, porém foram encontradas funcionalidades associadas à área para guardar as retrospectivas, que seriam as lições aprendidas, além de as análises das estimativas iniciais do projeto.

Nos softwares voltados para o enfoque ágil de gerenciamento de projetos, todas as mudanças de escopo são registradas em detalhe e podem ser analisadas em relatórios, permitindo aos colaboradores acompanhar as alterações do projeto. A diferença dos softwares tradicionais é que os relatórios, além de indicarem as mudanças de escopo, também indicam as tendências de estimativas de tempo, atividades e problemas para as novas entregas.

Outra característica é que elas adotam as terminologias dos métodos Scrum, eXtreme Programming (XP), Dynamic Systems Development Method (DSDM) e Agile Up.

As funcionalidades citadas, apesar de estarem voltadas ao desenvolvimento de softwares, podem ser estudadas para serem adaptadas ao desenvolvimento de produtos. Dessa maneira, seria possível a criação de um software para gerenciamento de projetos de desenvolvimento de produtos utilizando a abordagem ágil.

5.3   Os desafios de construir sistemas de informação ante a agilidade

As seções anteriores demonstraram que há uma quantidade grande de possíveis ferramentas computacionais, softwares, para gerenciamento de projetos. Viu-se,

---

[10] A avaliação detalhada está disponível em ARAUJO, C. *Softwares de apoio ao gerenciamento ágil de projetos colaborativos de novos produtos*: Análise teórica e identificação de requisitos. Dissertação (Mestrado em Engenharia de Produção) - Universidade de São Paulo, São Carlos, 2008. Não foi possível adquirir as ferramentas, mas empregaram-se versões Trial, para teste de trinta dias, as quais foram utilizadas para efeito de avaliação. A avaliação seguiu o procedimento de cenário. Criou-se um cenário de um projeto fictício, envolvendo dois profissionais. Assumiram esses papéis o pesquisador e um aluno de Iniciação Científica. Simulações do uso do software em condições de alterações do projeto e controle foram realizadas.

inclusive, que algumas delas se propõem a apoiar as abordagens de Gerenciamento Ágil de Projetos. Mas, mesmo assim, as pesquisas de campo e nossa experiência demonstram que há muito que evoluir.

Um dos trabalhos a detectar problemas foi um levantamento realizado com 620 organizações, por White e Fortune.[11] Nesse estudo, os Softwares de Gerenciamento de Projetos aparecem como uma das principais limitações entre os métodos/ferramentas/técnicas do gerenciamento de projetos. A explicação apresentada é que esses softwares seriam inadequados às necessidades das empresas, principalmente para projetos complexos. As autoras chamam de *complexo* um projeto em que várias organizações participam de seu desenvolvimento, o caso dos projetos colaborativos. Outro dado relevante apresentado na pesquisa de White e Fortune é a dificuldade de um modelo que demonstre "o mundo real" dos projetos e a documentação extensa do projeto, que consome muito tempo na sua execução e torna-o mais burocrático.

Coterrel[12] diz que poucos Softwares de Gerenciamento de Projetos possuem funcionalidades que apoiem o compartilhamento de recursos e as informações segundo as necessidades desses tipos de projeto.

Bergman e Baker[13] afirmam que as soluções para o compartilhamento dos dados de projetos utilizadas nas empresas, na época do estudo, eram ferramentas ou família de ferramentas simples de escritório, como o MS-Office. Segundo os autores, elas são insuficientes para os engenheiros, porque eles usam muitas ferramentas diferentes e diversas plataformas computacionais.

Ren e colaboradores[14] apresentam o resultado de uma experiência de criação de uma plataforma para apoiar o gerenciamento de projetos de serviços de engenharia. Como resultado, afirmam que uma nova geração de ferramentas de planejamento de projetos colaborativos precisa ser construída. Woerner e Woern[15], no mesmo sentido, afirmam que a maioria das plataformas de colaboração possui uma arquitetura centralizada e focada nas fases de desenvolvimento de novos produtos e novos processos de produção. Este é um aspecto inadequado quando se trata de

[11] Consultar WHITE, D.; FORTUNE, J. Current practice in project management: an empirical study. *International Journal of Project Management*, v. 20, n. 1, p. 1-11, jan. 2002. As autoras apresentam um *survey* sobre experiências reais de gerenciamento de projetos. O questionário foi desenvolvido para identificar os métodos, as ferramentas e as técnicas em uso atualmente e estabelecer uma lista de fatores críticos de sucesso em gerenciamento de projetos. Foram escolhidos 995 gerentes de projetos, que representavam 620 organizações diferentes, tanto do setor público como privado. Do total de questionários enviados (995), 236 retornaram e foram avaliados no desenvolvimento da pesquisa.

[12] COTERREL, 1998 apud WHITE; FORTUNE, 2002.

[13] BERGMAN, R.; BAKER, J. D. Enabling collaborative engineering and science at JPL. *Advances in Engineering Software*, v. 31, n. 8-9, p. 661-668, ago. 2000.

[14] REN, Z. et al. Collaborative project Planning: a case study of seismic risk analysis using an e-engineering hub. *Computers in Industry*, v. 57, n. 3, 218-230, abr. 2006, em trabalho no qual descrevem a experiência de criação de uma plataforma.

[15] WOERNER, J.; WOERN, H. A security architecture integrated co-operative engineering platform for organised model exchange in a Digital Factory environment. *Computers in industry*, v. 56, n. 4, p. 347-360, maio 2005.

colaboração em pequenas e médias empresas, em que o controle sobre os dados é um critério fundamental.

Portanto, os problemas enfrentados no gerenciamento de projetos colaborativos pelas empresas são:

- Falta de recursos que apoiem o acompanhamento e alterações constantes no resultado final, isto é, no produto do projeto;
- Falta de compartilhamento efetivo de recursos, já que os softwares tradicionais centralizam as informações em um lugar e não permitem que cada empresa tenha seus dados em formatos distintos;
- Falta de um modelo capaz de adequar-se às mudanças dos projetos;
- Consumo de tempo em extensa documentação do projeto.

Portanto, os trabalhos citados, que avaliam casos reais de Sistemas de Gerenciamento de Projetos reforçam ainda mais a necessidade de avanço nas soluções. Nota-se também que os problemas são especialmente maiores no caso de projetos de alta complexidade e alto grau de inovação. Esses problemas seguem na mesma linha das críticas do gerenciamento de projetos tradicional.

Os softwares específicos para o gerenciamento ágil poderiam ser uma solução, porém, conforme demonstramos, o desenvolvimento deles é recente. Há poucas funcionalidades além da adaptação das terminologias.

Essa análise, juntamente com a avaliação das propostas científicas, permite identificar mudanças em desenvolvimento atualmente nos softwares:

- Funcionalidades de colaboração integradas com as funcionalidades de gerenciamento de projetos;
- Funcionalidades para acompanhamento contínuo das mudanças no produto;
- Funcionalidades para apoio na elaboração de relatório de controles e acompanhamentos mais sofisticados.

Como resultado, há uma série de problemas específicos e desafios que podem ser sumarizados no Quadro 5.1.

Quadro 5.1 Novos desafios para o gerenciamento de projetos colaborativos

Desafios
Falta de informação sobre o que as outras equipes do projeto estão fazendo (progresso das tarefas)
Falha no controle de mudança do projeto
Visões diferentes sobre os objetivos do projeto
Rigidez no planejamento do projeto e das rotinas
Reações "pobres" em relação às mudanças repentinas no ambiente do projeto
Dificuldades tecnológicas inesperadas
Falha no controle de mudança do projeto
Falta de responsabilidades claramente definidas
Criação de um plano de projeto aceito entre as partes
Falta de marcos de projeto definidos
Falta de recursos adequados
Falha no monitoramento regular do progresso
Falta de comunicação efetiva
Falta de compromisso na entrega por parte dos colaboradores

Fonte: Adaptado de ARAUJO, 2008, p. 59.

A Figura 5.2 estabelece a relação entre os desafios dos Softwares de Gerenciamento de Projetos com as diretrizes do APM, tendo como base os novos desafios de GP.

Figura 5.2 Desafios dos softwares e princípios do gerenciamento ágil

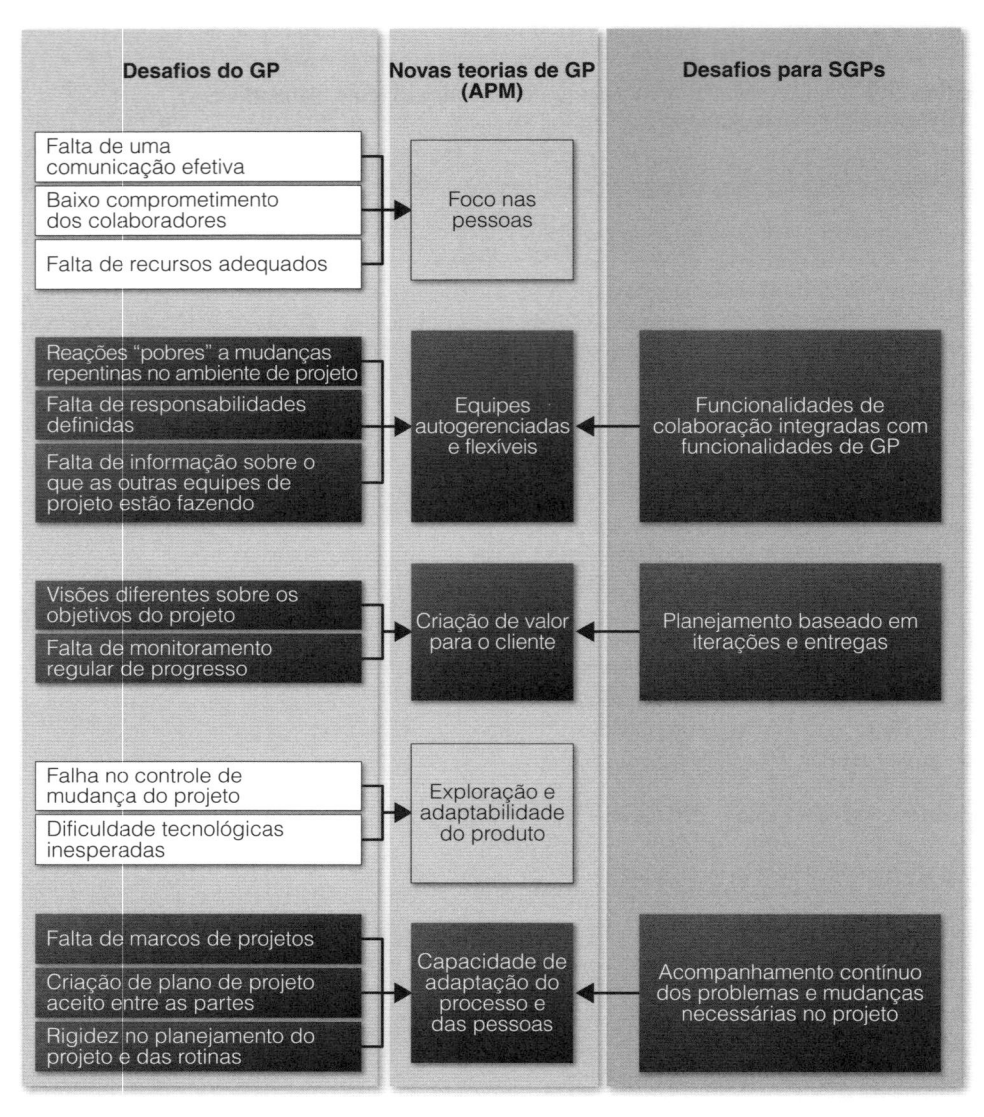

Fonte: Adaptado de ARAUJO, 2008, p. 63.

Os desafios para a evolução de SGPs, para melhorar atender ao APM, envolvem os seguintes aspectos:

- Desenvolver ambientes customizados para cada projeto com funcionalidades que privilegiem a Visão do Produto final, isto é, a agregação de valor;

- Sistemas que explorem planos baseados em entregas e iterações e que sejam mais "visuais", explorando os novos dispositivos de mediação como *touch screen* etc.; cujas alteração e comunicação nos planos sejam fáceis e as mais automáticas possíveis.

- Sistemas que possam ter a flexibilidade para controlar os projetos e realizar planejamentos, os quais sejam capazes também de se adequarem às mudanças dos projetos;

- Sistemas que apoiem o gerenciamento de recursos entre projetos, isto é, entre equipes ágeis, utilizando os controles simplificados de iteração. Não há sistemas que explorem essa questão.

- Sistemas que consumam pouco tempo com documentação, explorando recursos como relatórios em vídeo e som;

- Criar funcionalidades que facilitem as alterações constantes no produto e gerem informações "realistas" e em tempo real sobre o andamento do projeto;

- Necessidade de apoiar a colaboração, com ferramentas e funcionalidades que facilitem a troca rápida de informações, e garantindo também a privacidade das partes interessadas;

- Possibilidade de utilização de plataformas heterogêneas (promovendo a descentralização da informação e permitindo inclusive que diferentes equipes possam utilizar sistemas distintos conforme sua conveniência).

Por fim, o leitor pode estar interessado em uma pergunta crucial. Como proceder? Em vistas a essa miríade de softwares, qual escolher. Uma consequência da proximidade dos softwares ditos ágeis dos tradicionais é que acreditamos que seja possível adaptar qualquer das ferramentas citadas para se criar um Sistema de Informação Adaptado ao Ágil.[16] Então, para orientá-lo, propomos um conjunto de requisitos que podem ser úteis na escolha, parametrização e personalização das ferramentas.

Recorde-se de que a escolha em si dependerá de outros critérios, específicos de cada empresa, como acesso, custo, manutenção, domínio técnico etc.

---

[16] Essa crença é fruto de uma pesquisa na qual se fez a adaptação de um sistema do tipo tradicional e limitado (o *DotProject*) em um Sistema de Informação que apoiava um modelo de gestão compatível com o APM. O resultado foi muito interessante. Em um dos casos, os usuários consideraram o sistema até mais útil que os painéis visuais. Ver em CONFORTO, E.; AMARAL, L. D.; BREFE, M. Gerenciamento ágil em ambientes multiprojetos de inovação: reflexões de um caso de organização de serviços de design industrial. In: Seminário internacional de gerenciamento de projetos, 9, 2009, São Paulo. *Anais...* São Paulo: PMI, 2009. 1 WEB.

5.4 Requisitos de softwares para apoio ao Gerenciamento Ágil de Projetos

Este estudo procurou obter informações sobre Softwares de Gerenciamento de Projetos de várias fontes, visando a identificar requisitos para uma nova proposta de software de gerenciamento de projetos voltados ao desenvolvimento colaborativo de produtos, utilizando a abordagem ágil de gerenciamento de projetos. Nesse primeiro momento, o foco de aplicação do software seriam empresas pequenas, que desenvolvem produtos inovadores e tecnológicos, com colaboração de outras organizações. Assim, o objetivo desta seção é apresentar um resumo de requisitos para indicar possibilidades de estudos futuros no desenvolvimento de ferramentas ágeis.

Quando é feita a proposta de desenvolvimento de um software, primeiro, é necessário entender seu objetivo principal e quais problemas ele vai resolver. Algumas condições devem ser cumpridas para se chegar ao objetivo, ou seja, cumprir alguns requisitos. Leite[17] apud Cysneiros[18] define *requisito* como "condição necessária para a obtenção de certo objetivo ou para o preenchimento de certo objetivo".

A aquisição de requisitos é uma etapa essencial do processo de desenvolvimento de software. É por meio deles que se pode avaliar se o software vai contemplar as funcionalidades para atender ao propósito para o qual foi criado.

No decorrer do livro foram identificados vários desafios que precisam ser enfrentados para o desenvolvimento de sistemas de informação que apoiem o gerenciamento de projetos colaborativos de novos produtos, segundo os princípios do Gerenciamento Ágil de Projetos (APM). Portanto, uma maneira de sintetizá-los é compilando-os na forma de uma lista de requisitos.

Os requisitos formam uma visão sintética das análises obtidas por meio da: (a) revisão da literatura; (b) estudo de casos múltiplos; e (c) análises de sistemas existentes de gerenciamento de projetos ágeis voltados para softwares. Eles podem ainda ser utilizados como referência tanto para a customização de softwares existentes de gerenciamento de projetos, como também para o desenvolvimento de novas soluções que possam apoiar esse processo.

Uma classificação dos requisitos com bastante aceitação na comunidade acadêmica é a de requisitos funcionais e requisitos não funcionais (Mylopoulos e

---

[17] LEITE, 1994 apud CYSNEIROS, 2001.

[18] CYSNEIROS, L. M. *Requisitos não-funcionais*: da elicitação ao modelo conceitual. Rio de Janeiro, 2001. Tese (Doutorado em Ciência da Computação). Pontifícia Universidade Católica do Rio de Janeiro. Disponível em: <http://www-di.inf.puc-rio.br/~julio/Tese%20-%205.pdf>. Acesso em: 3 mar. 2008.

colaboradores;[19] Sommerville e Sawyer[20]). Cysneiros[21] diz que requisitos funcionais são aqueles que expressam funções ou serviços executados por um software. As funções ou serviços são, em geral, processos que transformam entradas em saídas. Já os requisitos não funcionais são requisitos que declaram restrições, ou atributos de qualidade para um software e/ou para o processo de desenvolvimento desse sistema. Segurança, precisão, usabilidade, desempenho e manutenibilidade são exemplos de requisitos não funcionais.

Em primeiro lugar, foram listados os requisitos funcionais, separados em grupos conforme suas funcionalidades. Em seguida, foram avaliadas as necessidades apresentadas no levantamento bibliográfico e na compilação dos estudos de casos para a geração dos requisitos não funcionais. Essa ordem foi utilizada pelo próprio fato de que os requisitos não funcionais estão sempre relacionados a um requisito funcional (Eagle;[22] Chung e colaboradores[23]). Para a descrição dos requisitos, tanto não funcionais como funcionais, foi utilizada a linguagem natural.

Os requisitos funcionais são:

1) **Permitir o registro e controle de usuários**
   a. Possibilitar a inclusão/edição/exclusão do cadastro de organizações;
   b. Permitir a inclusão/edição/exclusão do cadastro de usuário relacionado à sua organização;
   c. Permitir a definição de privacidade de informações;
   d. Possibilitar o cadastro/edição de controle de permissões de acesso e relacioná-lo aos usuários;
   e. Registrar os acessos e ações dos usuários, gerando um registro de *log*;
   f. Permitir o *backup* de informações pelas organizações, respeitando as restrições de acesso e privacidade de informações;

2) **Deve apoiar a elaboração da Visão do Produto e especulação**
   a. Permitir a criação de uma Visão do Produto, isto é, uma descrição sintética do produto que será desenvolvido, por meio da inserção e

[19]   MYLOPOULOS, J. et al. Representing and using non-functional requirements: a process-oriented approach. *IEEE Transactions on Software Engineering*, v. 18, n. 6, p. 483-497, jun. 1992.
[20]   SOMMERVILLE, I.; SAWYER, P. *Requirements engineering* – a good practice guide. John Wiley & Sons, 1997.
[21]   CYSNEIROS, L. M., 2001.
[22]   EAGLE. *Evaluation of natural language processing systems*, 1995. Disponível em: <http://www.issco.unige.ch/ewg95>. Acesso em: dez. 2009.
[23]   CHUNG, L. et al. Non-functional requirements in software engineering. *Kluwer Academic Publishers*, 1999.

combinação de diferentes documentos, como modelos de estrutura de funções e esboços iniciais da concepção do produto final;

b. Possibilitar a especulação em torno da visão: registro de alternativas propostas por usuários e ferramentas de apoio na seleção das alternativas;

c. Armazenar o histórico das alterações na visão e decisões sobre ela;

d. Apresentar para o usuário o modelo final da visão de maneira sintética.

3) Planejar o projeto de maneira simples

a. Possibilitar o planejamento por etapas, baseado em iterações e entregas (resultados) em vez de atividades e fases;

b. Permitir a definição de equipes e sua associação às entregas;

c. Registrar as atividades principais, sendo estas relacionadas às entregas e aos usuários responsáveis;

d. Possibilitar o registro do prazo máximo das entregas do projeto;

e. Permitir a utilização de informações da visão para gerar o planejamento do projeto, possibilitando: relacionar partes da Visão do Produto com en-tregas e relacionar partes do produto por meio da descrição das interfaces;

f. Registrar as limitações, restrições e metas de custo do projeto;

g. Permitir a identificação e priorização dos riscos do projeto;

h. Registrar alterações do planejamento: entregas, visão, restrições, responsáveis e demais elementos;

i. Manter os dados do planejamento base e permitir comparações do atual e com o planejamento base;

j. Gerar uma forma gráfica de visualização do planejamento;

k. Permitir a definição de indicadores de desempenho, utilizando os dados existentes.

4) Acompanhar o andamento do projeto

a. Controlar *status* das entregas do projeto;

b. Controlar e registrar alterações/validações das entregas;

c. Possibilitar avaliação das entregas e avaliação parcial do projeto;

d. Registrar novos requisitos;

e. Permitir a associação de documentos de vários tipos, à execução das entregas;

f. Gerar relatórios de indicadores de desempenho a partir de dados de entrega e iterações;

g. Controlar versões de documentos;

h. Registrar as iterações entre os membros do projeto;

i. Possibilitar a visualização detalhada do andamento do projeto;

j. Possibilitar acompanhamento e avaliação pelo cliente, de maneira contínua durante o projeto;

k. Criar um painel para o acompanhamento dos riscos envolvidos no projeto.

5) Finalizar o projeto

a. Solicitar avaliação final do projeto;

b. Gerar indicadores de desempenho finais;

c. Gerar forma gráfica de demonstração do resultado final do projeto;

d. Guardar validações finais do projeto;

e. Permitir o acesso ao histórico do projeto, depois de finalizado, respeitando as restrições de acesso de cada usuário;

f. Permitir avaliação final do projeto pelos clientes.

6) Comunicação e integração

a. Possuir diferentes formas de comunicação entre os membros do projeto, incluindo ferramentas síncronas e assíncronas;

b. Registrar as interações síncronas ou assíncronas entre os usuários e seus resultados, de maneira que as informações possam ser distribuídas entre os demais membros do projeto ou consultadas posteriormente;

c. Deve possibilitar o uso e a integração de documentos de diferentes tipos, por exemplo, textos oriundos de diferentes editores;

d. Possibilitar o uso de dados dos sistemas de gerenciamento de projetos tradicionais;

e. Permitir a integração com sistemas de *workflow* para disparar fluxos de atividades;

f. Possuir recursos de Comunidades de Prática de maneira a apoiar a formação da comunidade de projeto.

Os requisitos não funcionais estão identificados em seguida:

1. **A interface deve ser baseada na web.** Todas as propostas da literatura empregam interface web, de modo a garantir a distribuição das informações entre os colaboradores, com fácil acesso, não necessitando da instalação de softwares locais. Das 15 propostas de softwares analisadas, todas trocavam dados via web e tinham como interface um *browser*. Os três softwares de APM também.[24]

2. **Uso de ferramentas de comunicação variadas.** Já que o foco é a colaboração no projeto de desenvolvimento de produto, existe a necessidade de várias formas de comunicação e interação entre os colaboradores. Esse requisito é apresentado na revisão da literatura, em que se nota um fator de sucesso do projeto na comunicação efetiva. Também foi observada em estudos de caso[25] realizados pelo nosso grupo. Eles demonstraram a necessidade da integração de comunicação com colaboradores externos, de maneira rastreável.

3. **Interface homem-computador simplificada e resumida por meio do uso intensivo de gráficos.** O APM propõe o uso de relatórios simples e com o máximo de aproveitamento de recursos gráficos. Portanto, o software deve utilizar formas gráficas variadas de modo a facilitar o entendimento de uma entrega ou do próprio produto final, por exemplo, o uso de modelos gráficos 3D para esboços do produto, demonstrados na análise dos softwares para o gerenciamento ágil de desenvolvimento de software. Nas propostas de softwares da literatura, essa necessidade está presente e já foi identificada por outros autores.[26] Também podem ser incluídas novas maneiras de visualização de fases do projeto, como foi visto nos novos SGP para desenvolvimento de software baseados no enfoque ágil.

4. **Integração com funcionalidades de sistemas de engenharia como CAD e ambientes de desenvolvimento de software.** Atender a esse requisito não é simples, mas acredita-se que seja a tendência. Para que as decisões sejam tomadas de maneira rápida, seria importante que os membros da equipe tivessem as ferramentas de controle integradas aos seus ambientes

---

[24] HAMERI, A. PUITTINEN, R. WWW-enabled knowledge management for distributed engineering projects. *Computers in Industry*, v. 50, n. 2, p. 165-177, fev. 2003, propõem que se deve utilizar essa plataforma, assim como REN et al., 2006, justificando o fato da disponibilidade dessa tecnologia e de como ela vem se tornando um padrão para os usuários.

[25] ARAUJO, 2008.

[26] CHUNG, J.; LEE, K. A framework of collaborative design environment for injection molding. *Computers in industry*, v. 47, n. 3, p. 319-337, mar. 2002; QIN, S. F. et al. *A framework of web-based conceptual design. Computers in Industry*, v. 50, n. 2, p. 153-164, fev. 2003.; TAY, F. E. H.; ROY, A. CyberCAD: a collaborative approach in 3D-CAD technology in a multimedia-supported environment. Computers in industry, v. 52, n. 2, p. 127-145, out. 2003.; LI, W. D.; FUH, J. Y. H.; WONG, Y. S. An Internet-enabled integrated system for co-design and concurrent engineering. *Computers in industry*, v. 55, n. 1, p. 87-103, set. 2004. ; e RODRIGUEZ, K.; AL-ASHAAB, A. Knowledge web-based system architecture for collaborative product development. *Computers in Industry*, v. 56, n. 1, p. 125-140, jan. 2005.

naturais de trabalho. Por exemplo, o desenvolvedor altera o *status* do documento de projeto e o sistema imediatamente acusa o fim da entrega no sistema de gerenciamento.

5. **Descentralização dos dados.** Permitir que os usuários possam exportar os dados e trabalhar nas ferramentas de gerenciamento de projetos que julgarem mais apropriadas. Uma conclusão geral dos estudos de caso é a de que as ferramentas de planejamento e controle não são utilizadas na colaboração com agentes externos. Um problema é o acesso aos sistemas da empresa. Viabilizar a utilização de multiplataformas poderá facilitar esse compartilhamento, na medida em que usuários externos poderão utilizar o software que mais lhe convier (seja pelo costume, conhecimento ou investimento já realizado).

6. **Rastreabilidade das discussões sobre as entregas e decisões em *Gates*.** Na revisão da literatura nota-se que o objetivo do projeto deve ser claramente definido e este é um fator de sucesso nos projetos colaborativos. Nos estudos de caso identificou-se que um dos aspectos importantes é a rastreabilidade. E que isso seria tanto legal como contratualmente importante.

7. **Flexibilidade de alteração das entregas/tarefas para atender às mudanças do ambiente.** Na revisão sobre ágil, um dos principais focos é a criação de métodos de planejamento e controle em que as mudanças nos planos sejam realizadas facilmente, de modo a garantir a flexibilidade necessária no transcorrer do projeto. A falha no controle de mudança do projeto pode impedir o sucesso do projeto, justificando a necessidade. Nas propostas dos softwares de literatura, na avaliação da área de integração, também foi identificada a ausência de propostas que englobem essa necessidade.

8. **Rastreabilidade dos dados.** Todas as discussões, definições e alterações do projeto devem ter a possibilidade de ser rastreadas: estudos de caso realizados no grupo demonstraram a necessidade dessa rastreabilidade.[27]

9. **Garantir o sigilo de dados.** Na revisão da literatura, e principalmente nos estudos de caso, pode-se notar que o controle de informações é um ponto crítico para as empresas. Uma das empresas que estudamos demonstrou possuir ferramentas e deixar de utilizá-las com receio desse aspecto.[28]

---

[27] ARAUJO, 2008.
[28] ARAUJO, 2008.

10. **Controle de versão e fluxo de documentos.** Essa função é reconhecida como importante há tempos. Porém, muitas empresas ainda não possuem procedimentos seguros de versionamento e controle de documentos. Mesmo as que os possuem apresentam problemas de confiabilidade nas informações. Há até mesmo aquelas que não conseguem controlar a configuração. Nos estudos de caso que realizamos em empresas de ponta em diferentes setores industriais,[29] pudemos verificar esse quadro. Apresentando os resultados em eventos internacionais, vimos que isso se dá em outros países. Esse controle, porém, é fundamental no APM e precisa ser reforçado.

11. **Indicadores de desempenho de forma gráfica e sintética.** O capítulo anterior demonstrou como os indicadores de desempenho são importantes para o acompanhamento do projeto. O grande desafio no APM é conseguir dados, considerando-se que as práticas envolvem pouca padronização. Assim, os sistemas de informação devem ter um papel fundamental nesse campo. A geração automática de indicadores simples é uma meta, como demonstrado na Seção 5.4.

12. **Controle de multiprojetos.** Os sistemas de informações devem apoiar esse controle, integrando as informações sobre recursos disponíveis e ocupados para os projetos, garantindo melhor programação de datas e prazos. O caso apresentado no capítulo anterior é um exemplo de como eles podem apoiar.

13. **Exigir o menor tempo possível durante a execução das atividades rotineiras.** Foco no resultado e simplicidade. Essa necessidade é apresentada na revisão da literatura, em que é apontada a burocracia do gerenciamento clássico de um projeto e no surgimento de novas ferramentas comerciais para gerenciamento de projetos com foco na entrega do produto.

Este capítulo apresenta um primeiro esforço na identificação dos requisitos. Acredita-se que essa área receberá uma grande evolução nos próximos anos com uma nova geração de sistemas para gerenciamento de projetos. Vamos então às tendências em Gerenciamento de Projetos.

29   ARAUJO, 2008.

O futuro do Gerenciamento Ágil de Projetos

Atingimos o final da nossa caminhada sobre Gerenciamento Ágil de Projetos. Os capítulos 3, 4 e 5 servem de amostra sobre como proceder. Mas, antes de tudo, servem de inspiração. Há muitos aspectos que ainda precisam ser desenvolvidos para transformar as promessas do APM em realidade.

A teoria sobre Gerenciamento Ágil de Projetos vai evoluir; uma tarefa que cabe à nossa geração de profissionais de gerenciamento de projetos. Atravessamos um momento de transição: de um momento em que foi identificada a necessidade de mudança e foram estabelecidas as direções para um momento de obtenção de respostas, práticas (técnicas, ferramentas e métodos) e a consequente reorganização dos corpos de conhecimento existentes.

O desafio é dar continuidade a essa evolução, e este livro é uma pequena contribuição. Ele apresenta um panorama das teorias e desenvolvimentos recentes, os mais comprovados. Contém um modelo referencial que reorganiza os resultados ante a teoria consolidada e oferece uma visão crítica e exemplos práticos, que servem de parâmetros para a adaptação e, principalmente, de inspiração. Esperamos que o leitor possa ir além e, imbuído do espírito da inovação, não apenas aplique, mas adapte, complete e renove, conforme a realidade da sua organização.

Como descrito no decorrer do livro, várias ferramentas e métodos apresentados necessitam de melhorias. São oportunidades para avanços aos quais os pesquisadores e profissionais podem se dedicar. No decorrer da obra alertamos para tais temas e, ao finalizar o livro, gostaríamos de apresentar uma breve síntese.

1. **Métodos para incorporar os clientes na equipe de projeto**. Esta é uma das áreas que deverá evoluir nos próximos anos. Na área de projetos de produtos industriais e design, há muitas pesquisas em design centrado no usuário, design centrado na atividade, criação de *toolkits* e outras cujo resultado poderá revolucionar a maneira como se conduz projetos de

desenvolvimento. O leitor deverá estar atento aos resultados dessas pesquisas, pois poderão ser incorporados em uma iniciativa de desenvolvimento do APM na empresa.

2. **Discutir os papéis e práticas do escritório de projetos à luz das mudanças nos métodos e nas ferramentas.** Observamos no livro as diferenças existentes na estrutura organizacional do APM perante o gerenciamento tradicional. Não discutimos de forma significativa, porém, o papel dos escritórios de projeto. Este é um tema fascinante, controverso e que, sem dúvida, será afetado com a evolução dessas abordagens. Com controles mais simples e uma participação mais ativa da equipe nessas atividades, quais são os novos papéis para o escritório de projetos? Algum papel deixará de existir? São questões abertas para todos os profissionais da área.

3. **Aprimorar as práticas para descrição da visão.** Apresentamos um conjunto de práticas para a descrição e o gerenciamento da Visão do Produto final e projeto. Isso foi possível porque esse tema já havia sido tratado fora do contexto da atividade de GP, por exemplo, por especialistas em desenvolvimento de produto, design, planejamento estratégico etc. Isso significa que a grande maioria das técnicas e ferramentas apresentadas[1] foi adaptada para o uso no APM, não elaborada especificamente para esse fim. Acreditamos que haja espaço para a discussão da sua adequação e o desenvolvimento de métodos específicos para GP.

4. **Integrar gerenciamento de configuração e documentos finais com controles em gerenciamento de projetos.** Como vimos, um dos aspectos centrais é o foco nos resultados. Assim, a teoria de GP terá de deixar de pensar nos documentos finais do projeto como algo que não faz parte do gerenciamento. O desafio será unir os dois mundos. Demos exemplos no decorrer do livro. Imagine relatórios de acompanhamento cujos dados sejam extraídos das linhas de código dos programadores ou de arquivos CAD de engenheiros que trabalham no produto. Indicadores de desempenho que se baseiam em *status* dos documentos de projeto, segundo o sistema de configuração do produto (o membro da equipe precisa apenas fazer o seu trabalho, o apontamento torna-se onipresente). Um dos obstáculos é o problema de sintetizar as várias "WBs". Há Work breakdown Structure, Risks etc. Todas são listas importantes e similares, que podem servir de referência para toda a equipe. Entretanto, como consolidá-las em uma

---

[1] Na verdade, apenas um foi desenvolvido para esse fim que é o método da Matriz Item-Entrega proposto pelos autores. Os demais foram adaptados.

única, voltada para o resultado final e que tenha um controle de mudanças integrado. Há iniciativas nesse sentido, mas não há uma solução definitiva, que seria muito útil no contexto do Gerenciamento Ágil de Projetos.

5. **"Revolucionar" o conceito de software para gerenciamento de projetos.** Outro desafio fascinante. Vivemos na transição da era do computador pessoal (saímos do mainframe para esse computador) para a era da convergência e ubiquidade.[2] Significa que ocorrem dois fenômenos. Dispositivos, hardwares, cada vez menores, mais simples de interagir, com maior quantidade de funções e capacidade de interagirem. Eles são capazes de realizar as mesmas multifunções: a convergência. Pode-se ouvir uma música no celular e executá-la no carro, na casa ou na festa dos amigos, com o mesmo aparelho. O telefone faz as mesmas funções que o computador e todos utilizam o mesmo padrão. O resultado é que os dispositivos eletrônicos estão se disseminando no nosso dia a dia de maneira tão intensa que nem conseguimos mais perceber a sua onipresença. Os softwares comerciais para gerenciamento de projetos parecem alheios a essas mudanças. O sucesso nas décadas de 1970 e 1980 dos recursos como criação de redes, cálculos de caminho crítico, simulações, gráfico de Gantt e valor agregado fez que se tornassem padrões da indústria, de modo que todos parecem iguais, mesmo aqueles destinados ao APM. Os produtos permanecem com a mesma concepção básica. Há espaço para repensá-los totalmente. Ferramentas adaptadas ao gerenciamento ágil talvez sejam aquelas do tipo ubíquo. O engenheiro faz seu trabalho e a máquina (digamos, seu dispositivo) identifica o tipo de arquivo ou tarefa em que a pessoa está trabalhando e faz o apontamento. Isso é ubiquidade! Tudo acontece enquanto você recebe tarefas ou envia relatórios de voz no celular e as transmite ao seu *desktop*. É a convergência! Painéis eletrônicos na parede da sala de reunião permitiriam a apresentação e discussão de indicadores. Isso é contexto. Explorar esses recursos pode levar a uma nova era em termos de ferramentas de gerenciamento de projetos, que precisa ser explorada, conforme apresentado no Capítulo 5.

6. **Desenvolver controles visuais para as várias áreas do gerenciamento de projetos.** Os controles visuais são um dos "astros" do Gerenciamento Ágil de Projetos. Citados e apresentados em todos os lugares. Porém, a imensa maioria dos exemplos é sobre quadros para controle de tempo. Outro

---

[2] Computação ubíqua é a tradução de *Pervasive Computing*. Esse termo vem sendo empregado para uma mudança de conceito.

citado é sobre a motivação, ânimo, da equipe. Mas onde estão os controles para risco, aquisição e demais áreas do gerenciamento de projetos? Outras áreas do conhecimento em gerenciamento de projetos podem se beneficiar desse tipo de ferramenta. Fica a sugestão para estudos sobre o assunto.

7. **Desenvolvimento de técnicas, ferramentas e diretrizes para a auto-gestão.** A autogestão é um conceito fundamental e que carece de estudos. Técnicas de *coaching*, de elevação do bem-estar, de diminuição do estresse da equipe, da motivação, de criatividade, entre tantas outras, precisam ser investigadas em termos de resultado e adequação ao ferramental do gerenciamento de projetos. Os corpos de teoria da área de GP resumem-se principalmente em discutir negociação e estrutura organizacional. Mas, como vimos, empatia, criatividade, senso de urgência, *coaching* são assuntos que merecem ser incorporados e deveriam ser investigados nesse contexto.

8. **A simplificação e agilização dos riscos.** Projetos ágeis e inovação exigem mudanças constantes e, portanto, envolvem riscos. Os riscos deveriam ser fundamentais e os teóricos da área deveriam dispensar grande esforço no tema. Porém, conforme pode ser visto neste livro, a teoria da abordagem do APM não dispensa a devida atenção. Em nossas experiências práticas sempre levamos esse aspecto em consideração nas implantações. Não há uma citação mais forte no livro porque nos valemos das técnicas tradicionais de análise qualitativa de riscos, existentes e consagradas. Mesmo assim, ainda nos estranha o "hiato" da teoria. Acreditamos que haja espaço para estudar mais profundamente o papel da análise de riscos no gerenciamento ágil e, também, na geração de técnicas adaptadas para tais tipos de projeto.

Conclamamos o leitor a participar da jornada. Escolha um ou mais temas e boa sorte. A equipe do Grupo de Engenharia Integrada está interessada nos resultados e disposta a discuti-los. Compartilhe conosco. A evolução e o domínio dessas práticas (como implementá-las, quando e que tipos de benefícios podem trazer) facilitarão a inclusão do APM no corpo de conhecimentos em Gerência de Projetos. Finalizamos o livro, desejando sucesso no uso e na aplicação das ideias apresentadas.

Referências

ANDERSEN, E. Warning: Activity planning is hazardous to your project's health! *International Journal of Project Management*, v. 14, n. 2, p. 89-94, 1996.

ARAUJO, C. *Softwares de apoio ao gerenciamento ágil de projetos colaborativos de novos produtos*: Análise teórica e identificação de requisitos. Dissertação (Mestrado em Engenharia de Produção) – Universidade de São Paulo, São Carlos, 2008.

AUGUSTINE, S. *Managing agile projects*. Virginia: Prentice Hall PTR, 2005.

AUTODESK, Inc. *Autodesk Inventor 2009* – Getting started. January 2008. Disponível em: <http://images.autodesk.com/adsk/files/inventor_sim_2009_getstart.pdf>. Acesso em: 8 abr. 2008.

BACCARINI, D. The concept of project complexity – a review. *International Journal of Project Management*, v. 14, n. 4, p. 201-204, 1996.

BACK, N. *Metodologia de projeto de produtos industriais*. Rio de Janeiro: Guanabara Dois, 1983.

BARNES, T. A.; PASHBY, I. R.; GIBBONS, A. M. Effective university-industry interaction: a multi-case evaluation of collaborative R&D projects. *European Management Journal*, Oxford, v. 20, n. 3, p. 272-285, 2002.

_____. Collaborative R&D projects: a framework for effective management. In: *IEEE International Conference on Management of Innovation and Technology, 2000. New York, Proceedings…*; New York: IEEE. v. 1, p. 210-216, 2000.

BAUCH, G. T.; CHUNG, C. A. A statistical project control tool for engineering managers. *Project Management Journal*, v. 32, n. 2, p. 37-44, 2001.

BAXTER, R. *Projeto de produto*: um guia prático para o desenvolvimento de novos produtos. São Paulo: Edgard Blucher, 1998.

BECK, K. et al. *Manifesto for agile software development*. 2001. Disponível em: <http://www.agilemanifesto.org/>. Acesso em: 5 jun. 2007.

BENASSI, J. L. G. *Avaliação de modelos e proposta de método para representação da visão do produto no gerenciamento ágil de projetos*. Dissertação (Mestrado em Engenharia de Produção) – Escola de Engenharia de São Carlos, Universidade de São Paulo, São Carlos, 2009.

_____; AMARAL, D. C. Proposta de método de apoio para a definição da visão do produto no contexto do gerenciamento ágil de projetos. In: CBGDP – 7º Congresso Brasileiro de Gestão de Desenvolvimento de Produto. São José dos Campos, 2009.

_____. Avaliação de métodos de apoio à criação da visão do produto no enfoque ágil de gestão de projetos. In: ENEGEP – Encontro Nacional de Engenharia de Produção. Rio de Janeiro, 2008.

BERGMAN, R.; BAKER, J. D. Enabling collaborative engineering and science at JPL. *Advances in Engineering Software*, v. 31, n. 8-9, p. 661-668, ago. 2000.

BIRKNSHAW, J.; HAMEL, G.; MOL, M. J. Management innovation. *Academy of management review*, v. 33, n. 4, p. 825-845, 2008.

BLAKE, S.B. *Managing for responsive research and development*. San Francisco, CA: Freeman and Co., 1978.

BOEHM, B.; TURNER, R. Integrating agile and plan-driven methods. In: 26th International Conference on Software Engineering, ICSE. Proceedings. 2004. p. 718-719.

_____. *Balancing agilility and discipline*. Boston: Pearson Education, 2004.

BREFE, M. L. P. *Estudo sobre a integração entre design industrial e engenharia no processo de desenvolvimento de produtos em empresas brasileiras de pequeno porte*. Dissertação (Mestrado) - Escola de Engenharia de São Carlos, Universidade de São Paulo, São Carlos, 2008.

BROWN, S. L.; EISENHARDT, K. M. Product development: past research, present findings, and future directions. *Academy of Management Review*, v. 20, n. 2, p. 343-378, 1995.

CARVALHO, M. M. *Inovação*: estratégias e comunidades de conhecimento. São Paulo: Atlas, 2009.

_____; RABECHINI JUNIOR, R. *Construindo competências para gerenciar projetos*. São Paulo: Atlas, 2005.

CHEN, C.; LING, S.; CHEN, W. Project scheduling for collaborative product development using DSM. *International Journal of Project Management*, v. 21, n. 4, p. 291-299, 2003.

CHENG, L. C.; MELO, F. L. D. R. QFD: *Desdobramento da função qualidade no gerenciamento de desenvolvimento de produtos*. São Paulo: Blucher, 2007.

CHIN, G. *Agile project management*: how to succeed in the face of changing project requirements. New York: Amacom, 2004.

CHRISTENSON, D.; WALKER, D. H. T. Understanding the role of "vision" in project success. *Project Management Journal*, v. 35, p. 39-52, 2004.

CHUNG, J.; LEE, K. A framework of collaborative design environment for injection molding. *Computers in Industry*, v. 47, n. 3, p. 319-337, mar. 2002.

CHUNG, J. et al. Non-function requirements in software engineering. Dordrecht: Kluwer Academic Publishers, 1999.

CLARK, K. B.; FUJIMOTO, T. *Product development performance*. Boston, MA: Harvard Business Scholl Press, 1991.

_____. Project scope and project performance: the effect of parts strategy and supplier involvement on product development. *Management Science*, v. 33, p. 1247-1263, 1989.

_____; CHEW, W. B.; FUJIMOTO, T. Product development in the world auto industry. *Brookings Papers on Economy Activity*, v. 3, p. 729-781, 1987.

CLEETUS, K. J. Modeling evolving product data for concurrent engineering. *Engineering With Computers*, v. 11, p. 167-172, 1995.

COHN, M. *Agile estimating and planning*. New York: Prentice Hall PTR, 2005.

COLLINS, J. C.; PORRAS, J. I. Building your company's vision. *Harvard Business Review*, v. 74, 1996.

COLLYER, S.; WARREN, C. M. J. Project management approaches for dynamic environments. *International Journal of Project Management*. v. 27, Issue 4, May 2009, Pages 355-364.

CONFORTO, E. C. *Gerenciamento ágil de projetos*: proposta e avaliação de método paro gerenciamento de escopo e tempo. São Carlos, 2009. Dissertação (Mestrado). Escola de Engenharia de São Carlos, Universidade de São Paulo.

_____; AMARAL, D.C. Evaluating an agile method for planning and controlling innovative projects. *Project Management Journal*, v. 40, n. 2, p. 2-84, 2010.

_____; AMARAL, D. C. Evaluating an agile method for planning and controlling innovative projects. *Project Management Journal*, v. 40, n. 2, p. 73-80, 2010. Disponivel em: <http://dx.doi.org/10.1002/pmj.20089>. Acesso em: dez. 2009.

_____; _____; BREFE, M. Gerenciamento ágil em ambientes multiprojetos de inovação: reflexões de um caso de organização de serviços de design industrial. In: Seminário Internacional de Gerenciamento de Projetos, 9, 2009, São Paulo. *Anais...* São Paulo: PMI, 2009. 1 WEB.

COOPER, R. G. Developing new products on time, in time. *Research-Technology Management*, v. 38, p. 49-57, 1995.

_____; KLEINSCHMIDT, E. J. Benchmarking the firm's critical success factors in new product development. *Journal of Product Innovation Management*, v. 12, p. 374-391, 1995.

_____. Perspective: the stage-gate idea-to-launch process – update, what's new, and NexGen Systems. *Journal of Product Innovation Management*, v. 25, n.3, p.213-232, 2008.

_____. Winning at New Products – Accelerating the process from idea to launch. Perseus Publishing: Cambridge, 2001.

CORDERO, R. Managing for speed to avoid product obsolescence – a survey of techniques. *Journal of Product Innovation Management*, v. 8, p. 283-294. 1991.

CORRÊA, F. C. *Proposta de melhoria para o PDP de uma empresa de máquinas agrícolas com base no modelo de PDP da Toyota*. São Carlos: UFSCar, 2008. Dissertação (Mestrado). Universidade Federal de São Carlos, 2007.

COUGHLAN, P.; COGHLAN, D. Action research – Action research for operations management. *International Journal of Operations & Production Management*, v. 22, n. 2, p. 220-240, 2002.

CYSNEIROS, L. M. Requisitos não funcionais: da elicitação ao modelo conceitual. Rio de Janeiro, 2001. Tese (Doutorado em Ciência da Computação). Pontifícia

Universidade Católica do Rio de Janeiro. Disponível em: <http://www-di.inf.puc-rio.br/~julio/Tese%20-%205.pdf>. Acesso em: 3 mar. 2008.

DAVENPORT, T. H. *Ecologia da informação*: por que só a tecnologia não basta para o sucesso na era da informação. São Paulo: Futura, 1998.

DAWSON, R.; DAWSON, C. Practical proposals for managing uncertainty and risk in project planning. *International Journal of Project Management*, v. 16, n. 5, p. 299-310, 1998.

DECARLO, D. *Extreme project management*. California: Jossey Bass, 2004.

DRÖGE, C.; JAYARAM, J.; VICKERY, S. K. The effects of internal versus external integration practices on time-based performance and overall firm performance. *Journal of Operations Management*, v. 22, p. 557–573, 2004.

DVIR, D.; LECHLER, T. Plans are nothing, changing plans is everything: the impact of changes on project success. *Research Policy*, v. 33, n. 1, p. 1-15, 2004.

EAGLES. Evaluation of Natural Language Processing Systems Final Report, 1995. Disponível em: <http://www.issco.unige.ch/ewg95>. Acesso em: dez. 2009.

ERIXON, G.; YXKULL, A. V.; ARNSTRÖM, A. *Modularity* – the basis for product and factory reengineering. CIRP Annals – Manufacturing Technology, v. 45, issue 1, p. 1-6, 1996.

EVARISTO, R.; FENEMA P. C. A typology of project management: emergence and evolution of new forms. *International Journal of Project Management*, v. 17, n. 5, p. 275- 281, out. 1999.

FERREIRA, R. C. Estudo para definir os requisitos necessários para a utilização de ferramentas em 3D para a compatibilização no desenvolvimento de projetos. In: WORKSHOP BRASILEIRO DE GESTÃO DO PROCESSO DE PROJETO NA CONSTRUÇÃO DE EDIFÍCIOS, Porto Alegre, UFRGS, 2002.

FRANK, N.; KEINZ, P.; SCHREIER, M. Complementing mass customization toolkits with user communities: how peer input improves customer self-design. *International Journal of Product Innovation Management*, v. 25, p. 546-559, 2008.

GARTNER GROUP. *Magic Quadrant for IT Project and Portfolio Management*. 2007.

GIL, A. *Como elaborar projetos de pesquisa*. São Paulo: Atlas, 2007.

GOLDBARG, M. C.; LUNA, H. P. L. *Otimização combinatória e programação linear*: modelos e algoritmos. Rio de Janeiro: Elsiever, 2005.

GOLDRATT, E. *Corrente crítica*. São Paulo: Nobel, 2005.

GOLDSMITH, M.; LYONS, L.; FREAS, A. *Coaching*: o exercício da liderança. Rio de Janeiro: Elsevier: DBM, 2003.

GUESS, V. C. *APICS training aid:* bills of material. Revised edition. Falls Church, American Production and Inventory Control Society, 1985.

HAMERI, A.; PUITTINEN, R. WWW-enabled knowledge management for distributed engineering projects. *Computers in Industry*, v. 50, n. 2, p. 165-177, fev. 2003.

HAMMER, M. Reengineering work: don´t automate, obliterate. *Harvard Business Review*, jul./ago. 1990.

HARTLEY, J. L.; MEREDITH, J. R.; MCCUTCHEON, D.; KAMATH, R. R. Suppliers' contributions to product development: an exploratory study. *IEEE Transactions on Engineering Management*. v. 44, p. 258-267, 1997.

HARTMAN, F.; ASHRAFI, R. Development of the SMART project planning framework. *International Journal of Project Management*, v. 22, n. 6, p. 499-510, 2004.

HAYES, R. H.; WEELWRIGHT, S. C.; CLARK, K. B. *Dynamic manufacturing*. New York: Free Press, 1988.

HERROELEN, W. Project scheduling: theory and practice. *Production and Operations Management (POMS)*, v. 14, n. 4, p. 413-432, 2005.

_____; W.; LEUS, R. On the merits and pitfalls of critical chain scheduling. *Journal of Operational Management*, v. 19, n. 2, p. 559-577, 2001.

HICKS, D.; HEDGE, D. Highly innovative small firms in the markets for technology. Research Policy, v. 34, p.703-716, 2005.

HIGHSMITH, J. *Agile project management*: creating innovative products. Boston: Addison-Wesley, 2004.

HIRSCHFELD, H. *Planejamento com PERT-CPM e análise do desempenho*: método manual e por computadores eletrônicos aplicados a todos os fins. 8. ed. São Paulo: Atlas, 1985.

INTERNATIONAL PROJECT MANAGEMENT ASSOCIATION. IPMA Competence Baseline (ICB), 3. ed., IPMA: Netherlands, 2006.

KAWAMOTO, C. I. *Análise do gerenciamento de projetos de uma empresa de consultoria à luz das metodologias ágeis*. Trabalho de Conclusão de Curso –

Departamento de Engenharia de Produção da Escola de Engenharia de São Carlos. São Carlos: USP, 2009.

KEMPFER, L. *PDM takes to the web*. 1998. Disponível em: <http://www.penton.com/cae/res/ archives/9711pdmweb.html>. Acesso em: 10 fev. 2008.

KERRY, H. T. *Planejamento de processo automático para peças paramétricas*. São Carlos, 1997. 160f. Dissertação (Mestrado) – Escola de Engenharia de São Carlos. São Carlos: USP, 1997.

KERZNER, H. *Project management*: a system approach to planning. Scheduling and controlling. New York: Van Nostrand Reinhold Company, 1984.

_____. Gestão de Projetos – as melhores práticas. Tradução de Lene Belon Ribeiro. Bookman: Porto Alegre, 2006.

KHODAKARAMI, V.; FENTON, N.; NEIL, M. Project scheduling: improved approach to incorporate uncertainty using baysian networks. *Project Management Journal*, v. 38, n. 2, p. 39-49, 2007.

KIOPPENBORG, T.; OPFER, W. The current state of project management research: trends, interpretations and predictions. *Project Management Journal*, v. 33, n. 2, p. 5-18, 2002.

KNAPP; Moore Pty (2000), WHITE PAPER. Disponível em: < http://www.knappandmoore.com.au/white_papers.html>. Acesso em: dez. 2009.

KOLLTVEIT, B.; KARLSEN, J.; GRONHAUG, K. Perspectives on project management. *International Journal of Project Management*, v. 25, n. 1, p. 3-9, 2007.

KOTTER, J. P. Leading change: Why transformation efforts fail. *Harvard Business Review*, v. 73, p. 59-67, 1995.

KRUGLIANSKAS, I.; RIMOLI, C.A.; SBRAGIA, R. Investigando a gestão tecnológica e o desempenho de MPEs de setores tradicionais. Encontro da Associação Nacional de Programas de Pós-graduação em Administração, v.20, Angra dos Reis-RJ, p.23-25. *Anais*. XX ENANPAD, 1996.

LAURINDO, F. J. B.; MESQUITA, M. A. Material requirements planning: 25 anos de história – uma revisão do passado e prospecção do futuro. *Gestão e Produção*, v. 7, p. 320-337, 2000.

LEACH, L. *Lean project management*: eight principles for success. Advanced Projects Boise: Idaho, 2005.

LI, W. D.; FUH, J. Y. H.; WONG, Y. S. An Internet-enabled integrated system for co-design and concurrent engineering. *Computers in Industry*, v. 55, n. 1, p. 87-103, set. 2004.

LIBERATORE, M. J. Project schedule uncertainty analysis using fuzzy logic. *Project Management Journal*, v. 33, n. 4, p. 15-22, 2002.

LONG, L. D.; OHSATO, A. Fuzzy critical chain method for project scheduling under resource constraints and uncertainty. *International Journal of Project Management*, v. 26, n. 6, p. 688-698, 2008.

MABERT, V. A.; MUTH, J. F.; SCHMENNER, R. W. Collapsing new product development times: six case studies. *Journal of Product Innovation Management*, v. 9, p. 200–212, 1992.

MAHESWARI, J. U.; VARGHESE, K. Project scheduling using dependency structure matrix (DSM). *International Journal of Project Management*, v. 22, n. 6, p. 223-230, 2005.

MATTAR, D. G. *Processo de projeto para edifícios residenciais inteligentes e o integrador de sistemas residenciais*. São Carlos, 2007. 163f. Dissertação (Mestrado) – Universidade Federal de São Carlos. São Carlos – UFSCAR.

MAYLOR, H. Beyond the Gantt chart: project management moving on. *European Management Journal*, v. 19, n. 1, p. 92-100, 2001.

MEREDITH, J. R.; MANTEL, S. J. *Project Management* – a managerial approach. 4. ed. New York: John Wiley & Sons, Inc., 2000.

MEYER, A.; LOCH, C.; PICH, M. Managing project uncertainty: from variation to chaos. *MIT Sloan Management Review*, v. 43, n. 2, p. 60-67, 2002.

MONAHAN, G. E. *Management decision making*: spreadsheet modeling, analysis, and application. Cambridge: Cambridge University Press, 2000.

MORGAN, J. M.; LIKER, J. K. *The Toyota product development system*. New York: Productivity Press, 2006.

MYLOPOULOS, J. et al. Representing and using non-functional requirements: a process-oriented approach. *IEEE Transactions on Software Engineering*, v. 18, n. 6, p. 483-497, jun. 1992.

NONAKA, I. The knowledge-creating company. *Harvard Business Review on Knowledge Management*. Boston: Harvard Business School Press, 1998.

NORMAN, D. A. *Emotional design*: why we love (or hate) everyday things. New York: Basic Books, 2004.

NORMAN, David A. *The design of everyday things*. New York: Basic Books, 1988.

OCDE. *Manual de Oslo*. Rio de Janeiro: FINEP, 2004.

OECD. *New nature of innovation*. Cophenhagen: OECD, 2009. Disponível em: <http://www.newnatureofinnovation.org>. Acesso em: 20 jan. 2010.

OLIVEIRA, C. B. M. *Estruturação, identificação e classificação de produtos em ambientes integrados de manufatura*. São Carlos, 1999. 102f. Dissertação (Mestrado). Escola de Engenharia de São Carlos – USP, 1999.

OORSCHOT, K.; BERTRAND, J.; RUTTE, C. Field studies into the dynamics of product development tasks. *International Journal of Operations & Production Management*, v. 25, n. 8, p. 720-739, 2005.

PERMINOVA, O.; GUSTAFSSON, M.; WIKSTRÖM, K. Defining uncertainty in projects – a new perspective. *International Journal of Project Management*, v. 26, n. 1, p. 73-79, 2008.

PETERSEN, K. J., HANDFIELD, R. B., RAGATZ, G. L. A model of supplier integration into new product development. *Journal of Product Innovation Management*, v. 20, p. 284-299, 2003.

PINK, D. H. *O cérebro do futuro*. Rio de Janeiro: Campus-Elsevier, 2007.

PINTO, J. Project management 2002. *Research Technology Management*, v. 45, n. 2, p. 22-37, 2002.

PRESSMAN, R.S. *Software engeineering*: a practioner's approach. 7. ed. New York: MacGraw-Hill, 2009. p. 928.

PROJECT MANAGEMENT INSTITUTE – PMI. *Guia PMBOK*: Um guia do conjunto de conhecimentos do gerenciamento de projetos. 3. ed. Pennsylvania: Project Management Institute, 2004.

PROJECT MANAGEMENT INSTITUTE – PMI. PMBOK Guide. A Guide to the Project Management Body of Knowledge. Pennsylvania: Project Management Institute, 4. ed., 2008.

PUGH, S. *Creating innovative products using total design*: the living legacy of Stuart Pugh. Reading, MA: Addison Wesley, 1996.

_____. *Total design*: integrated methods for successful product engineering. Reading, MA: Addison Wesley, 1995.

QIN, S. F. et al. A framework of web-based conceptual design. *Computers in Industry*, vol. 50, n. 2, p. 153-164, fev. 2003.

RAGATZ, G. L.; HANDFIELD, R. B.; PETERSEN, K. J. Benefits associated with supplier integration into new product development under conditions of technology uncertainty. *Journal of Business Research*, v. 55, p. 389-400, 2002.

RAZ, T.; BARNES, R.; DVIR, D. A critical look at critical chain project management. *Project Management Journal*, v. 34, n. 4, p. 24-32, 2003.

REN, Z. et al. Collaborative project Planning: a case study of seismic risk analysis using an e-engineering hub. *Computers in Industry*, v. 57, n. 3, 218-230, abr. 2006.

RODRIGUEZ, K.; AL-ASHAAB, A. Knowledge web-based system architecture for collaborative product development. *Computers in Industry*, v. 56, n. 1, p. 125-140, jan. 2005.

ROOZENBURG, N. F. M.; EEKELS, J. *Product design*: fundamentals and methods. New York: Wiley, 1995.

RORIZ, J. H. R.; JUCÁ JUNIOR, A. S.; AMARAL, D. C. Avaliação de ferramentas de gestão de projetos de código aberto. In: 12º Simpósio Internacional de Iniciação Científica, 2004, São Paulo. *Resumos...* São Paulo: USP, 2004.

ROUCOULES, L.; TICHKIEWITCH, S. CoDE: A Cooperative design environment – A new generation of CAD systems. *Concurrent Engineering: Research and Applications*, v. 8, p. 263-280, 2000.

ROZENES, S.; VITNER, G.; SPRAGGETT, S. Project control: literature review. *Project Management Journal*, v. 37, n. 4, p. 5-14, 2006.

ROZENFELD, H. et al. *Gestão de desenvolvimento de produtos*: uma referência para a melhoria do processo. São Paulo: Saraiva, 2006.

SCHWABER, K. *The enterprise with Scrum*. Washington: Microsoft, 2007.

SERVAN-SCHREIBER, D. *Curar*: o stress, a ansiedade e a depressão sem medicamento nem psicanálise. São Paulo: Sá Editora, 2004.

SHENHAR, A.; DVIR, D. Project management research – the challenge and opportunity. *Project Management Journal*, v. 38, n. 2, p. 93-99, 2007.

_____. *Reinventing project management*: the diamond approach to successful growth and innovationt. Boston: Harvard Business School Press, 2007.

_____. *Toward a typological theory of project management*. Research Policy, v. 25, n. 4, p. 607-632, 1996.

SMITH, P. G. *Flexible product development* – building agility for changing markets. San Francisco: Jossey-Bass, 2007.

_____. Book Review: Agile project management – creating innovative products. *Journal of Product Innovation Management*, v. 22, n. 4, p. 369-376, 2005.

SOMMERVILLE, I.; SAWYER, P. *Requirements engineering* – a good practice guide. New York, John Wiley & Sons, 1997.

SWABER, K. *Agile project management with SCRUM*. Washington, Microsoft Press: 2004.

TAY, F. E. H.; ROY, A. CyberCAD: a collaborative approach in 3D-CAD technology in a multimedia-supported environment. *Computers in Industry*, vol. 52, n. 2, p. 127-145, out. 2003.

TESSAROLO, P. Is integration enough for fast product development? An empirical investigation of the contextual effects of product vision. *International Journal of Product Innovation Management*, v. 24, p. 69-82, 2007.

THIOLLENT, M. *Metodologia da pesquisa-ação*. São Paulo: Cortez, 1998.

THOMKE, S.; VON HIPPEL, E. Customers as Innovators: A new way to create value. *Harvard Business Review*, v. 80, n. 4, p. 74-81, 2002.

_____; REINERTSEN, D. Agile product development: managing development flexibility in uncertain environments. *California Management Review*, v. 41, n. 1, p. 8-30, 1998.

TORKOMIAN, A.L. Estrutura de pólos tecnológicos. São Carlos: EdUFSCar, 1996.

_____; FERRO, J.R. A criação de pequenas empresas de alta tecnologia. *Revista de Administração de Empresas*, Rio de Janeiro, n.28, v.2 (abri./jun.), p.43-50, 1988.

VERNADAT, F. B. *Enterprise modeling and integration*: principles and applications. London: Chapman & Hall, 1996.

VERZUH, E. *MBA compacto, gestão de projetos*. São Paulo: Campus, 2000.

WHITE, D.; FORTUNE, J. Current practice in project management: an empirical study. *International Journal of Project Management*, v. 20, n. 1, p. 1-11, jan. 2002.

WIKIPEDIA. Disponível em: <http://pt.wikipedia.org/wiki/Página_principal>. Acesso em: dez. 2009.

WILLIAMS, T. The need for new paradigms for complex projects. *International Journal of Project Management*, v. 17, n. 5, p. 269-273, 1999.

WINTER, M. et al. Directions for future research in project management: the main findings of a UK government-funded research network. *International Journal of Project Management,* v. 24, n .8, p .638-649, 2006.

WOERNER, J.; WOERN, H. A security architecture integrated co-operative engineering platform for organised model exchange in a Digital Factory environment. *Computers in Industry*, v. 56, n. 4, p. 347-360, maio 2005.

WYSOCKI, R.; MCGARY, R. *Effective project management*: traditional, adaptive, extreme. Wiley Publishing: Indiana, 2003.

XAVIER, Carlos Magno da Silva. *Gerenciamento de projetos*: como definir e controlar o escopo do projeto. 2. ed. São Paulo: Saraiva, 2009.

Checklist para obtenção dos pré-requisitos do produto

- **Desempenho**

  Qual(is) é(são) a(s) função(ões) que o produto deve cumprir? Quais são os parâmetros pelos quais as características funcionais serão avaliadas (velocidade, potência, precisão, capacidade etc.)

- **Meio ambiente**

  Quais são as influências ambientais a que o produto estará sujeito durante a manufatura, armazenamento, transporte, uso (temperatura, vibrações, umidade etc.)? Quais são os efeitos do produto sobre o meio ambiente que deveriam ser evitados?

- **Vida em serviço**

  Quais são as faixas de utilização do produto? Qual é a vida útil esperada para o produto?

- **Eficiência**

  Quais são as características relativas à eficiência que o produto deverá exibir? Custos, disponibilidade, confiabilidade (tempos, modos e efeitos associados às falhas), manutenabilidade (tempos) etc.?

- **Transporte**

  Quais são os requisitos de transporte durante a produção e entrega do produto?

- **Embalagem**

  Embalagem é necessária? Contra quais influências deve a embalagem proteger o produto?

- **Quantidade**

  Qual é o tamanho do lote? A produção será contínua ou por batelada?

● **Infraestrutura**

O produto deverá ser projetado para infraestruturas de manufatura existentes? São possíveis investimentos em novas instalações para a produção?

● **Tamanho e peso**

Quais são os limites de tamanho e peso em função da produção, transporte
e uso?

● **Estética, aparência e acabamento**

Quais são as preferências dos consumidores? Deverá o produto ter de seguir
alguma tendência ou estilo específico?

● **Materiais**

São necessários materiais especiais? Existem materiais que não devem
ser usados (por razões de segurança dos usuários ou por efeitos do meio
ambiente)? Quais as propriedades dos materiais que são necessárias?

● **Normas**

Quais são as normas (internas, nacionais e internacionais) aplicáveis ao
produto e à produção?

● **Ergonomia**

Quais são os requisitos com relação à percepção, uso, manipulação etc. a
que o produto deverá atender?

● **Armazenamento e vida de prateleira**

São necessários longos períodos de armazenamento durante a produção,
distribuição e uso? Isso torna necessária alguma medida específica de
conservação?

● **Testes**

A quais testes funcionais e de qualidade o produto será submetido, dentro
e fora da empresa?

● **Segurança**

Deverá ser providenciada alguma estrutura ou instalação especial para a
segurança dos usuários e não usuários?

● **Política do produto**

A família ou a plataforma do produto impõem algum requisito sobre o
produto?

● **Implicações sociais e políticas**

Qual é a opinião do púbico em relação ao produto?

- **Responsabilidade do produto**

  Quais são as possíveis consequências não intencionais da produção, operação e uso pelas quais o fabricante poderá ser responsabilizado?

- **Operação e instalações**

  Quais requisitos são necessários para montagem e instalação final fora da fábrica? E para o aprendizado, uso e operação do produto?

- **Reúso, reciclagem e descarte**

  É possível prolongar o ciclo dos materiais pelo reúso dos materiais e partes? Podem os materiais e suas partes ser separados para o descarte?